# LIBÉRATE
## DEL
# TEMOR

## NEIL T. ANDERSON
## Y RICH MILLER

Unilit

Publicado por
**Unilit**
Medley, FL 33166

Primera edición: 2020

© 2018 por *Neil T. Anderson* y *Rich Miller*
Título del original en inglés:
*Letting Go of Fear*
Publicado por *Harvest House Publishers*
Eugene, Oregon 97408
www.harvesthousepublishers.com

Traducción: *Concepción Ramos*
Edición: *Nancy Pineda*
Diseño de cubierta: *Digitype Services*
Maquetación: *produccioneditorial.com*

Producto: 495938
ISBN: 0-7899-2520-6 / 978-0-7899-2520-6

Categoría: Vida cristiana / Vida práctica / Crecimiento personal
Category: *Christian Living / Practical Life / Personal Growth*

Impreso en Colombia
*Printed in Colombia*

# Reconocimientos

Ningún libro se escribe en el vacío. Estamos endeudados con nuestros padres, antiguos maestros, amigos y colegas. Todos han contribuido a lo que somos y al contenido de este libro. Queremos darles las gracias a los muchos que han orado de manera específica por este proyecto.

También le estamos agradecidos a Harvest House por confiarnos el mensaje de este libro, y por el hermoso trabajo de edición, diseño y mercadeo. Siempre ha sido un placer trabajar con ustedes.

Gracias a nuestros hermanos y hermanas en Cristo que con valentía nos contaron sus historias, algunas de las cuales están en este libro, y todas conmovieron nuestros corazones.

En especial, queremos agradecerles a nuestras esposas, Joanne y Shirley, por su ánimo y sus contribuciones. Joanne fue la editora no oficial de la primera edición, y lo fue con todos los libros de Neil. Mientras escribimos esta segunda edición, ella ya se desliza poco a poco hacia los brazos de Jesús.

Por último, queremos darle las gracias a nuestro Padre celestial por llamarnos sus hijos, a Jesucristo por darnos la vida y la libertad, y al Espíritu Santo por guiarnos a toda verdad. Es más, hemos sido bendecidos con toda bendición espiritual en Cristo Jesús, Señor nuestro (Efesios 1:3).

# Contenido

# Prólogo

*Julianne S. Zuehlke, maestría en ciencia, enfermería, especialista clínica, y el Dr. Terry E. Zuehlke*

Pero Dios el Señor llamó al hombre y le dijo:
—¿Dónde estás?
El hombre contestó:
—Escuché que andabas por el jardín, y tuve miedo porque estoy desnudo. Por eso me escondí.
(Génesis 3:9-10, NVI®)

Este conocido pasaje de la Biblia identifica con claridad el primer sentimiento negativo que entró en la experiencia humana. Dios, en su omnisciencia, conocía las muchas situaciones estresantes que afrontaríamos una vez que el pecado entrara al campo de nuestra experiencia. En el huerto de Edén, el temor fue la emoción perturbadora original que resultó de la rebelión y la desobediencia de Adán. Desde entonces han prevalecido la ansiedad, el miedo y el pánico. Casi todos, en un momento u otro, nos hemos sentido impotentes ante estos inquietantes sentimientos. Hoy mismo vivimos en la «era de la ansiedad».

Ninguno de nosotros está fuera del alcance de la inseguridad, la duda de sí mismo y la aprensión. En realidad, la ansiedad es una de las principales emociones que se tratan más con medicamentos psicotrópicos. Como consejeros cristianos profesionales, la naturaleza y el alcance de estas emociones incapacitantes están muy presentes en la vida de nuestros clientes. Sabemos que el temor y la ansiedad, aunque muy comunes, pueden ser resistentes en extremo a los tratamientos médicos o psicológicos. A menudo trabajamos con personas atrapadas en asuntos que les parecen abrumadores y caóticos. Se convierten en personas preocupadas, atemorizadas y llenas de pánico. Y en la raíz de esos asuntos está un fuerte sentido de desconexión de Dios y otros en el cuerpo de Cristo. Este sentido de aislamiento es doloroso, y es el sentido de impaciencia sobre cómo lidiar con las emociones o controlarlas.

*Libérate del temor* les ofrece respuestas claras a quienes buscan información para comprender y afrontar los sentimientos de temor, ansiedad y pánico. Descubrirás cómo una prevalente falta de comprensión de nuestra identidad en Cristo y nuestra incapacidad de resolver los conflictos personales y espirituales son manifiestos en estas emociones negativas específicas.

Es renovador ver cómo Neil Anderson y Rich Miller enfocaron los principios generales de *Libertad en Cristo* en el predominante y poderoso problema de las emociones negativas. Este libro aborda de forma útil y equilibrada el origen de las fortalezas de la mente, la naturaleza de la ansiedad, los temores básicos de la humanidad y el problema de los ataques de pánico. Luego, ofrece dirección bíblica convincente para los maestros y sus discípulos con el propósito de usarla para vencer los trastornos de ansiedad. La conclusión brinda una poderosa presentación de cómo entender el temor a Dios es esencial para nuestro crecimiento en Cristo.

*Libérate del temor* es valioso debido a que es práctico y sólido desde el punto de vista bíblico. Nos permite ir más allá del «conocimiento intelectual» de la consejería tradicional y proporciona sanidad para el alma a través de la perspectiva de nuestra relación con Dios por medio de Jesucristo. Ilustra cómo debemos adorarle y, al hacerlo, encontrar en Él un santuario que nos proteja de todos los demás temores. Adán no tenía que temerle a Dios y esconderse. Pudo haber ido a Él, confesarle su pecado, y experimentar el perdón y la tranquilidad espiritual. Cuando no lo hizo, Dios vino a Adán en medio de su temor.

Dios es la fuente de nuestra libertad del temor, y quiere ministrar su verdad sobre nosotros. Lee este libro y apreciarás la invitación de Dios a fin de llevarle nuestras ansiedades, temores y sentimientos de pánico. Él es nuestro «Admirable Consejero», «Gran Médico» y «Príncipe de Paz».

# Una nota de los Autores

Al relatar las historias y los testimonios verdaderos a lo largo del libro, cambiamos los nombres de modo que podamos proteger la identidad y privacidad de las personas.

A fin de facilitar la lectura, no nos distinguimos uno del otro en cuanto a nuestra autoría o experiencias. Preferimos usar «yo» o «nosotros» y no «yo (Rich)» o «yo (Neil)». La única excepción está en las ilustraciones que hacen referencia a nuestras familias.

# Introducción

*Tengo treinta y seis años. Desde que puedo recordar, el temor y la ansiedad me han plagado. Me crie en una familia abusiva y viví bajo la amenaza de un tratamiento aun peor si alguna vez lo contaba. En la esclavitud del temor, decidí no decírselo nunca a nadie.*

*Una noche, regresé a casa y encontré que todos se habían marchado. Me llené de temor y me escondí debajo de la cama. ¿Por qué no estaban en casa? ¿Habrán pensado que se lo dije a alguien? ¿Qué sucedería cuando regresaran? Nunca pude disfrutar de esas cosas sencillas que acompañan la niñez.*

*A cualquier parte que iba me seguían los temores y ansiedades. Temía tratar cualquier cosa en lo que creía que iba a fracasar, y los exámenes me espantaban. La ansiedad me causaba nudos en el estómago. Me convertí en una perfeccionista que tenía que lograr a toda costa mis objetivos.*

*Este patrón de temor continuó durante los años de adolescencia y mi vida como joven adulta. Dos veces traté de aceptar a Cristo, pero temía no ser lo suficiente buena. Temía el rechazo y el ridículo de los demás, así que trataba de mantener a todos felices. Ni siquiera el sueño me daba un respiro. Las pesadillas que sufría como resultado del abuso durante mi niñez continuaron hasta mis años de adulta.*

*Ahora soy madre y temo por mis hijos. ¿Soy buena madre? ¿Secuestrarán o lastimarán a mis hijos? Sé que esto me roba la vida que quiero vivir, pero no sé qué hacer. Siento que vivo dos vidas. Por fuera parezco ser una buena maestra, esposa, madre y miembro útil de la sociedad. En cambio, si la gente pudiera ver la condición de mi alma, solo notarían dolor, ansiedad y miedo. ¿Alguien puede ayudarme? ¿Me puedo ayudar a mí misma, o es eso todo lo que se supone que sea la vida?*

## El miedo original

No, la vida no se supone que sea así, y no lo fue desde el principio. «En el principio creó Dios los cielos y la tierra» (Génesis 1:1). El telescopio Hubble nos permite ver en parte la extravagancia de la creación, y ese vistazo va más allá de nuestra capacidad para comprender. Solo podemos maravillarnos cuando miramos el espacio. «Los cielos proclaman la gloria de Dios, y la expansión anuncia la obra de sus manos» (Salmo 19:1). Hay supernovas, agujeros negros, galaxias y estrellas tan grandes que si fuéramos a representarlas en una página impresa, en comparación, la tierra no sería más que un punto que ni pudiera verse.

Toda esta materia creada es finita, desprovista de vida y no se originó de materia ya en existencia. Por otra parte, el creador es vivo e infinito, la mente detrás del universo.

La tierra, y es posible que otros planetas, tiene vida orgánica en la forma de plantas, aves en el cielo, bestias en la tierra y peces en el mar. Tal vida está sujeta a la ley natural de la muerte. Las especies se perpetúan a través de semillas o procreando para la próxima generación antes de morir.

Con todo esto en su lugar: «Entonces el SEÑOR Dios formó al hombre del polvo de la tierra, y sopló en su nariz el aliento de vida; y fue el hombre un ser viviente» (Génesis 2:7). Algo nuevo y diferente por completo se introdujo en el universo. Dios compartió su vida divina y eterna con Adán, a quien creó a su imagen y semejanza. Su alma estaba unida a Dios. Adán pudo haber comido del árbol de la vida y vivido para siempre, pero Dios le prohibió comer del árbol del conocimiento del bien y del mal. De hacerlo, ciertamente moriría (Génesis 2:17).

Ahora todos los descendientes de Adán y Eva están sujetos a la ley del pecado y de la muerte, puesto que todos nacemos muertos en nuestros delitos y pecados (Efesios 2:1). En otras palabras, todos nacemos vivos de manera física, pero muertos en lo espiritual. «Por tanto, tal como el pecado entró en el mundo por un hombre, y la muerte por el pecado, así también la muerte se extendió a todos los hombres, porque todos pecaron» (Romanos 5:12).

La consecuencia emocional inmediata de estar separado de Dios fue el miedo (Génesis 3:10). ¿Por qué Adán tuvo miedo? No había nada en el huerto a qué temer. No tenía una enfermedad neurológica que necesitara medicamento. No existían fobias aprendidas que debieran desaprenderse ni patrones de la carne que crucificar. Solo hay una explicación para el miedo de Adán: estaba separado de Dios. No hay nada más aterrador que verse abandonado y solo por completo.

A través de la historia, la gente ha vivido atemorizada por la idea de la transitoriedad. El ser humano ha tomado medidas extremas para vencer su mortalidad. Las falsas religiones han formulado creencias fantasiosas con el fin de dar esperanza para la vida después de la muerte. Los exploradores han buscado la mística Fuente de la Juventud. Los científicos han experimentado con drogas que detienen el proceso de envejecimiento. Algunos han acudido a la criogenia (una rama de la Física que lidia con temperaturas de frío extremo), a la espera de que les resuciten de su estado de congelación una vez que se encuentre la cura de la enfermedad que les causó la muerte. Los técnicos de Silicon Valley están tratando de subir sus conciencias a una computadora. La gente intenta aliviar sus temores diciendo que alguien está en un mejor lugar después de la muerte, cuando a menudo no hay base para afirmar tal cosa.

El miedo original existe en toda la humanidad, y solo hay un único antídoto. Cuando Adán se alejó de Dios, trajo la muerte, pues el pecado le separó de la fuente de vida. Dios, en su gran amor y misericordia, envió a Jesús a morir por nuestros pecados, pero también vino a hacer mucho más que eso (lee Romanos 5:8-11). Vino a darnos vida eterna, que no es igual a la vida temporal que define nuestra existencia física. «Por cuanto los hijos participan de carne y sangre, Él igualmente participó también de lo mismo, para anular mediante la muerte el poder de aquel que tenía el poder de la muerte, es decir, el diablo, y librar a los que por el temor a la muerte, estaban sujetos a esclavitud durante toda la vida» (Hebreos 2:14-15). Jesús, «nuestra vida» (Colosenses 3:4), vino a liberar a los cautivos.

Dios no canceló la ley del pecado y de la muerte. Él la venció con una ley mayor. «Por consiguiente, no hay ahora condenación para los que están en Cristo Jesús, los que no andan conforme a la carne sino conforme al Espíritu. Porque la ley del Espíritu de vida en Cristo Jesús te ha libertado de la ley del pecado y de la muerte» (Romanos 8:1-2). Algunos aspectos de la vida cristiana pueden parecer nebulosos, pues ahora vemos veladamente (1 Corintios 13:12), pero una cosa es clara por completo: «El que tiene al Hijo tiene la vida, y el que no tiene al Hijo de Dios, no tiene la vida» (1 Juan 5:12). Esta es la exhortación de Pablo: «Poneos a prueba para ver si estáis en la fe; examinaos a vosotros mismos. ¿O no os reconocéis a vosotros mismos de que Jesucristo está en vosotros, a menos de que en verdad no paséis la prueba?» (2 Corintios 13:5).

## Los trastornos de ansiedad

Dios «nos libró de tan gran peligro de muerte y nos librará, y en quien hemos puesto nuestra esperanza de que Él aún nos ha de librar» (2 Corintios 1:10). Nota que Él «nos libró» y «nos ha de librar». Para cada hijo de Dios, el mayor objeto de miedo se elimina si creemos en el evangelio, pero quedan otros objetos de temor mientras buscamos al Señor en este mundo caído. Todavía tenemos que resistir al diablo, vencer el patrón de nuestra carne y ser transformados por la renovación de nuestra mente (Romanos 12:2). Sin embargo, Dios nos librará de temores, ansiedades, dudas y ataques de pánico a medida que maduramos en Cristo.

Los trastornos de ansiedad son las enfermedades mentales más comunes en Estados Unidos, y afectan a cuarenta millones de adultos mayores de dieciocho años. Más o menos la mitad de los que luchan con trastornos de ansiedad también lo hacen con la depresión, que es la segunda enfermedad mental más común[1]. El mundo entero sufre de una epidemia de «tristeza» en una edad de ansiedad, pero solo la tercera parte de ellos reciben tratamiento en Estados Unidos[2]. Las mujeres tienen el doble de las probabilidades que los hombres de sufrir de un trastorno de ansiedad generalizada (TAG), o trastorno de pánico, pero el trastorno de ansiedad social (TAS) afecta tanto a los hombres como a las mujeres por igual, y lo típico es que comience durante los primeros años de la adolescencia.

¿Cómo podemos echar sobre Cristo nuestras ansiedades como se nos aconseja en 1 Pedro 5:7? ¿Cómo el principio de la sabiduría es el temor a Dios (Proverbios 9:10), y cómo el temor a Dios puede vencer todos los demás temores? ¿Qué es un ataque de pánico y cómo puede detenerse? El mandamiento más repetido en las Escrituras es «no temas», pero poco sirve si eso es todo lo que les decimos a quienes sufren de fobias. ¿Dónde puedes encontrar ayuda si eres víctima de un trastorno de ansiedad? ¿En el médico de cabecera? ¿El psicólogo? ¿El psiquiatra? ¿La internet? ¿El cura, el pastor, el rabino? ¿El cantinero? ¿Dios?

El Dr. Edmund Bourne es uno de los profesionales más fiables, y su objetivo es ayudar a los que sufren de trastornos de ansiedad. Es el autor de *Ansiedad y fobias: Libro de trabajo*[3], ganador del Premio Literario Benjamín Franklin por Excelencia en la Psicología. El Dr. Bourne entró en este campo de estudio porque él mismo sufría de ansiedad. Cinco años después de la primera edición de su libro, su propio trastorno empeoró. Esto le hizo reevaluar su vida, y abordar el tratamiento. En 1998, publicó un nuevo libro titulado *Healing Fear* [Miedo de sanar]. En el prólogo, escribió:

> La metáfora que dirige este libro es la «sanidad» como método para vencer la ansiedad, en contraste a la «tecnología aplicada». Creo que es importante introducir esta perspectiva al campo del tratamiento de la ansiedad, puesto que la mayoría de los libros de autoayuda disponibles (incluso mi primer libro) utilizan el método de la tecnología aplicada [...] No quiero restarle importancia a la Terapia Cognitiva Conductual (TCC) y el método de tecnología aplicada. Este produce resultados positivos en muchos casos, y yo lo uso en mi práctica profesional a diario. En estos últimos años, sin embargo, pienso que la estrategia del comportamiento cognitivo ha llegado a su límite. La TCC y la medicina pueden producir resultados rápidos y son muy compatibles con la terapia corta, el ambiente de atención médica administrada en la profesión de salud mental actual. No obstante, cuando se le da seguimiento en

intervalos de uno a tres años, se han perdido algunas de las ganancias. Las recaídas ocurren con frecuencia, y los pacientes parecen volver a las mismas dificultades que precipitaron el trastorno de ansiedad original[4].

En otras palabras: «Curan a la ligera el quebranto de mi pueblo, diciendo: "Paz, paz", pero no hay paz» (Jeremías 6:14). Los comentarios del Dr. Bourne se parecen a los de Pablo en Colosenses 2:8: «Mirad que nadie os haga cautivos por medio de su filosofía y vanas sutilezas, según la tradición de los hombres, conforme a los principios elementales del mundo y no según Cristo».

El Dr. Bourne cree que «la ansiedad surge de un estado de desconexión»[5]. Estamos de acuerdo, y la desconexión principal es de Dios. No sabemos si el Dr. Bourne tiene el conocimiento salvador de nuestro Señor Jesucristo, pero en su propia búsqueda de respuestas llegó a la siguiente conclusión:

> En mi propia experiencia, la espiritualidad ha llegado a ser importante, y creo que representará un papel cada vez más importante en la Psicología del futuro. La medicina holística, con su interés en la meditación, la oración y el papel de la sanidad espiritual en la recuperación de enfermedades serias, se convirtió en un movimiento convencional en la década de 1990. En un futuro no muy lejano, creo que podremos ver que la «psicología holística», al igual que la medicina holística, integre enfoques de tratamientos con base científica en modalidades alternativas más basadas en lo espiritual[6].

Mientras que nos anima ver la transparencia en la manera de pensar de algunos terapeutas seculares, también nos preocupa que la espiritualidad implicada quizá no sea Cristocéntrica. La espiritualidad de la Nueva Era y las religiones orientales están más arraigadas en la educación secular que en el cristianismo histórico. La meditación bíblica representa un papel importante en la verdadera espiritualidad, pero meditar a los pies de un gurú de la Nueva Era o cualquier maestro «divino» nos lleva a la esclavitud espiritual.

## Seguros y a salvo

Nuestro objetivo es presentar una respuesta diferente por completo. Si la medicina ayuda a que nuestros cuerpos físicos funcionen de manera más eficaz, la recomendaremos. En cambio, nuestro enfoque principal estará en la obra completa de Cristo. Toda la creación gime mientras «nosotros mismos gemimos en nuestro interior, aguardando ansiosamente la adopción como hijos, la redención de nuestro cuerpo» (Romanos 8:23). Jesús dijo: «El tiempo se ha cumplido y el reino de Dios se ha acercado; arrepentíos y creed en el evangelio» (Marcos 1:15).

A fin de estar seguros y a salvo en los brazos de Jesús, Él tuvo que cumplir ciertas funciones críticas. En primer lugar, tuvo que quitar la barrera que nos separaba de Dios. Así que llevó sobre sí mismo nuestros pecados y los clavó en la cruz. En segundo lugar, resucitó para que podamos tener nueva vida «en Él». Por último, tuvo que destruir las obras de Satanás (1 Juan 3:8), quien se había convertido en el gobernante de este mundo. Fíjate cómo lo resume Pablo en Colosenses 2:13-15:

> Cuando estabais muertos en vuestros delitos y en la incircuncisión de vuestra carne, os dio vida juntamente con Él, habiéndonos perdonado todos los delitos, habiendo cancelado el documento de deuda que consistía en decretos contra nosotros y que nos era adverso, y lo ha quitado de en medio, clavándolo en la cruz. Y habiendo despojado a los poderes y autoridades, hizo de ellos un espectáculo público, triunfando sobre ellos por medio de Él.

Jesús ha logrado todo lo que Dios necesitaba hacer para que nosotros podamos vivir y ser libres en Jesús. Ahora nos toca hacer nuestra parte, que es arrepentirnos y creer en el evangelio. El arrepentimiento elimina las barreras que nos impiden tener una relación íntima con Dios, incluyendo la falsa dirección, el orgullo, la rebelión, el pecado habitual y la falta de perdón. La victoria sobre los trastornos de ansiedad es segura si conoces y crees la verdad, y tienes una relación adecuada con la fuente de vida eterna, la autoridad omnipotente del universo, el Señor Jesucristo.

Para ayudarte a lograr esto, incluimos *Los pasos hacia la libertad en Cristo* (Pasos), que se presentan en *Discipulado en consejería*[7]. En esencia, es un encuentro con Dios, el único que nos da el arrepentimiento y nos conduce al pleno conocimiento de la verdad que nos hace libres (2 Timoteo 2:24-26). Estos pasos se usan en todo el mundo para ayudar a los creyentes a resolver sus conflictos personales y espirituales a través del genuino arrepentimiento y fe en Dios.

Como hijos de Dios, no solo tenemos las palabras de Cristo, también tenemos la presencia misma de su vida dentro de nosotros. Lo que aprendimos antes de venir a Cristo debemos desaprenderlo mediante el arrepentimiento y la renovación de nuestra mente. Nadie puede arreglar tu pasado, pero por la gracia de Dios, puedes liberarte de él. Solo en Cristo tienes asegurada la victoria sobre tus pensamientos de ansiedad y temor. Solo en Él puedes depositar tus ansiedades y encontrar la paz que sobrepasa todo entendimiento (Filipenses 4:6-7). Solo en Cristo tienes autoridad sobre el dios de este mundo, como este testimonio (que le enviaron al pastor que ayudó a esta mujer a través de los Pasos) lo ilustra:

> Por los pasados veinticinco años, he vivido de un brote de adrenalina a otro. Mi vida entera ha estado sujeta a temores paralizantes que parecen venir de todas partes y de ninguna parte. Temores que no tenían sentido para mí ni para cualquier otra persona. Invertí cuatro años de mi vida para obtener un diploma en Psicología, con la esperanza de que me ayudara a entender y conquistar esos temores. La Psicología solo perpetuó mis dudas e inseguridades. Seis años de consejería profesional me ofrecieron poca información y no cambiaron mi nivel de ansiedad.

Luego de dos hospitalizaciones, viajes a la sala de urgencias, varios electrocardiogramas, una visita al cirujano torácico y una serie de exámenes adicionales, mis ataques de pánico solo empeoraron. Cuando por fin vine a verle a usted, los ataques de pánico en su estado más avanzado se habían convertido en algo diario.

¡Han pasado tres semanas desde mi último ataque! He ido a los centros comerciales [y] a los servicios en la iglesia. [He] tocado durante el servicio completo, y hasta he podido quedarme sentada en la clase de la Escuela Dominical con paz en mi corazón. No había tenido idea de lo que significaba la libertad hasta ahora. Cuando vine a verle, mi esperanza era que la Verdad me hiciera libre, ¡pero ahora sé que lo hizo! Mis amistades me dicen que hasta mi voz es diferente, ¡y mi esposo piensa que soy más alta!

Cuando uno vive en un constante estado de ansiedad, gran parte de la vida te pasará de lado porque no puedes enfocarte de manera física, emocional y mental en nada excepto el temor que te traga. Casi no podía leer un versículo de la Escritura de una vez. Era como si alguien me lo arrancara de la mente tan pronto como entraba. La Escritura era como niebla para mí. Solo podía oír los versículos que hablaban de la muerte y el castigo. Tenía miedo de abrir mi Biblia. Estas últimas semanas, he pasado horas al día en la Palabra, y tiene sentido. La neblina se ha disipado. Ahora me maravillo de lo que puedo escuchar, ver, comprender y retener.

Antes de [leer su libro] *Rompiendo las cadenas*, no podía decir «Jesucristo» sin que el metabolismo se desquiciara. Podía referirme «al Señor» sin problemas, pero cada vez que decía: «Jesucristo», algo dentro de mí entraba en órbita. Ahora puedo decir el nombre de Jesucristo con paz y confianza...y lo hago con regularidad.

## Resultados de las investigaciones

Se han hecho varios estudios exploratorios que han mostrado resultados prometedores en cuanto a la eficacia de *Los pasos hacia la libertad en Cristo*. Judith King, terapeuta cristiana, realizó tres estudios piloto en 1996. Estos se llevaron a cabo con participantes que asistieron a una de las conferencias «Vivir libre en Cristo» y que dirigieron a través de los Pasos al final de la conferencia.

El primero de esos tres estudios involucró a treinta participantes que respondieron un cuestionario de diez elementos antes de completar los Pasos. El cuestionario se aplicó de nuevo tres meses después de su participación. El propósito era evaluarlos en busca de niveles de depresión, ansiedad, conflicto interno, pensamientos atormentadores y conductas adictivas. El segundo estudio involucró a cincuenta y cinco participantes que respondieron un cuestionario de doce elementos antes de completar los Pasos, y después se les aplicó de nuevo tres meses después. El tercer estudio piloto involucró a veintiún participantes que también respondieron un cuestionario de doce elementos antes de recibir los Pasos y, una vez más, tres meses después. El siguiente cuadro ilustra el *porcentaje de mejora* para cada categoría.

|  | Primer estudio piloto | Segundo estudio piloto | Tercer estudio piloto |
|---|---|---|---|
| Depresión | 64 % | 47 % | 52 % |
| Ansiedad | 58 % | 44 % | 47 % |
| Conflicto interno | 63 % | 51 % | 48 % |
| Pensamientos atormentadores | 82 % | 58 % | 57 % |
| Conducta adictiva | 52 % | 43 % | 39 % |

La conferencia *Living Free in Christ* [«Vivir libre en Cristo»] ya está disponible como un plan de estudios titulado *Freedom in Christ* (Bethany House Publishers, 2017). Tiene una guía para el líder con todos los mensajes escritos, mediante los cuales los líderes pueden enseñar por su cuenta, una guía para cada participante que incluye *Los pasos hacia la libertad en Cristo* y un DVD con diez mensajes presentados por el personal del Ministerio de Libertad en Cristo, en caso de que el líder prefiera impartir el curso de esa manera.

La investigación también la realizó la junta del *Ministry of Healing*, que tiene su sede en Tyler, Texas. El estudio que se completó allí se realizó en colaboración con un estudiante de doctorado en la Universidad Regent, bajo la supervisión del Dr. Fernando Garzón (que en la actualidad es profesor de *Liberty University* en el departamento de Psicología). Casi todas las personas que asisten a una conferencia de *Living Free in Christ* pueden trabajar a través del proceso de arrepentimiento por su cuenta utilizando los Pasos. Según nuestra experiencia, alrededor del quince por ciento no puede hacerlo debido a las dificultades en su pasado. Estos participantes de nuestras conferencias en Oklahoma City, OK, y Tyler, TX, recibieron una prueba previa antes de una sesión de los Pasos y una prueba posterior tres meses después, con los siguientes resultados (en *porcentaje de mejora*):

|  | Oklahoma City, OK | Tyler, TX |
|---|---|---|
| Depresión | 44 % | 52 % |
| Ansiedad | 45 % | 44 % |
| Temor | 48 % | 49 % |
| Ira | 36 % | 55 % |
| Pensamientos atormentadores | 51 % | 27 % |
| Hábitos negativos | 48 % | 43 % |
| Autoestima | 52 % | 40 % |

## Dónde comenzar

El apóstol Pablo escribió: «El Espíritu dice claramente que, en los últimos tiempos, algunos abandonarán la fe para seguir a inspiraciones engañosas y doctrinas diabólicas» (1 Timoteo 4:1, NVI®). Podemos decirte por experiencia personal (al igual que la de todo nuestro equipo) que esto está sucediendo ahora en todo el mundo.

Hemos ayudado a miles de personas que luchan con pensamientos blasfemos, condenatorios y engañadores que han probado ser una batalla espiritual para su mente. Al procesar los Pasos, pudieron deshacerse de esos pensamientos y experimentar una mente en paz. Ya sea que estés de acuerdo o no con este análisis, eso no cambia el hecho de que «no luchamos contra enemigos de carne y hueso, sino contra gobernadores malignos y autoridades del mundo invisible, contra fuerzas poderosas de este mundo tenebroso y contra espíritus malignos de los lugares celestiales» (Efesios 6:12, NTV).

Al final de cada capítulo, incluimos preguntas de estudio para la discusión en grupo. En los primeros siete capítulos encontrarás uno de los siete Pasos. Cada Paso comienza con una oración pidiéndole a Dios que te conceda el arrepentimiento que te lleve al conocimiento de la verdad que te hará libre. Creemos que Dios es el Admirable Consejero y el único que puede hacerlo.

Si estás procesando este libro en un grupo, ten la seguridad de que nadie debe avergonzarse y que no se requiere divulgación pública de alguien. Los Pasos son un encuentro con Dios, no de unos con otros. Si procesaste los Pasos antes, hazlo de nuevo. Muchos descubren que la segunda vez tiene un mayor impacto, porque están más informados acerca de lo que hacen y muchas veces vienen a la mente nuevos asuntos con los que deben lidiar. Llevar a cabo los Pasos es una limpieza de la casa espiritual que no puede hacerte daño, y lo mínimo que puedes hacer es prepararte para la Comunión. (Si eres líder de un grupo de estudio de este libro, ve el Apéndice A para algunas pautas). Aun así, por tu propio bien, no solo lee el libro; practica el libro.

Creemos que todo hijo de Dios puede ser libre de cualquier trastorno de ansiedad y puede aprender a vivir libre en Cristo. Creemos que hay una paz de Dios que sobrepasa todo entendimiento que guardará tu corazón y tu mente en Cristo Jesús (Filipenses 4:7). «El Señor tu Dios está en medio de ti, guerrero victorioso; se gozará en ti con alegría, en su amor guardará silencio, se regocijará por ti con cantos de júbilo» (Sofonías 3:17). Al leer y practicar este libro, no olvides las palabras de F.B. Meyer:

El Dios encarnado es el fin del temor; y el corazón que se da cuenta de que Él está en medio, que le presta atención a la seguridad de su presencia amorosa, permanece tranquilo en medio del sobresalto. «Ninguna arma forjada contra ti prosperará, y condenarás toda lengua que se levante contra ti en juicio». Solo ten paciencia y guarda silencio[9].

## Preguntas para la discusión

1. ¿Cuál es el temor primordial?
2. ¿Cuál es la diferencia entre la vida biológica y la vida eterna? ¿Cómo puede afectarte ahora entender esa diferencia?
3. ¿Cómo podemos vencer la ley del pecado y de la muerte?
4. Cuando piensas en el temor, ¿qué es lo primero que te viene a la mente? ¿Por qué?
5. Cuando piensas en la ansiedad, ¿qué es lo primero que te viene a la mente? ¿Por qué?
6. ¿Cuáles son los tres puntos básicos del evangelio?
7. ¿Qué incluye una respuesta holística a los trastornos de ansiedad?
8. ¿Por qué el temor a Dios es el principio de la sabiduría?
9. ¿Cómo puedes echar todas tus ansiedades en Cristo?
10. ¿Qué esperas obtener de este estudio?

## Introducción a *Los pasos hacia la libertad en Cristo*

Dios creó a Adán y Eva a su imagen y semejanza. Estaban vivos de manera física y espiritual, y esto último significa que sus almas se encontraban en unión con Dios. Vivían en una relación de dependencia con su Padre celestial, y debían ejercer dominio sobre las aves del cielo, las bestias del campo y los peces del mar. Les aceptaron, estaban seguros y eran importantes.

Entonces, actuando sin tener en cuenta a Dios, optaron por desobedecerlo, y su decisión de pecar los separó de Él (lee Génesis 2:15—3:13). De inmediato, se sintieron temerosos, ansiosos, deprimidos e inseguros. Debido a que Satanás engañó a Eva y a que Adán pecó, todos sus descendientes nacen vivos de manera física, pero muertos en lo espiritual (Efesios 2:1). Puesto que todos pecaron (Romanos 3:23), los que permanecen separados de Dios lucharán con los conflictos personales y espirituales. Satanás se convirtió en el poseedor rebelde de la autoridad y el dios de este mundo. Jesús se refirió a él como el gobernante de este mundo, y el apóstol Juan escribió que «todo el mundo yace bajo el poder del maligno» (1 Juan 5:19).

Jesús vino para deshacer las obras de Satanás (1 Juan 3:8, RV-60) y llevar sobre sí los pecados del mundo. Al morir por nuestros pecados, Jesús eliminó la barrera que existía entre Dios y los que creó a su imagen. La resurrección de Cristo trajo nueva vida a los que confían en Él.

El alma de cada creyente nacido de nuevo está una vez más en unión con Dios, y eso se comunica con mayor frecuencia en el Nuevo Testamento mediante las frases «en Cristo» o «en Él». El apóstol Pablo explicó que cualquier persona que está *en Cristo* es una nueva criatura (2 Corintios 5:17). El apóstol Juan escribió: «A todos los que le recibieron, les dio el derecho de llegar a ser hijos de Dios, es decir, a los que creen en su nombre» (Juan 1:12), y también escribió: «Mirad cuán gran amor nos ha otorgado el Padre, para que seamos llamados hijos de Dios; y eso somos» (1 Juan 3:1).

Ningún esfuerzo de tu parte puede salvarte, ni ninguna actividad religiosa, sin importar cuán bien intencionada sea. Somos salvos por la fe; es decir, por lo que elegimos creer. Todo lo que nos queda por hacer es confiar en la obra consumada de Cristo. «Por gracia habéis sido salvados por medio de la fe, y esto no de vosotros, sino que es don de Dios; no por obras, para que nadie se gloríe» (Efesios 2:8-9). Si nunca has recibido a Cristo, puedes hacerlo ahora mismo. Dios conoce los pensamientos y las intenciones de tu corazón, por lo que todo lo que tienes que hacer es confiar solo en Él.

Puedes expresar tu decisión en oración de la siguiente manera:

> *Querido Padre celestial*:
> *Gracias por enviar a Jesús a morir en la cruz por mis pecados. Reconozco que he pecado y que no puedo salvarme.*

*Creo que Jesús vino para darme vida, y por fe ahora decido recibirte como mi Señor y Salvador. Haz que el poder que mora en tu presencia me permita ser la persona que querías que fuera al crearme. Te ruego que me concedas el arrepentimiento que me lleve al conocimiento de la verdad, a fin de que pueda experimentar mi libertad en Cristo y ser transformado por la renovación de mi mente. Te lo pido en el precioso nombre de Jesús. Amén.*

## Seguridad de la salvación

Pablo escribió: «Si confiesas con tu boca a Jesús por Señor, y crees en tu corazón que Dios le resucitó de entre los muertos, serás salvo» (Romanos 10:9). ¿Crees que Dios el Padre resucitó a Jesús de entre los muertos? ¿Invitaste a Jesús para que sea tu Señor y Salvador? Entonces, eres un hijo de Dios, y nada puede separarte del amor de Cristo (Romanos 8:35-39). «El testimonio es este: que Dios nos ha dado vida eterna, y esa vida está en su Hijo. El que tiene al Hijo, tiene la vida; el que no tiene al Hijo de Dios, no tiene la vida» (1 Juan 5:11-12, nvi®). Tu Padre celestial envió a su Espíritu Santo para darle testimonio a tu espíritu de que eres un hijo de Dios (Romanos 8:16). «Fuisteis sellados *en Él* con el Espíritu Santo de la promesa» (Efesios 1:13, énfasis añadido). El Espíritu Santo te guiará a toda la verdad (Juan 16:13).

## Cómo resolver conflictos personales y espirituales

Debido a que todos nacimos muertos (espiritualmente) en nuestros delitos y pecados (Efesios 2:1), no teníamos la presencia de Dios en nuestras vidas ni el conocimiento de sus caminos. Por consiguiente, todos aprendimos a vivir separados de Dios. Cuando nos convertimos en nuevas criaturas en Cristo, nuestras mentes no se renovaron al instante. Por eso es que Pablo escribió: «No se amolden al mundo actual, sino sean transformados mediante la renovación de su mente. Así podrán comprobar cuál es la voluntad de Dios, buena, agradable y perfecta» (Romanos 12:2, nvi®). Por eso es que los nuevos cristianos luchan con muchos de los mismos viejos pensamientos y hábitos. Sus mentes se programaron para vivir separados de Dios, y esa es la característica principal de nuestra carne. Como nuevas criaturas en Cristo, ahora tenemos la mente de Cristo, y el Espíritu Santo nos guiará a toda verdad.

Experimentar tu libertad en Cristo y crecer en la gracia de Dios requiere arrepentimiento, lo que literalmente significa «un cambio de mentalidad». Dios permitirá ese proceso al someterte a Él y resistir al diablo (Santiago 4:7). *Los pasos hacia la libertad en Cristo* (Pasos) se diseñaron para ayudarte a hacer eso. Someterte a Dios es la cuestión fundamental. Él es el Admirable Consejero y el que concede el arrepentimiento que lleva al conocimiento de la verdad (2 Timoteo 2:24-26).

Los Pasos abarcan siete temas esenciales que influyen en tu relación con Dios. No experimentarás tu libertad en Cristo si buscas una guía falsa, crees mentiras, no perdonas a otros como te han perdonado, vives en rebelión, respondes con orgullo, no reconoces tu pecado y continúas con los pecados de tus antepasados. «El que encubre sus pecados no prosperará, mas el que los confiesa [renuncia a ellos] y los abandona hallará misericordia» (Proverbios 28:13). «Por lo cual, teniendo nosotros este ministerio según la misericordia que hemos recibido, no desmayamos. Antes bien renunciamos a lo oculto y vergonzoso, no andando con astucia, ni adulterando la palabra de Dios, sino por la manifestación de la verdad» (2 Corintios 4:1-2, rv-60).

A pesar de que Satanás está derrotado, aún gobierna este mundo a través de una jerarquía de demonios que tientan, acusan y engañan a quienes no se ponen la armadura de Dios, se mantienen firmes en su fe ni ponen «todo pensamiento en cautiverio a la obediencia de Cristo» (2 Corintios 10:5). Nuestro santuario es nuestra identidad y posición en Cristo, y tenemos toda la protección que necesitamos para vivir una vida victoriosa. En cambio, si no asumimos nuestra responsabilidad y le cedemos terreno a Satanás, sufriremos las consecuencias de nuestras actitudes y acciones pecaminosas. La buena noticia es que podemos arrepentirnos y reclamar todo lo que tenemos en Cristo, y eso es lo que te permitirán hacer los Pasos.

## *El proceso de los Pasos*

La mejor manera de seguir los Pasos es procesarlos con un motivador capacitado. El libro *Discipulado en consejería* explica la teología y el proceso. Sin embargo, también puedes seguir los Pasos por tu cuenta. Cada paso se explica para que no tengas problemas para hacerlo. Si formas parte de un grupo de estudio, el líder presentará cada paso después de las preguntas de discusión y te pedirá que hagas la oración inicial en voz alta. El resto lo procesarás por tu cuenta.

Si experimentas alguna interferencia mental, solo pásala por alto y continúa. Los pensamientos como *Esto no va a dar resultado* o *No creo esto*, o los pensamientos blasfemos, condenatorios y acusadores, no tienen poder sobre ti a menos que los creas. Son solo pensamientos, y no son determinantes de ningún modo si se originan en ti mismo, en una fuente externa, o en Satanás y sus demonios.

Tales pensamientos no tienen poder sobre ti a menos que los creas. Se resolverán cuando te arrepientas por completo. La mente es el centro de control de tu vida, y no perderás el control si no pierdes el control de tu mente. La mejor manera de hacerlo, si es que sientes acoso mental, es contarlo. Exponer las mentiras a la luz rompe su poder.

El apóstol Pablo escribió que «Satanás se disfraza como ángel de luz» (2 Corintios 11:14). No es raro que algunas personas tengan pensamientos o escuchen voces que dicen ser amables, ofrecen compañía o indican que son de Dios. Incluso, pueden decir que Jesús es el Señor, pero no pueden expresar que Jesús es su Señor. Si tienes alguna duda sobre su origen, pídele con palabras a Dios que te muestre la verdadera naturaleza de tales espíritus guías. No quieres que te guíe ningún espíritu que no sea el Espíritu Santo.

Recuerda, eres un hijo de Dios y estás sentado con Cristo en los lugares celestiales (el reino espiritual). Eso significa que tienes la autoridad y el poder para hacer su voluntad. Los Pasos no te liberan. Jesús te libera, y experimentarás de manera progresiva esa libertad al responderle a Él con fe y arrepentimiento. No te preocupes por cualquier interferencia demoníaca; la mayoría de las personas no experimentan ninguna. No marca ninguna diferencia si Satanás tiene un pequeño papel o uno mayor; el asunto fundamental es tu relación con Dios, y en eso debes enfocarte. Este es un ministerio de reconciliación. Una vez que se resuelven los problemas, Satanás no tiene derecho a permanecer. Completar con éxito este proceso de arrepentimiento no es un fin; es el comienzo del crecimiento. Sin embargo, a menos que se resuelva cualquier problema de pecado, el proceso de crecimiento se detendrá y tu vida cristiana permanecerá estancada.

### Cómo romper las fortalezas mentales

En una hoja de papel aparte, escribe las falsas creencias y mentiras que surjan a medida que avanzas por los Pasos, en especial las que no son ciertas acerca de ti y de Dios. Cuando termines, para cada falsedad expuesta declara en voz alta: «Renuncio a la mentira de *lo que uno ha creído*, y declaro la verdad de que *lo que ahora uno decide creer es la verdad basada en la Palabra de Dios*». Quizá sea mejor que el motivador guarde esta lista para ti si es que otra persona te guía a través de los Pasos. Se recomienda de manera encarecida que repitas el proceso de renunciar a las mentiras y elegir la verdad durante cuarenta días, porque la renovación constante de nuestras mentes (Romanos 12:2, NVI®) nos transforma, y es muy fácil volver a los viejos patrones de la carne cuando te sientas tentado.

### Preparación

El proceso de estos Pasos representará un papel importante en tu travesía de transformarte cada vez más como Jesús, a fin de que logres ser un discípulo fructífero. El propósito es estar firmemente arraigado en Cristo. No toma mucho tiempo establecer tu identidad y libertad en Cristo, pero no existe tal cosa como la madurez instantánea. Renovar tu mente y conformarte a la imagen de Dios es un proceso de por vida. Mi deseo es que Dios te bendiga con su presencia mientras buscas hacer su voluntad. Una vez que experimentes tu libertad en Cristo, puedes ayudar a otros a experimentar el gozo de su salvación.

Ahora estás listo para comenzar los Pasos diciendo la oración y la declaración a continuación.

## Oración

*Querido Padre celestial:*

*Tú estás presente en esta habitación y en mi vida. Solo tú eres omnisciente, omnipotente y omnipresente, y te adoro solo a ti. Declaro que dependo de ti, porque separado de ti no puedo hacer nada. Decido creer tu Palabra, la cual enseña que toda autoridad en el cielo y en la tierra pertenece al Cristo resucitado, y al estar vivo en Cristo, tengo la autoridad de resistir al diablo cuando me someto a ti. Te pido que me llenes de tu Santo Espíritu y me guíes a toda verdad. Te pido tu total protección y dirección, mientras busco conocerte y hacer tu voluntad. Te lo ruego en el maravilloso nombre de Jesús. Amén.*

## Declaración

*En el nombre del Señor Jesucristo y por su autoridad, les ordeno a Satanás y a todos los espíritus malignos que me liberen del yugo que tienen sobre mí, a fin de que pueda ser libre para conocer y tomar la decisión de hacer la voluntad de Dios. Como hijo de Dios, sentado en los lugares celestiales, declaro que se ate en mi presencia todo enemigo del Señor Jesucristo. Dios no me ha dado espíritu de temor, así que rechazo todos y cada uno de los espíritus de temor que condenan, acusan, blasfeman y engañan. Ni Satanás ni ninguno de sus demonios podrá ocasionarme dolor, y de ninguna manera pueden impedir que la voluntad de Dios se haga en mi vida hoy, porque pertenezco al Señor Jesucristo.*

## Capítulo uno

# Restaura los cimientos

Cualquiera que oye estas palabras mías y las pone en práctica, será semejante a un hombre sabio que edificó su casa sobre la roca; y cayó la lluvia, vinieron los torrentes, soplaron los vientos y azotaron aquella casa; pero no se cayó, porque había sido fundada sobre la roca. Y todo el que oye estas palabras mías y no las pone en práctica, será semejante a un hombre insensato que edificó su casa sobre la arena; y cayó la lluvia, vinieron los torrentes, soplaron los vientos y azotaron aquella casa; y cayó, y grande fue su destrucción.

*Jesús, Mateo 7:24-27*

En realidad, los cimientos sobre los que cada uno de nosotros edifica su vida son una mezcla de verdad, medias verdades y mentiras. Dios creó a Adán y Eva y los puso en un ambiente perfecto. El único objeto de temor que tenían era Dios. El resto de la humanidad comenzó su vida como «extraños» y «extranjeros» en un mundo caído (Efesios 2:19). No éramos hijos de Dios; éramos hijos de carne y hueso. No teníamos un conocimiento previo de Dios ni de sus caminos, así que por naturaleza nos conformamos a los patrones de este mundo, dependiendo de nuestra fuerza y recursos. Aprendimos a temerles a muchas cosas, y no le temimos a Dios. El apóstol Pablo describe la naturaleza de la persona natural en Efesios 2:1-3:

Él os dio vida a vosotros, que estabais muertos en vuestros delitos y pecados, en los cuales anduvisteis en otro tiempo según la corriente de este mundo, conforme al príncipe de la potestad del aire, el espíritu que ahora opera en los hijos de desobediencia, entre los cuales también todos nosotros en otro tiempo vivíamos en las pasiones de nuestra carne, satisfaciendo los deseos de la carne y de la mente, y éramos por naturaleza hijos de ira, lo mismo que los demás.

Presentarle a una persona a Cristo no es ayudar a que una persona mala se convierta en una mejor persona. Es ayudar a una persona espiritualmente muerta a convertirse en alguien que está viva en Cristo. Esa persona estaba alejada de Dios y ahora está unida a Él.

Los creyentes ya no están «en Adán»; ahora estamos «en Cristo» (1 Corintios 15:22; lee también Romanos 8:9). Dios «nos libró del dominio de la oscuridad y nos trasladó al reino de su amado Hijo» (Colosenses 1:13, NVI®). «De modo que si alguno está en Cristo, nueva criatura es; las cosas viejas pasaron; he aquí, son hechas nuevas» (2 Corintios 5:17). «A todos los que le recibieron, les dio el derecho de llegar a ser hijos de Dios» (Juan 1:12). «Así pues, ya no sois extraños ni extranjeros, sino que sois conciudadanos de los santos y sois de la familia de Dios, edificados sobre el fundamento de los apóstoles y profetas, siendo Cristo Jesús mismo la piedra angular» (Efesios 2:19-20).

Entonces, si todo esto es cierto, ¿por qué los creyentes nacidos de nuevo a menudo luchan con los mismos viejos temores y ansiedades?

Todo lo que aprendimos mientras nos conformamos a este mundo está programado aún en nuestra mente. Lo lamentable es que no tenemos una tecla para borrar, por eso Pablo escribió: «No se amolden al mundo actual, sino sean transformados mediante la renovación de su mente. Así podrán comprobar cuál es la voluntad de Dios, buena, agradable y perfecta» (Romanos 12:2, NVI®). Pablo quiere decir que después de la conversión podemos seguir conformándonos a este mundo. Podemos llenar nuestra mente con el mismo medio, creer las mismas mentiras y vivir según nuestra antigua naturaleza (la carne). No obstante, Pedro también nos aconseja: «Como hijos obedientes, no os conforméis a los deseos que antes teníais en vuestra ignorancia» (1 Pedro 1:14).

## Las etapas del desarrollo humano

La manera en que nos conformamos con este mundo es diferente para cada persona. Nuestro entorno nos moldea a todos y cada niño responde de distinta manera. Por naturaleza, aprendemos el lenguaje de nuestros padres y adoptamos la mayoría de sus actitudes, que son más «captadas» que «enseñadas». La forma en que interpretamos en lo personal los acontecimientos de la vida sienta las bases para los temores y ansiedades específicos. A manera de ilustración, considera este testimonio que recibimos en nuestra oficina. A medida que lo lees, hazte estas preguntas: ¿Cómo esta persona llegó a ser así? ¿Qué aprendió a una edad temprana? ¿Qué eventos le dieron forma a su vida?

> He vivido casi toda mi vida con un temor paralizante y crónico. Cuando tenía unos siete años de edad, tuve una experiencia en la escuela primaria que inició mi trastorno de pánico. Un día, me sentía algo enferma, y la maestra no me permitió volver a casa. Tenía muchas ganas de irme, pero me sentía atrapada y experimenté mi primer [ataque de] pánico.
>
> De ahí en adelante se convirtió en un ciclo constante. Los sentimientos que experimenté ese día eran tan aterradores que me pasé el resto de mi niñez y mi adolescencia haciendo todo lo posible para evitarlos. Se convirtió en algo tan horrible que abandoné los estudios en el noveno grado y recibí la enseñanza en casa. Luego, como a los catorce años, ingresé en un hogar para niños a fin de recibir terapia intensiva interna. Era eso o acabar con mi vida.

Vivir allí era difícil en extremo, pero sí quebrantó el ciclo de temor porque me obligaban a controlar el miedo para asistir a clase.

Entonces, al volver a casa, el temor regresó poco a poco. Vivía en mi dormitorio, que era mi lugar seguro. Sin embargo, a la larga, comencé a despertar en medio de la noche con terribles ataques de pánico. Era horrendo, y mis padres no tenían idea de lo que me sucedía.

Pasé años en vano visitando médicos y diferentes especialistas. Todo mi temor y pánico permanecieron dentro de mí. Podía estar en el décimo nivel de pánico sin que los que me rodeaban se dieran cuenta siquiera. Creo que me sentía avergonzada a causa de esto. No quería que nadie supiera que estaba enferma. Esto le provocó mucho estrés a mi familia, y yo detestaba ser el problema.

Nota que ella sintió el temor y la ansiedad desde que tuvo uso de razón. También sufrió un evento traumático que comenzó un trastorno de pánico, que a su vez precipitó un trastorno de ansiedad social. Los trastornos de ansiedad (incluso las luchas sencillas con la ansiedad y el temor) son producto de nuestras experiencias de aprendizaje y nuestro proceso de crecimiento.

Analicemos este proceso a través del cuadro de la teoría psicosocial del desarrollo de Erik Erikson[1]. Aunque se trata de una teoría secular que ha existido durante muchos años, ha demostrado ser útil para comprender cómo se desarrolla una persona «naturalmente» y los obstáculos que deben superarse para seguir creciendo hasta la madurez. Agregaremos las intervenciones cristianas que deben ocurrir para los que se crían en un hogar cristiano.

Erikson dice que el desarrollo humano se compone de diferentes etapas. Cada etapa tiene una «crisis» particular asociada. Si esa crisis no se afronta con éxito, se obstruye el proceso de crecimiento, abriendo el camino para ciertos temores y ansiedades. Después de estudiar varios grupos culturales por todo el mundo, Erikson observó las siguientes ocho etapas de crecimiento:

| Etapa | Edad | Crisis psicosocial |
|-------|------|--------------------|
| 1 | Infancia (0 a 1½) | Confianza versus desconfianza |
| 2 | Niñez temprana (1½ a 3) | Autonomía versus vergüenza y duda |
| 3 | Edad del juego (3 a 5) | Iniciativa versus culpabilidad |
| 4 | Edad escolar (5 a 12) | Diligencia versus inferioridad |
| 5 | Adolescencia (12 a 18) | Identidad versus confusión |
| 6 | Adultez temprana (18 a 25) | Intimidad versus aislamiento |
| 7 | Adultez (25 a 65) | Creatividad versus estancamiento |
| 8 | Madurez (+ 65) | Integridad versus desesperación |

## Infancia

Los bebés aprenden a confiar cuando los padres les proporcionan el cuidado físico y el apoyo emocional que necesitan. El vínculo aumenta mediante la lactancia materna y el contacto humano amoroso. Los bebés que abandonan en los orfanatos a menudo fracasan en su desarrollo, y algunos hasta mueren. Si hay negligencia o abuso, es posible que el niño nunca se recupere del temor al abandono. Esto prepara el escenario para una vida de desconfianza, temor y recelo de otros, incluso de Dios. Los temores comunes durante esta edad son el temor a caerse, ruidos fuertes, objetos extraños y personas que no son sus padres. Estos temores alcanzan su clímax antes de los dos años, y luego declinan de forma gradual[2].

Lo que el mundo secular no considera es el significado espiritual de la dedicación de los niños o el bautismo, según tu trasfondo doctrinal. Los padres deben asumir la autoridad espiritual sobre el niño, entregárselo al Señor y renunciar a todo reclamo de propiedad por parte de Satanás. La familia de Jesús nos dio el ejemplo en Lucas 2:22: «Cuando se cumplió el tiempo en que, según la ley de Moisés, ellos debían purificarse, José y María llevaron al niño [Jesús] a Jerusalén para presentarlo al Señor» (NVI®).

## Niñez temprana

En la niñez temprana, los niños aprenden explorando su mundo. Se meten en todos los cajones y armarios. Se sienten abrumados por cosas más grandes que ellos, incluidos perros y gatos. Los niños de dos años quieren saber si son amados y si pueden salirse con la suya. La disciplina constante es prueba de nuestro amor, y debe responder la segunda cuestión con un *no* firme, o los años de adolescencia por venir serán difíciles. Muchas inseguridades profundas se pueden formar en niños que no se aman ni protegen durante este tiempo.

Las teorías seculares pasan por alto la protección espiritual de nuestros hijos. Hemos aconsejado a varios padres que tienen hijos que experimentan pesadillas y visitas espirituales desde los dos años de edad. Recibimos un hermoso testimonio de una madre que se liberó de su propia infancia horrible al seguir *Los pasos hacia la libertad en Cristo*. Concluyó escribiendo: «Por cierto, una vez escuchamos a nuestra pequeñita de cuatro años aullando en su clóset. La guie a través de las oraciones, y ahora está libre. Hemos hablado mucho acerca de quién es ella en Cristo y todo lo que no es Satanás. A veces, la escucho en su habitación decir: "Pertenezco a Cristo y tienes que dejarme tranquila". Ya no tiene problemas tampoco».

## Edad del juego

La edad del juego es cuando los niños se vuelven creativos. Colorean, pintan, construyen cosas con bloques, y crean juegos con animales y muñecas. Si la creatividad es aplastada por el confinamiento, el ridículo o la falta de oportunidades, los niños pueden desarrollar un sentido de culpa personal («Hice algo malo») y vergüenza («Hay algo malo en mí»). Avergonzar a un niño es un ataque a su carácter. Si se convencen de que son malas personas, se arriesgarán menos, revelarán menos de sí mismos por temor al rechazo, y lo más probable es que se cohíban en lo emocional. El miedo a la oscuridad, los monstruos o a lesionarse pueden afectar a los niños de esta edad. Las pesadillas son más frecuentes que en los bebés[3].

Durante esta edad los niños tienen amigos imaginarios. No queremos reprimir su creatividad, pero un padre que sabe discernir necesita saber si ese amigo imaginario le responde al niño, en cuyo caso el «amigo» no es imaginario, y de seguro que no es un amigo.

Un verano, impartí (Rich) una conferencia bíblica en el oeste de Pensilvania. Los cinco de nuestra familia dormimos en la misma habitación de una casa vieja en la sede de la conferencia. Una noche, mientras nos preparábamos para apagar las luces, nuestra hija de seis años anunció: «Papi, ¡tengo una amiga imaginaria! Se llama Becca, es huérfana y vive en la casa. Quiere venir a vivir a nuestra casa».

Sabiendo cómo opera el enemigo, de inmediato me puse «en alerta». Oré y le pedí a Dios la mejor manera de lidiar con esta situación. «Cariño», comencé, «a veces un ángel malo se disfraza y finge ser algo que no es. Becca no es una niña huérfana. Es un demonio, y tienes que decirle que se vaya, que no puede ser tu amiga y, sobre todo, no es bienvenida en nuestra casa». ¡Yo estaba un poco furioso!

Por fortuna, Michelle comprendió de qué hablaba e hizo lo que le pedí. Becca no resurgió de nuevo. ¿Qué hubiera sucedido si mi esposa Shirley y yo le hubiéramos dicho a Michelle: «¡Qué lindo, mi amor! Becca parece ser dulce». El curso de la vida de Michelle pudo haberse alterado en ese momento.

Un director de música que asistió a nuestra conferencia preguntó una vez acerca de su hijo de cuatro años. Durante los tres meses anteriores, el niño estaba aterrorizado y entraba todas las noches en la habitación de los padres, diciendo: «Hay algo en mi cuarto». Por supuesto, ellos miraban y no veían nada, y le ordenaban al niño que regresara a la cama. No obstante, si tú vieras algo en tu habitación de noche, ¿te volverías a dormir? Nunca se les ocurrió que el enemigo estaba acosando al niño. Gracias a Dios, la situación se resolvió y el niño durmió en paz de ahí en adelante. De no haberse resuelto, ¿qué hubiera creído ese niño, y cómo afrontaría ese temor? En el capítulo 6 veremos más acerca de las artimañas del diablo.

## Edad escolar

Los niños en edad escolar (primaria) están en la mejor etapa para descubrir los talentos y capacidades que les ha dado Dios. A esta edad aprenden a jugar deportes o a tocar instrumentos musicales. Disfrutan de los logros y competencias activos. Pueden desarrollar un interés profundo en el arte y quieren tomar lecciones. Si no tienen la oportunidad o el ánimo para explorar y disfrutar la vida de manera académica, artística o atlética, pueden desarrollar un sentido de inferioridad. Los niños pueden sentirse como perdedores y luchar con el temor al fracaso.

Siempre es apropiado animar a los niños para que exploren, disfruten de actividades saludables y desarrollen sus talentos dados por Dios. Sin embargo, un énfasis exagerado de la excelencia en cualquiera de estos campos puede prepararlos para los problemas de identidad en la adolescencia. Si solo reciben afirmación positiva por «el desempeño» de una actividad, el mensaje que oyen es que su valor viene de lo que hacen y no de lo que son. El desarrollo del carácter del niño debe ser preeminente, o el niño puede terminar convirtiéndose en un atleta inseguro y superficial, o un artista que aunque se pueda desempeñar, está lleno de inseguridad.

## Adolescencia

Las crisis de identidad surgen en la adolescencia temprana. A menudo, la confusión se produce antes de lograr la identidad[4]. En otras palabras, un joven puede ir de un papel a otro (por ejemplo, de atleta a payaso a alumno serio a fiestero y regresar) por años antes de resolver el asunto. Lo peor para los padres es que los adolescentes son adeptos a jugar al camaleón, intercambiando los papeles para satisfacer las expectativas de los que están a su alrededor. Su actuación en casa o en la iglesia puede ser muy diferente a su actuación en la escuela. La mayor ansiedad de la adolescencia es el temor al rechazo de sus compañeros. El origen de muchos trastornos de ansiedad social es el hecho de no establecer un cimiento firme de quiénes son.

A la adolescencia temprana se le ha llamado «la edad de rendir cuentas». Lo ideal es que estos jóvenes estén haciendo la transición de ser hijos de carne y hueso a ser hijos de Dios. Investigaciones acerca del desarrollo cognitivo han revelado que un niño de doce años ha madurado lo suficiente para pensar que es adulto. Son capaces de comprender quiénes son en Cristo y lo que significa ser hijo de Dios. Recuerda que Jesús tenía doce años cuando se alejó de sus padres, fue al templo y dejó boquiabiertos a los maestros de la ley con su entendimiento (Lucas 2:42-47). María le dijo: «Tu padre y yo te hemos estado buscando llenos de angustia» (versículo 48), a lo que Jesús respondió: «¿Por qué me buscabais? ¿Acaso no sabíais que me era necesario estar en la casa de mi Padre?» (versículo 49). Las iglesias católicas, ortodoxas y algunas protestantes tienen las ceremonias de confirmación alrededor de los doce años. El judaísmo celebra su *Bar Mitzvá* cuando los niños cumplen trece años.

Después de ayudar a cristianos por todo el mundo a resolver sus conflictos personales y espirituales, hemos notado que todos los adultos cristianos que afrontan luchas tienen algo en común. Ninguno sabía quién era en Cristo, ni entendía lo que significa ser hijo de Dios. Si «el Espíritu mismo da testimonio a nuestro espíritu de que somos hijos de Dios» (Romanos 8:16), ¿por qué no lo sentían? Cuando se resuelven los conflictos internos a través del verdadero arrepentimiento, los cristianos se dan cuenta de la presencia de Dios, y casi todos experimentan una paz que no habían conocido antes. ¿Cuántos trastornos de ansiedad pueden haberse evitado si hubiéramos ayudado a los adolescentes a conectarse con Dios de manera liberadora? Deberían ser capaces de decir con confianza:

*En Cristo...*

*Soy aceptado*

| | |
|---|---|
| Juan 1:12 | Soy hijo de Dios. |
| Juan 15:15 | Soy el amigo escogido de Jesús. |
| Romanos 5:1 | Me justificaron (perdonaron) y tengo paz con Dios. |

| 1 Corintios 6:17 | Estoy unido con el Señor y soy uno en espíritu con Él. |
| 1 Corintios 6:20 | Me compraron por precio; le pertenezco a Dios. |
| 1 Corintios 12:27 | Soy miembro del cuerpo de Cristo, parte de su familia. |
| Efesios 1:1 | Soy santo. |
| Efesios 1:5 | Me adoptaron como hijo de Dios. |
| Efesios 2:18 | Tengo acceso directo a Dios por medio del Espíritu Santo. |
| Colosenses 1:14 | Me redimieron y perdonaron todos mis pecados. |
| Colosenses 2:10 | Estoy completo en Cristo. |

## Estoy seguro

| Romanos 8:1-2 | Soy libre de condenación. |
| Romanos 8:28 | Tengo la seguridad de que todas las cosas cooperan para bien. |
| Romanos 8:31 | Soy libre de toda acusación en mi contra. |
| Romanos 8:35 | Nada podrá separarme del amor de Dios. |
| 2 Corintios 1:21-22 | Dios me confirmó, ungió y selló. |
| Filipenses 1:6 | Tengo la seguridad de que la buena obra que Dios comenzó en mí se perfeccionará. |
| Filipenses 3:20 | Soy ciudadano del cielo. |
| Colosenses 3:3 | Estoy escondido con Cristo en Dios. |
| 2 Timoteo 1:7 | No recibí el espíritu de cobardía, sino de poder, amor y dominio propio. |
| Hebreos 4:16 | Puedo encontrar gracia y misericordia para la ayuda oportuna. |
| 1 Juan 5:18 | Soy nacido de Dios y el maligno no puede tocarme. |

*Soy importante*

| | |
|---|---|
| Mateo 5:13-14 | Soy la sal de la tierra y la luz del mundo. |
| Juan 15:5 | Estoy unido a Cristo y puedo dar fruto. |
| Juan 15:16 | Jesús me escogió para dar fruto. |
| Hechos 1:8 | Soy testigo personal de Cristo. |
| 1 Corintios 3:16 | Soy templo de Dios, donde mora el Espíritu Santo. |
| 2 Corintios 5:17-18 | Tengo paz con Dios, quien me encomendó la tarea de hacer las paces entre Él y otras personas. Soy ministro de reconciliación. |
| 2 Corintios 6:1 | Soy colaborador de Dios. |
| Efesios 2:6 | Estoy sentado con Cristo en los lugares celestiales. |
| Efesios 2:10 | Soy hechura de Dios. |
| Efesios 3:11-12 | Puedo acercarme a Dios con libertad y confianza. |
| Filipenses 4:13 | Todo lo puedo en Cristo que me fortalece. |

### Adultez temprana

Conocer el amor incondicional y la aceptación de Dios prepara el camino para que los jóvenes adultos desarrollen relaciones personales íntimas. Cuando son conscientes de que les perdonaron, pueden caminar en la luz y tener comunión unos con otros (1 Juan 1:7). Tal comunión se puede definir como la capacidad de relacionarse con las esperanzas, necesidades y temores más profundos de otra persona, siendo a su vez vulnerable[5].

### Adultez

La adultez debe ser un tiempo de productividad y realización, y lo más probable es que lo sea si los cimientos se pusieron bien.

Con la edad, la casa se comienza a derrumbar si los cimientos están defectuosos. Las cosas del pasado sin resolver se pueden amontonar (igual que las cuentas médicas) y llevar a muchos a la crisis de la mediana edad. La obesidad, el alcoholismo y el uso de opioides es una pandemia que, a su vez, es el resultado de un aumento en la depresión y los trastornos de ansiedad.

## Madurez

Por último, los años de madurez de una persona deben estar llenos de un gozo profundo, resultado de una vida que se ha invertido en el reino de Dios Este sentido de satisfacción proviene de la comprensión de que han allanado el camino para la próxima generación, expresando la sabiduría de una vida bien vivida[6].

Sin embargo, para demasiados adultos mayores existe una profunda amargura del alma, una aversión de sí mismos y una desesperanza por la vida, según Erikson. El sentido de inutilidad, de falta de significado y temor a la muerte puede convertir los años del crepúsculo en una pesadilla. En otras palabras, «anduvieran tras lo vano y se hicieran vanos» (Jeremías 2:5).

Aunque las ocho etapas de desarrollo pueden superponerse y variar en duración, la secuencia es fija[7]. La etapa de crisis de desconfianza, vergüenza, culpa, inferioridad, confusión, aislamiento, ensimismamiento y desesperación revelan un cimiento defectuoso que puede repararse en Cristo si estamos dispuestos a humillarnos, arrepentirnos y creer al evangelio.

Aunque somos más vulnerables a ciertos temores durante las diferentes etapas de la vida, los trastornos de ansiedad pueden surgir en casi cualquier edad. Por ejemplo, el temor al abandono puede comenzar en la vida de un adulto o persona mayor como resultado de un divorcio doloroso o la negligencia de sus hijos adultos. El temor al rechazo de otros puede suceder durante la mediana edad debido a que le humillen frente a los colegas o que le despidan de un empleo. Las experiencias traumáticas ocurren a cualquier edad y pueden hacer que incluso las personas bien adaptadas caigan en una espiral de miedo y ansiedad.

## Definición de fobias

Hay tres categorías de temores controladores e irracionales: fobias específicas, fobias sociales y agorafobia[8]. Como implica el nombre, las *fobias específicas* son temores irracionales a objetos o situaciones específicas, como a las personas, serpientes, arañas, alturas, los lugares cerrados, etc.

Las *fobias sociales* incluyen el temor a que le observen, avergüencen, humillen, rechacen o desprecien mientras se hace algo en presencia de otros. Un ejemplo común de este tipo de fobia es el temor a hablar en público. Este temor se puede aplicar al cristiano que tiene miedo de contar su testimonio o testificarle a un incrédulo. Otros ejemplos podrían incluir el temor a comer en público, usar baños públicos y conocer nuevas personas.

A la forma más típica de afrontar estas fobias sociales se le llama «evasión fóbica», que es el intento de eliminar circunstancias amenazadoras de nuestro estilo de vida. Como es obvio, esto puede provocar serios problemas si el individuo teme salir a la escuela o al trabajo. El temor a la escuela es un problema para algunos niños que no están dispuestos a dejar la seguridad del hogar y de sus padres para arriesgarse a hacerle frente al ambiente amenazante de la escuela.

La *agorafobia* es cuando una persona tiene miedo de estar sola o encontrarse en una situación donde la ayuda o el escape pueden ser difíciles de encontrar.

En el testimonio que narramos con anterioridad en este capítulo, la mujer mostró evidencia de un caso serio de evasión fóbica cuando al final abandonó la escuela para estudiar desde su casa. Sufría de fobia social. Su profesora la humilló y atemorizó a tal punto que estableció un patrón de hacer todo lo posible para evitar ese tipo de dolor otra vez. Llegó a ser tan severo que «vivía en [su] dormitorio». Aunque su testimonio no lo dice, es posible que se convirtiera en agorafóbica después del inicio de sus ataques de pánico. De cualquier manera, el temor era el mecanismo que controlaba su vida.

## Más allá de la terapia cognitiva conductual

Dado que las experiencias de aprendizaje deficientes y traumáticas son la base de los trastornos de ansiedad, lo lógico sería que lo aprendido no se aprendiera. El pensamiento irracional debe sustituirse por el pensamiento racional. Las mentiras deben sustituirse por la verdad. Un cimiento en deterioro se debe reconstruir. Los teóricos seculares son conscientes de esto y buscan reconstruir los cimientos de las personas ayudándoles a ponerse en contacto con la realidad y a pensar racionalmente. La intervención más común es la terapia cognitiva conductual (TCC).

La TCC se basa en la premisa de que las personas sienten lo que sienten y hacen lo que hacen debido a lo que han elegido creer. Por lo tanto, si deseas ayudar a las personas a cambiar la forma en que se sienten y se comportan, debes ayudarlas a cambiar lo que creen. En esencia, estamos de acuerdo con dicha premisa, pues es el tema central del arrepentimiento. (El arrepentimiento significa literalmente un cambio de opinión). Sin embargo, la TCC no es suficiente en sí misma por tres razones críticas.

En primer lugar, «la persona natural» puede cambiar su manera de sentir y comportarse según lo que cree, pero eso no cambia quién es. El problema está en que «el hombre natural no acepta las cosas del Espíritu de Dios, porque para él son necedad» (1 Corintios 2:14). Pablo nos advierte: «No andéis así como andan también los gentiles, en la vanidad de su mente, entenebrecidos en su entendimiento, excluidos de la vida de Dios» (Efesios 4:17-18). Si quieres que la verdad te haga libre, debes conocer *quién* es la Verdad, no solo *qué* es la verdad. Un terapeuta cristiano que aplica la TCC con las palabras de Cristo, pero sin la vida de Cristo, no será eficiente de forma duradera.

En esencia, las emociones son producto de tus pensamientos, y cada comportamiento es producto de lo que decides creer, porque a toda acción le precede un pensamiento. No haces nada sin pensarlo primero. El proceso de pensamiento puede ser tan rápido que apenas lo notes. «Pues como piensa dentro de sí, así es» (Proverbios 23:7). La mente es el centro de control, y eres transformado mediante su renovación. La gente no siempre vive de acuerdo a lo que profesa, pero todos viven según lo que deciden creer. Santiago afirma: «Yo te mostraré mi fe por mis obras» (2:18).

En segundo lugar, nosotros no somos el Admirable Consejero. No podemos librar a los cautivos ni sanar las heridas de los quebrantados de corazón. Solo Dios puede hacerlo. La presencia de Dios es la base del libro de Neil *Discipulado en consejería* (Editorial Unilit, 2009). Dios es quien «les da el arrepentimiento que conduce al pleno conocimiento de la verdad, y volviendo en sí, escapen del lazo del diablo, habiendo estado cautivos de él para hacer su voluntad» (2 Timoteo 2:25-26). El Espíritu Santo puede guiarte a toda verdad. Nada será completo ni duradero si Dios no es parte integral del proceso. La reconstrucción de los cimientos con mejor arena no ayudará contra las tormentas de la vida. La casa debe edificarse sobre la roca.

En tercer lugar, el uso de la TCC no será completo ni eficaz si ignoramos la realidad del mundo espiritual. Los temores irracionales tienen sus raíces en las mentiras, y Satanás es el padre de las mentiras (Juan 8:44). Si le prestas atención a un espíritu mentiroso, crees una mentira. La destrucción de las fortalezas de la mente es una batalla espiritual. «Pues aunque vivimos en el mundo, no libramos batallas como lo hace el mundo. Las armas con que luchamos no son del mundo, sino que tienen el poder divino para derribar fortalezas. Destruimos argumentos y toda altivez que se levanta contra el conocimiento de Dios, y llevamos cautivo todo pensamiento para que se someta a Cristo» (2 Corintios 10:3-5, NVI®).

El testimonio que presentamos con anterioridad tiene una segunda parte que ilustra la batalla espiritual de la mente:

> No me criaron para conocer a Dios. Lo busqué cuando tenía catorce años, cuando sentí que no podía soportar ni un minuto más. Sin embargo, no tenía a nadie a quien acudir. Intenté orar para que me ayudara, pero sentía que Él estaba muy lejos. Si me creó, no podía entender cómo podía permitir que viviera en tanta desdicha.

Desde entonces, sentí ira y amargura en contra de Él. Decidí no buscarle más.

Por fin me casé y, por supuesto, mi miedo paralizante no mejoró. Cambió mucho a medida que envejecía, es probable a que tuviera que aprender a fingirlo aún mejor. Detestaba que los amigos quisieran acampar una noche porque yo todavía no podía hacerlo. Sin embargo, simulaba. Les decía: «Claro, díganme dónde y cuándo». Entonces, el pánico venía y buscaba excusas para escapar de esto.

Mi hermana era cristiana y se había comprometido a orar por mí. Oró durante doce largos años, sin rendirse jamás. ¡Gloria a Dios! Por fin, la llamé de madrugada después de una noche de desdichas, sintiéndome de nuevo que no podía seguir viviendo en esa cárcel. Había un mundo fuera de mí que no podía tocar ni sentir, y esto me estaba matando.

Tenía ganas de vivir. Y quería ser libre, así que la llamé llorando y le pregunté cómo podía encontrar a ese Jesús de quien me hablaba. Oró conmigo en el teléfono, y yo pasé el resto de la noche leyendo los pasajes bíblicos que me dio. De una forma u otra, todos se referían a la libertad.

¡Libertad! Me sentí muy esperanzada. Allí comenzó mi jornada hacia la renovación. Pasé todos esos años con un miedo muy paralizante, miedo al miedo. Era el de no saber lo que me asustaba tanto. Aprendí acerca de lo que sucede de manera física cuando tenemos miedo. Continué aprendiendo respecto a la ansiedad y al temor, y a lo que pueden hacer. Comprender estas cosas fue lo que en realidad me dirigió en el camino hacia la paz.

Hoy vivo con síndrome de intestino irritable crónico a causa de tantos años de esconder mi pánico. Los nervios por dentro están bastante dañados. Sin embargo, mi cabeza y mi espíritu tienen paz. Todavía me cuesta salir en vacaciones largas. Las viejas cintas aún se escuchan en mi mente, pero las anulo con la verdad. La verdad de que Jesús está conmigo siempre, y no tengo nada que temer.

De seguro que «todo lo puedo en Cristo que me fortalece» [Filipenses 4:13]. Descubrí ese versículo cuando me convertí y todavía confío en eso hoy. ¡Gloria a Dios!

Procesar *Los pasos hacia la libertad en Cristo* te permitirá unirte a Dios, tu Padre celestial. Te quitará la culpa y la vergüenza, y establecerá tu identidad en Cristo. Nadie es inferior ni superior a otro en la familia de Dios. Toda crisis psicológica la vencemos en Cristo. Cuando se resuelvan los conflictos espirituales y personales, podrás hacerle frente a tus temores y ansiedades que paralizan a tantas personas.

## Preguntas para la discusión

1. ¿Por qué el cimiento de la fe para nosotros es tan diferente al cimiento de la fe que tuvieron Adán y Eva?
2. Si somos una nueva criatura en Cristo, ¿por qué todavía luchamos con los mismos temores y ansiedades? ¿Cómo podemos cambiar eso?
3. ¿Qué fue lo que más te llamó la atención en las etapas de desarrollo?
4. ¿Cuándo descubriste quién eres en Cristo?
5. ¿Cuáles son las tres categorías principales de las fobias?
6. ¿Qué es la terapia cognitiva conductual (TCC), y de qué manera es compatible con el cristianismo?
7. Explica tres cosas que separan el uso secular de la TCC de la aplicación cristiana de la TCC?

   a. _____

   b. _____

   c. _____

## Los pasos hacia la libertad en Cristo

### Falso contra verdadero

El primer paso para experimentar la libertad en Cristo es renunciar (rechazar en voz alta) a toda relación (pasada o presente) con el ocultismo, las sectas, o falsas religiones o prácticas. Debe renunciarse a la participación en cualquier grupo que niegue que Jesucristo es el Señor o eleve cualquier enseñanza o libro al nivel de la Biblia (o por encima de esta). Además, debe renunciarse a grupos que exigen iniciaciones misteriosas o secretas, ceremonias, votos o pactos. Dios no toma con ligereza la falsa dirección. «En cuanto a la persona que vaya a los médium o a los espiritistas, para prostituirse en pos de ellos, también pondré mi rostro contra esa persona y la cortaré de entre su pueblo» (Levítico 20:6). Pídele a Dios que te guíe de esta manera:

> *Querido Padre celestial:*
> *Permíteme recordar todas y cada una de las cosas que haya hecho de forma consciente o inconsciente relacionadas con enseñanzas o prácticas de ocultismo, sectas o religiones falsas. Dame la sabiduría y la gracia para renunciar a todo engaño espiritual, y a las enseñanzas y prácticas religiosas falsas. Te lo pido en el nombre de Jesús. Amén.*

Quizá el Señor haga que recuerdes eventos olvidados, incluso experiencias en las que participaste como un juego o que pensaste que eran bromas. El propósito es renunciar a todas las prácticas espirituales falsas y sus creencias que Dios te traiga a la mente. Comienza este Paso al procesar las diez preguntas siguientes:

1. ¿Tienes ahora, o tuviste alguna vez, un amigo imaginario, un espíritu guía, un «ángel» que te ofrece dirección o te acompaña? Si tiene nombre, renuncia a este por nombre. **Renuncio...**

2. ¿Alguna vez has visto o has tenido contacto alguna vez con seres que pensaste que eran extraterrestres de otro mundo? Debes identificar y renunciar a tales engaños. **Renuncio...**

3. ¿Alguna vez has oído voces, o has pensado cosas indeseables y constantes como: «Soy un tonto», «Soy feo», «Nadie me ama», «No puedo hacer algo bien hecho», como si fuera una conversación en tu cabeza? Si es así, renuncia a esos espíritus engañadores y las mentiras que has creído. **Renuncio...**

4. ¿Alguna vez te han hipnotizado, has asistido a un seminario de la Nueva Era o has consultado a un psíquico, médium o espiritista? Renuncia a toda falsa profecía específica y a la dirección que te dieron. **Renuncio...**

5. ¿Alguna vez has hecho un pacto secreto o promesa a una organización o persona que no sea Dios, o has hecho alguna promesa interna contraria a la Escritura como: «Yo nunca...»? Renuncia a todas esas promesas. **Renuncio...**

6. ¿Alguna vez has tomado parte en rituales satánicos o has asistido a un concierto donde el enfoque estaba en Satanás? Renuncia a Satanás, a todas sus obras y a todos sus caminos. **Renuncio...**

7. ¿Alguna vez has hecho sacrificios a ídolos, falsos dioses o espíritus? Renuncia a cada uno de ellos. **Renuncio...**

8. ¿Alguna vez has asistido a un evento religioso falso o entrado en un templo no cristiano que requería tu participación en sus prácticas religiosas, tales como lavarte las manos o quitarte los zapatos? Confiésalo y renuncia a tu participación en la adoración falsa. **Confieso y renuncio...**

9. ¿Alguna vez has consultado a un chamán o brujo curandero con el propósito de manipular el mundo espiritual a fin de proferir maldiciones, buscar sanidad psíquica o dirección? Debes renunciar a toda esta actividad. **Renuncio...**

10. ¿Has tratado alguna vez de comunicarte con los muertos para enviar o recibir mensajes? Renuncia a estas prácticas. **Renuncio...**

Continúa este paso usando este *Inventario de experiencias espirituales no cristianas* como guía. Luego, haz la oración que sigue para renunciar a cada actividad o grupo que el Señor te traiga a la mente. Quizá te revele algunas experiencias falsas que no estén en la lista. De manera específica, percátate de la necesidad de renunciar a las prácticas religiosas no cristianas que fueron parte de tu cultura mientras crecías. Si estás haciendo estos Pasos por tu cuenta, renuncia a ellas en oración y en *voz alta*.

## Inventario de prácticas espirituales no cristianas

*Marca todas en las que has participado.*

__ Wicca

__ Tabla ouija

__ María la Sanguinaria

__ Charlie

__ Canalización / chacras

__ Bola 8 Mágica

__ Levitación de mesa o cuerpo

__ Encantamientos y maldiciones

__ Masonería

__ Cartas del tarot

__ Escritura automática

__ Astrología / horóscopos

__ Lectura de manos

__ Control mental Silva

__ Experiencias fuera del cuerpo

__ Magia negra y blanca / La Reunión

__ Paganismo

__ Reiki

__ Juegos ocultistas tales como «ligero como una pluma»

__ Reencarnación / sanidad de vidas anteriores

__ Médiums y canalizadores

__ Mormonismo

__ Telepatía mental / control de la mente

__ Ciencia Cristiana

__ Iglesia de la Cienciología

__ Adoración de la naturaleza (Madre Tierra)

__ Unitarismo / universalismo

__ Hinduismo / meditación trascendental / Yoga

__ Pactos de sangre

__ Espíritus sexuales

__ Sesiones espiritistas y círculos

__ Trances

__ Espíritus guías

__ Clarividencia

__ Adoración de antepasados

__ Hipnosis

__ Satanismo

__ Predicción del futuro / adivinación

__ Budismo (incluyendo el zen)

__ Islamismo

__ Brujería / hechicería

__ Bahaísmo

__ Espiritismo / animismo / religiones folclóricas

__ Vara y péndulo (radiestesia)

__ Testigos de Jehová

Una vez que termines de revisar y marcar la lista, confiesa y renuncia a todas las prácticas religiosas, creencias, ceremonias, votos o pactos falsos en los que participaras, haciendo en voz alta la siguiente oración. Tómate tu tiempo y sé minucioso. Dale a Dios tiempo para que te recuerde cada incidente específico, ritual, etc., según sea necesario:

> *Querido Padre celestial:*
> *Confieso que participé en <u>nombra de manera específica cada creencia y participación en todo lo que marcaste arriba</u>, y renuncio a todo eso y lo declaro falso. Te pido que me llenes con tu Espíritu Santo, a fin de que me guíes tú. Gracias porque en Cristo tengo perdón. Amén.*

## Capítulo dos

# La fortaleza del temor

La aventura de la vida no está exenta de miedo, sino que, por el contrario, se vive con pleno conocimiento de los temores de todo tipo, es una aventura en la que avanzamos a pesar de nuestros temores.

*Paul Tournier*

El temor irracional es un ladrón. Erosiona nuestra fe, saquea nuestra esperanza, nos roba la libertad y nos quita el gozo de vivir la vida abundante en Cristo. Las fobias son como una serpiente enroscada, mientras más nos rendimos a ella, más nos aprietan. Cansados de luchar, cedemos a la tentación y nos rendimos al temor. Sin embargo, lo que parecía una salida fácil, lo cierto es que se convierte en una cárcel de incredulidad, una fortaleza de miedo que nos encierra cautivos.

El temor es el instinto más básico de todo ser viviente. Un animal sin temor es probable que sea la cena de algún depredador. El temor es la respuesta natural cuando nuestra seguridad física y nuestro bienestar psicológico se ven amenazados. Aprendemos los temores racionales porque son vitales para sobrevivir. Por ejemplo, si nos caemos de una silla a una temprana edad, desarrollamos un respeto saludable por las alturas. Las fobias, en cambio, son temores irracionales que nos obligan a hacer cosas irresponsables o nos reprimen de hacer lo que debemos.

El temor es diferente a la ansiedad y los ataques de pánico, pues el temor tiene un objeto. Los temores específicos se categorizan según su objeto. A continuación tienes algunos ejemplos:

acrofobia . . . . . . . temor a las alturas
agorafobia . . . . . . temor a los espacios abiertos o a estar en público
claustrofobia . . . . temor a los espacios cerrados
gefirofobia . . . . . . temor a cruzar puentes
hematofobia . . . . temor a la sangre

monofobia . . . . . . temor a estar solo
patofobia . . . . . . . temor a enfermedades
toxifobia . . . . . . . temor de ser envenenado
xenofobia . . . . . . temor a los extraños
zoofobia . . . . . . . temor a los animales

A fin de que el objeto de un temor sea legítimo, debe poseer dos atributos: Debe percibirse como inminente (presente) y potente (poderoso). Quienes luchan con la claustrofobia no sienten el temor hasta que afrontan la posibilidad de verse confinados en un lugar. Solo con pensar en tal posibilidad les hace temblar. El útero es un lugar cerrado, así que podemos suponer que un recién nacido no puede tener claustrofobia. De alguna manera, el temor a estar confinado se aprende (como casi todos los temores). Por consiguiente, se puede desaprender.

El miedo se basa en la percepción. Un funcionario de aduana en Estados Unidos vio una pequeña y colorida serpiente en la frontera de Arizona. Sin temor, la recogió y la puso en su frasco de trofeos. Más tarde se enteró de que era una serpiente coral, que parece inofensiva, pero que es una de las serpientes más venenosas del mundo occidental. Al enterarse, se llenó de miedo. Aunque el objeto no estaba presente, el recuerdo de haberla recogido lo hizo reaccionar como si lo estuviera.

A la mayoría de nosotros nos han educado para creer que las serpientes venenosas son objetos legítimos de temor. Al leer esta oración, es posible que no sientas miedo de una serpiente cascabel, porque no hay ninguna presente (la amenaza es potente, pero no inminente). En cambio, ¿qué tal si alguien tira una serpiente cascabel en tu habitación y cae a tus pies (inminente y potente)? Lo más probable es que te aterres. Ahora bien, imagina que te tiran una serpiente muerta a los pies (inminente, pero no potente). Tampoco sentirías temor (siempre que sepas con seguridad que está muerta). El objeto del temor ya no es legítimo cuando quitamos uno de esos atributos.

La mayoría de las fobias son subcategorías del temor a la muerte, la gente y Satanás. Por ejemplo, les temeríamos menos a las serpientes, tiburones y arañas si no le tuviéramos miedo a la muerte. Sin embargo,

Dios le quitó uno de los atributos esenciales de esos tres temores. La realidad de la muerte física siempre es inminente, pero el poder de la muerte se quebrantó. Pablo nos enseña que la resurrección de Cristo logró que la muerte física ya no sea algo potente: «Devorada ha sido la muerte en victoria. ¿Dónde está, oh muerte, tu victoria? ¿Dónde, oh sepulcro, tu aguijón?» (1 Corintios 15:54-55). Jesús dijo: «Yo soy la resurrección y la vida; el que cree en mí, aunque muera, vivirá, y todo el que vive y cree en mí, no morirá jamás» (Juan 11:25-26). En otras palabras, los que han nacido de nuevo de forma espiritual seguirán vivos de manera espiritual cuando ocurra la muerte física. Pablo pudo decirlo con confianza, al igual que todo creyente: «Para mí, el vivir es Cristo y el morir es ganancia» (Filipenses 1:21). La persona que está libre del temor a la muerte es libre para vivir hoy.

Las fobias arraigadas en el temor al hombre incluyen el rechazo, fracaso, abandono y hasta la muerte física. Jesús declaró: «No temáis a los que matan el cuerpo, pero no pueden matar el alma; más bien temed a aquel que puede hacer perecer tanto el alma como el cuerpo en el infierno» (Mateo 10:28). Pedro afirmó: «No os amedrentéis por temor a ellos ni os turbéis, sino santificad a Cristo como Señor en vuestros corazones, estando siempre preparados para presentar defensa ante todo el que os demande razón de la esperanza que hay en vosotros, pero hacedlo con mansedumbre y reverencia» (1 Pedro 3:14-15). El motivo principal por el que los cristianos no testifican de su fe es el temor al «hombre» o, específicamente, el temor al rechazo y al fracaso. Si no están presentes, no tendrás temor de un hombre o una mujer, así que, queda la pregunta: ¿Qué poder tienen sobre ti?

Tanto los pasajes de Mateo y 1 Pedro nos enseñan que Dios es a quien debemos temer. Dos de los atributos de Dios le hacen el objeto supremo de temor en nuestras vidas: Él es omnipresente (siempre presente) y omnipotente (todopoderoso). Adorar a Dios es asignarle sus atributos divinos. Esto lo hacemos para mantener fresco en la mente que nuestro amante Padre celestial siempre está con nosotros y es más poderoso que cualquier enemigo.

El temor de Dios echa fuera todo temor, porque Dios siempre reina supremo sobre todo objeto de temor, incluso Satanás. Aunque nuestro «adversario, el diablo, anda al acecho como león rugiente, buscando a quien devorar» (1 Pedro 5:8), está derrotado (es inminente, pero no potente). Jesús vino con el propósito de destruir las obras del diablo (1 Juan 3:8). «Habiendo despojado a los poderes y autoridades, hizo de ellos un espectáculo público, triunfando sobre ellos por medio de Él» (Colosenses 2:15).

Nuestra cultura nos ha acondicionado para tenerle miedo a la gente y a las cosas que «hacen ruido en la noche», pero no le tememos a Dios. Las películas de horror de nuestra infancia eran King Kong, Godzilla y La mancha voraz, junto con el típico desfile de asesinos psicópatas, amantes celosos, criminales y hombres machistas. Luego, la ola cultural se desvió hacia el ocultismo y los secuestros extraterrestres. En el famoso largometraje *El exorcista*, el pobre cura no pudo contra la joven endemoniada. ¡Qué contradicción tan trágica a la Escritura! La mayoría de los cristianos le temen más a Satanás que a Dios, lo que eleva a Satanás a un objeto mayor de adoración. Las personas y los objetos reciben adoración cuando elevamos su poder percibido por encima de nosotros mismos. Solo Dios debe tener esa prominencia en nuestra vida. Tenemos el llamado para adorar y temer a Dios. El miedo a cualquier objeto o personalidad más que a Dios y la fe en Dios se excluyen mutuamente. La Biblia declara: «El principio de la sabiduría es el temor del Señor» (Proverbios 9:10). Nota la antigua sabiduría que registra Isaías 8:12-14:

> No digáis: «Es conspiración», a todo lo que este pueblo llama conspiración, ni temáis lo que ellos temen, ni os aterroricéis. Al Señor de los ejércitos es a quien debéis tener por santo. Sea Él vuestro temor, y sea Él vuestro terror. Entonces Él vendrá a ser santuario.

## Ansiedad

La ansiedad es diferente al temor en que no tiene objeto ni causa. Las personas están ansiosas porque no están seguras de un resultado específico o no saben lo que sucederá mañana. Es perfectamente normal preocuparse por las cosas que valoramos, por eso debemos distinguir entre la ansiedad temporal y el rasgo de ansiedad que persiste.

El estado temporal de ansiedad existe cuando nos preocupamos antes de un evento específico. Uno puede sentirse ansioso antes de tomar un examen, o asistir a una función planificada, o ante la amenaza de una tormenta. Esta preocupación es normal y debe mover a la persona a la oración y a tomar acciones responsables.

El trastorno de ansiedad generalizada (TAG) es un rasgo de ansiedad que perdura por largo tiempo. Para diagnosticarlo, la preocupación obsesiva debe ocurrir más días que los que no sucede por al menos un período de seis meses. Quienes luchan con TAG experimentan preocupación y ansiedad. Se desesperan por dos o más circunstancias estresantes de la vida, como las finanzas, las relaciones, la salud o su capacidad de desempeñarse como es debido. Casi siempre luchan con un gran número de preocupaciones, y emplean mucho tiempo y energía haciéndolo. La intensidad y frecuencia de la preocupación siempre está desproporcionada al problema en cuestión. Por lo regular, es más dañino que las consecuencias negativas que les preocuparon en un principio. Este pensamiento ansioso no protege a nadie del dolor del mañana. Solo les roba la paz y el gozo de hoy.

Alguien dijo una vez que toda decisión tomada es un intento para reducir más la ansiedad. A nadie le gusta vivir en un estado de ansiedad, y la gente hace casi lo que sea para aliviarlo. Algunos adoptan estilos de vida debido a que su mente no tiene tranquilidad. Sentarse solos en silencio es agonizante. Mantenerse ocupado puede concentrar la mente por un tiempo, pero no resuelve el problema. Incluso, puede contribuir y crear otros problemas, incluyendo la fatiga. Otros anestesian sus mentes ansiosas con tranquilizantes, alcohol, drogas o comida. La comercialización de curas temporales para la ansiedad puede ser el negocio más lucrativo en Estados Unidos, pero estas curas solo ofrecen escapes temporales. Pedro nos amonesta a echar toda nuestra ansiedad sobre Cristo (la cura suprema), porque Él cuida de nosotros (1 Pedro 5:7). En el capítulo 10 profundizaremos más en la explicación de la ansiedad.

## Ataques de pánico

A diferencia del temor y la ansiedad, uno tiene que utilizar la imaginación para encontrar algo bueno en el pánico. Este indica que algo anda mal de manera física, espiritual o psicológica. Alguna gente experimenta ataques de pánico cuando cobran consciencia física y emocional de los síntomas del hipotiroidismo, hipoglicemia, palpitaciones del corazón u otras anomalías físicas. Estos problemas, aunque al principio lo parezca, casi nunca amenazan la vida. Una vez que esas personas reciben el diagnóstico adecuado, regresan a una vida normal, a veces sin medicamentos.

Los ataques de pánico también pueden ocurrir de forma espontánea, sin razón aparente. A esos episodios se les llama «ataques» porque el pánico no surge después de pensamientos anormales ni de un peligro que se acerca. Pueden o no ocurrir con una fobia existente. Es posible que quienes experimenten ataques de pánico frecuentes eviten, por razones obvias, los lugares públicos. Entre el uno y el dos por ciento de la población estadounidense sufre de ataques de pánico de soledad, pero un cinco por ciento sufre de ataques de pánico complicados por la agorafobia. En el capítulo 9 explicaremos los ataques de pánico con más detalle. No obstante, recuerda que el ataque de pánico es el resultado, no la causa.

## Analicemos los temores específicos

Una fobia es una reacción emocional a una creencia irracional, que aprendimos por experiencias pasadas en la vida. Supongamos que tienes un niño de dos años jugando en el patio. Hay una serpiente inofensiva que se desliza a través del patio. El niño, que no se ha expuesto antes a las serpientes, quizá tome este objeto curioso en sus manos. Tal vez la mayoría de las madres se espanten si lo vieran suceder. En cambio, es posible que si la madre es una zoóloga con gran conocimiento de los reptiles, solo sonría y tome ella misma la serpiente en sus manos.

La mayoría de las arañas son inofensivas, y dejar que una se trepe por tu piel no te dañará. Sin embargo, no te lo aconsejaría si tiene la forma de un reloj de arena, porque la viuda negra sí puede hacer daño.

Casi todas las fobias tienen sus raíces en la ignorancia y las medias verdades. Una perspectiva limitada puede perpetuar los temores, pero un conocimiento comprensivo de la verdad libera a la persona. Analicemos varios temores comunes con la mirada puesta en lo que es verdad, y qué atributo tiene o puede eliminarse. En los próximos cinco capítulos lidiaremos de manera extensa con el temor a la muerte, la gente, el fracaso, Satanás y Dios.

## 1. El temor a nunca amar o nunca ser amado

«En el amor no hay temor, sino que el perfecto amor echa fuera el temor» (1 Juan 4:18). El amor de Dios (*agape*) por nosotros es perfecto. El *agape* no depende del objeto. Dios nos ama, porque Dios es amor (1 Juan 4:16). Su naturaleza es amarnos, y por eso es incondicional. Dios ama a todos sus hijos de la misma manera, y los amaría igual si fracasaran en su intento de vivir según ciertas normas. Dios «nos disciplina para nuestro bien, para que participemos de su santidad» (Hebreos 12:10), pero esa es la prueba de su amor.

Se dice que nadie se suicida a menos que se den del todo por vencidos en el amor. El problema es que a todos nos criaron con diferentes niveles de amor fraternal (*fileo*), el cual depende del objeto. Aparte de Cristo, hemos aprendido a amar a otros de manera condicional, por quienes son o por lo que hacen. Jesús dijo: «Si amáis a los que os aman, ¿qué mérito tenéis? Porque también los pecadores aman a los que los aman» (Lucas 6:32). No comprender el amor incondicional de Dios hace que muchos se pregunten: «¿Cómo puede Dios amar a alguien como yo?». Cuando dejamos que el amor de Dios fluya a través de nosotros, amamos a otros por quienes somos *nosotros*. «Si nos amamos unos a otros, Dios permanece en nosotros y su amor se perfecciona en nosotros» (1 Juan 4:12). Los mayores mandamientos son amar al Señor nuestro Dios con todo nuestro corazón, y amar al prójimo como a nosotros mismos (Mateo 22:37-39). «Nosotros amamos, porque Él nos amó primero» (1 Juan 4:19).

La continuación de Juan 3:16 es 1 Juan 3:16-18: «En esto conocemos el amor: en que Él puso su vida por nosotros; también nosotros debemos poner nuestras vidas por los hermanos. Pero el que tiene bienes de este mundo, y ve a su hermano en necesidad y cierra su corazón contra él, ¿cómo puede morar el amor de Dios en él? Hijos, no amemos de palabra ni de lengua, sino de hecho y en verdad». Nadie puede ayudar a alguien con sinceridad sin ayudarse a sí mismo en el proceso. De ahí que sea más bienaventurado dar que recibir. Los que esperan que alguien que no sea Dios los ame, puede que esperen por largo tiempo. Si queremos que alguien nos ame, debemos amar a alguien. Cuando no hacemos nada por motivos egoístas o vacíos, y con humildad consideramos a los demás con más valor que nosotros, y no solo buscamos nuestro propio interés personal, sino también los intereses de otros (Filipenses 2:3-4), amamos de verdad a otros y nos sentiremos amados. El amor es el fruto del Espíritu que mora en nosotros (Gálatas 5:22).

## 2. El temor a ser avergonzado

La posibilidad de avergonzarnos a nosotros mismos es inminente, pero no debe ser potente. A menudo, este temor revela una falta de seguridad en Cristo. Las personas seguras han aprendido a reírse de sí mismas cuando cometen un error, lo cual es inevitable. Todos nos avergonzamos en algún momento.

El asunto básico con el temor a ser avergonzado es a menudo el temor a que otros nos rechacen. La tentación es convertirnos en alguien que agrade a los demás. El apóstol Pablo escribió: «¿Busco ahora el favor de los hombres o el de Dios? ¿O me esfuerzo por agradar a los hombres? Si yo todavía estuviera tratando de agradar a los hombres, no sería siervo de Cristo» (Gálatas 1:10). Los que viven por agradar a los demás se convierten en sus esclavos. Nos importaría mucho menos lo que otros piensan acerca de nosotros si supiéramos lo poco que en realidad piensan acerca de nosotros. No deberíamos temer ser «necios por amor de Cristo» (1 Corintios 4:10).

## 3. El temor a ser víctima

No podemos prometerle a nadie que nunca le estafarán, maltratarán, robarán ni explotarán. Para algunos creyentes en este mundo caído, la victimización es inminente. Lo que sí podemos prometer es que nadie tiene que permanecer en estado de víctima. Aun si esa victimización le conduce a la muerte física, seríamos victoriosos y estaríamos ausentes del cuerpo, pero presentes con el Señor. Siempre tenemos la seguridad de la presencia de Dios, y su gracia nunca nos dejará ni abandonará.

El sufrimiento es parte de nuestra santificación. Hay muchos libros y testimonios de personas que no solo sobrevivieron, sino que florecieron después de las tragedias. A menudo, ese sufrimiento da forma a nuestras vidas para un mejor servicio. «También nos gloriamos en las tribulaciones, sabiendo que la tribulación produce paciencia; y la paciencia, carácter probado; y el carácter probado, esperanza; y la esperanza no desilusiona, porque el amor de Dios ha sido derramado en nuestros corazones por medio del Espíritu Santo que nos fue dado» (Romanos 5:3-5).

Las pruebas y tribulaciones son parte de vivir en este mundo caído. No vienen para destruirnos, sino para revelar nuestro carácter. «No desfallecemos, antes bien, aunque nuestro hombre exterior va decayendo, sin embargo nuestro hombre interior se renueva de día en día. Pues esta aflicción leve y pasajera nos produce un eterno peso de gloria que sobrepasa toda comparación» (2 Corintios 4:16-17). Podemos superar cualquier prueba si no perdemos la esperanza, que es la seguridad presente de un bien futuro. Imagínate el peor caso y pregúntate: ¿Puedo vivir con eso? Si tu respuesta es afirmativa, el temor ya no es potente.

## 4. El temor al rechazo

Va a suceder. No podemos vivir sin experimentar algún rechazo de otros. Sin embargo, el temor al rechazo es el motivo principal por el que algunos no testifican de su fe. Es un temor irracional que nos impide ser buenos testigos. Negarle a otro la buena noticia por temor al rechazo no es racional. En muchos casos, los incrédulos no nos rechazan a nosotros; rechazan a Cristo. El mensajero, en cambio, siente el aguijón. Sin embargo, lo que el incrédulo piensa de nosotros, es diferente por completo a lo que piensa Dios de nosotros. «Viniendo a Él como a una piedra viva, desechada por los hombres, pero escogida y preciosa delante de Dios, también vosotros, como piedras vivas, sed edificados como casa espiritual para un sacerdocio santo» (1 Pedro 2:4-5).

Jesús vivió una vida perfecta, pero en el momento del juicio todos le rechazaron. Si piensas que llegar a la cima del éxito te traerá la aceptación de todos, necesitas aprender la lección de la ballena que, cuando llega a la superficie y comienza a soplar, ¡la arponean! Temerle a la crítica y al rechazo de otros ha hecho que muchos nunca alcancen su potencial en la vida. Nada que no se arriesgue lleva a nada que se gane.

> ¿Y quién os podrá hacer daño si demostráis tener celo por lo bueno? Pero aun si sufrís por causa de la justicia, *dichosos sois*. Y no os amedrentéis por temor a ellos ni os turbéis, sino santificad a Cristo como Señor en vuestros corazones, estando siempre preparados para presentar defensa ante todo el que os demande razón de la esperanza que hay en vosotros, pero hacedlo con mansedumbre y reverencia; teniendo buena conciencia, para que en aquello en que sois calumniados, sean avergonzados los que difaman vuestra buena conducta en Cristo (1 Pedro 3:13-16, énfasis añadido).

Siempre se corre riesgos en alcanzar a otros, debido a la posibilidad a que nos rechacen. Sin embargo, es un riesgo que vale la pena correr, pues la vida sin una relación significativa no vale la pena vivirla. «Aceptaos los unos a los otros, como también Cristo nos aceptó para gloria de Dios» (Romanos 15:7). Recuerda este versículo cuando te encuentres con alguien que necesita que le amen y acepten.

## 5. El temor al matrimonio

Muchos han visto a sus padres sufrir en un matrimonio fracasado y temen que les suceda lo mismo. Son reacios a entablar un compromiso con una persona. ¿Y si no da resultado?

Una vida gobernada por los «y si...» no vale la pena vivirla. El pesimista se pregunta: «¿Qué puedo perder si lo hago?». La persona de fe pregunta: «¿Qué me perderé si no lo hago?». Dios obra sobre todo en nuestras vidas mediante relaciones comprometidas. Nadie puede evitar que su cónyuge sea la persona que Dios quiere que sea, y si ambos se mantienen enfocados de esa manera, el matrimonio será una bendición para los dos.

Algunos piensan: *Si el matrimonio no da resultado, siempre me puedo divorciar.* Si eso es lo que crees, es probable que el divorcio sea inminente. El matrimonio no debe verse como un contrato que se puede romper. Es una relación de pacto que nos ayuda en nuestra santificación si permanecemos comprometidos con nuestra promesa y maduramos en Cristo.

## 6. El temor a la desaprobación

La necesidad de la aprobación comienza muy temprano en la niñez, y casi todos los padres tratan de acomodarse a sus hijos. Le dicen: «Bravo, Juanito», cuando miran sus garabatos. Está de moda darles a todos los niños un trofeo solo por participar, sin importar si se desempeñaron bien o no. Sin embargo, esto puede prepararlos para las falsas expectativas en el futuro. Debemos ayudarlos (y a nosotros mismos) a distinguir entre la aprobación propia y la aprobación del trabajo, que siempre está sujeta a la desaprobación. Aun los presidentes de Estados Unidos consideran que tienen éxito cuando su nivel de aprobación en las encuestas es de un cincuenta por ciento. Solo porque alguien rechaza nuestro trabajo no significa que nos rechaza a nosotros.

Es crítico saber de quién buscamos aprobación. Considera el caso de Jesús en Juan 12:42-43: «Hubo muchos que sí creyeron en él —entre ellos algunos líderes judíos—, pero no lo admitían por temor a que los fariseos los expulsaran de la sinagoga, porque amaban más la aprobación humana que la aprobación de Dios» (NTV). La mentira que impulsa el temor a la desaprobación es creer que nuestro sentido de valor y felicidad depende de la aprobación de otros.

Si quieres mejorar tu «índice de aprobación», sigue el ejemplo de quienes caminaron en la fe antes que nosotros: «La fe es la garantía de lo que se espera, la certeza de lo que no se ve. Gracias a ella

fueron aprobados los antiguos» (Hebreos 11:1-2, NVI®); «procura
con diligencia presentarte a Dios aprobado, como obrero que no
tiene de qué avergonzarse, que maneja con precisión la palabra de
verdad» (2 Timoteo 2:15). La desaprobación de otros es inminente,
pero no potente para quienes están seguros en Cristo.

## 7. El temor al divorcio

El temor es un motivador poderoso para bien o para mal. Sin
embargo, esforzarse para evitar el divorcio no te lleva al comportamiento necesario para hacer que el matrimonio resulte. Lo que causa que alguien no esté satisfecho muchas veces no se relaciona con
lo que no les satisface. Responder a la insatisfacción de otro para
que no te abandone es una lucha que nunca terminará. Tratar de
apaciguar las demandas carnales de un cónyuge solo profundizarán
los patrones carnales. El temor al divorcio ha llevado a muchos a
comprar cosas, hacer viajes y ceder a las demandas. Tratar de apaciguar a la otra persona casi nunca da resultado.

Los cónyuges están satisfechos cuando aman y son amados. Lo
que los satisface de veras es el hambre y la sed de justicia (Mateo
5:6). El amor y el perdón son el pegamento que mantiene a las familias juntas. Dios permite el divorcio en casos de adulterio y abandono de parte del incrédulo. Entonces, si uno es infiel, el cónyuge
que queda todavía puede ser la persona que Dios quiere que sea.

## 8. El temor a ser homosexual o a convertirse en tal

Dios nos creó hombre y mujer. Una prueba de ADN revela-
rá el género. El cuerpo dice la verdad. El alma es la que se daña,
pero se puede reparar. El origen de la homosexualidad a menudo es
el abuso sexual, sistemas familiares disfuncionales y pensamientos
tentadores. Si alguien tiene pensamientos tentadores acerca de su
mismo sexo, pueden comenzar a dudar de su sexualidad. De manera falsa concluyen: «Si pienso estas cosas, debo ser uno de ellos».
Si creen esa mentira y actúan, usan su cuerpo como instrumento
de injusticia, permitiendo que el pecado reine en sus cuerpos mortales (lee Romanos 6:12), y se convierten en una carne con la otra
persona (lee 1 Corintios 6:16). En los Pasos hay una oportunidad

de resolver este asunto. Para ayuda adicional, lee el libro *Gana la batalla interior* (Editorial Unilit, 2011).

## 9. El temor a volverse loco

«Porque no nos ha dado Dios espíritu de cobardía, sino de poder, de amor y de cordura» (2 Timoteo 1:7, RV-77). Dios no es la fuente de nuestro problema; estar desconectados de Él es la base de los trastornos de ansiedad. El temor a perder la cordura quizá sea el más común que plaga a la humanidad. No tenemos idea de las batallas mentales que libran otros. No podemos leerles la mente, y es posible que tampoco nosotros expresemos lo que está en nuestra propia mente. Casi todas las personas con las que hemos hablado y busca ayuda piensa que son las únicas que luchan con pensamientos tentadores, acusadores y blasfemos. En este libro incluimos los Pasos para ayudarte a ganar la batalla de tu mente. En el capítulo 6 hablaremos más acerca de esto («El temor a Satanás»), y el capítulo 10 trata de la ansiedad.

## 10. El temor a los problemas financieros

Si vives con responsabilidad y crees que Dios suplirá todas tus necesidades según sus riquezas en gloria (Filipenses 4:19), no te preocuparás por las finanzas. Tal temor es desconfianza, pero hay otras cosas que pueden precipitarlo.

Primero, «si tenemos qué comer y con qué cubrirnos, con eso estaremos contentos» (1 Timoteo 6:8). En cambio, muchos no están contentos ni agradecidos por lo que tienen, y desean más cosas que solo pueden lograrse con dinero. La ambición y la falta de control pueden lanzar a individuos y parejas a las deudas de las tarjetas de crédito. El amor por el dinero (no el dinero en sí) es «la raíz de todos los males» (versículo 10). El apóstol Pablo expresa: «No que hable porque tenga escasez, pues he aprendido a contentarme cualquiera que sea mi situación» (Filipenses 4:11). Esa es una meta que todo cristiano puede lograr. Vale la pena señalar que las personas ricas luchan con este miedo tanto como quienes parecen ser pobres, y en algunos casos más.

Segundo, debemos ser buenos administradores de lo que nos confió Dios (1 Corintios 4:1-3). La vida no es un derecho; es una encomienda. La mala administración puede llevarnos a la adversidad. Si no asumimos nuestra responsabilidad de lo que nos encomendó Dios, nos sentiremos ansiosos.

Tercero, si alguno no trabaja, tampoco debe comer (2 Tesalonicenses 3:10). «Porque somos hechura suya, creados en Cristo Jesús para hacer buenas obras, las cuales Dios preparó de antemano para que anduviéramos en ellas» (Efesios 2:10).

La seguridad en Cristo garantiza la seguridad financiera, pero tener mucho dinero no compra nuestra seguridad en Cristo.

## 11. El temor al dolor o la enfermedad

El dolor y la enfermedad son inminentes; por tanto, necesitamos aprender cómo hacerlos impotentes. Dios no promete que moriremos en perfecta salud, sin importar cuán sólida sea nuestra fe. Cuando temes dar un paso de fe porque puede traerte dolor o enfermedad, piensa en los valientes misioneros que tuvieron que sobreponerse a ese miedo, pues el dolor y la enfermedad son inevitables en la mayoría de los campos misioneros.

Muchos en el mundo occidental piensan del dolor como un enemigo, pero no lo es. Si no podemos sentir dolor, estuviéramos cubiertos de cicatrices en cuestión de semanas. Todo crecimiento implica cierta cantidad de sufrimiento. Dar a luz es doloroso, y también lo es crecer en la gracia. El sufrimiento es parte del proceso de santificación. Como Jesús, aprendemos la obediencia mediante el sufrimiento (Hebreos 5:8, NVI®). Dios nos consuela en toda aflicción, y compartimos en sus sufrimientos, lo cual nos permite consolar a otros (lee 2 Corintios 1:3-6). «Por tanto no desfallecemos, antes bien, aunque nuestro hombre exterior va decayendo, sin embargo nuestro hombre interior se renueva de día en día» (2 Corintios 4:16).

## 12. El temor a no casarse nunca

El apóstol Pablo escribió: «A los solteros y a las viudas digo que es bueno para ellos si se quedan como yo» (1 Corintios 7:8). La iglesia primitiva veía el celibato como un don para algunos. Es noble permanecer soltero, pero en la mayoría de las culturas no se ve como algo normal. Hay mucha presión social para casarse, y no hacerlo significa un fracaso a los ojos de algunas personas, a menudo de los padres. La presión para casarse ha llevado a algunos a proponer o aceptar una propuesta que conduce a una situación mucho peor que permanecer soltero. Ser solero no significa una vida de soledad ni una señal de rechazo. Es mejor no casarse que casarse con la persona indebida. Encontramos el significado de la vida cuando cumplimos con nuestro llamado, lo cual puede que signifique decirle no al matrimonio o a los hijos por motivos que no conocemos hasta mucho más tarde en la vida.

## 13. El temor al futuro

El temor al futuro está relacionado a la ansiedad, porque no sabemos lo que sucederá mañana. La clave es vivir una vida responsable cada día, aprender a tomar un día a la vez y confiar en Dios para el mañana. Igual que con el temor de ser víctima, considera el peor de los casos y pregúntate: ¿Puedo, por la gracia de Dios, vivir con lo que sea que suceda? Si tu respuesta es afirmativa, no tienes nada que temer.

## 14. El temor a la confrontación

¿Nos importa algo lo suficiente como para confrontar a alguien a punto de hacerse daño a sí mismo o a otros? Precisa valor, y confrontar a alguien debe hacerse en el espíritu adecuado. Pablo escribió: «Hermanos, aun si alguno es sorprendido en alguna falta, vosotros que sois espirituales, restauradlo en un espíritu de mansedumbre, mirándote a ti mismo, no sea que tú también seas tentado» (Gálatas 6:1). El objetivo es restaurar, y la frase es «sorprendido en alguna falta». La disciplina se debe basar en la conducta observada, no en el juicio del carácter. Confronta la mentira, pero no llames mentirosa a la persona.

La valentía es la marca de un cristiano lleno del Espíritu Santo. Hechos 4:31 afirma: «Después que oraron, el lugar donde estaban reunidos tembló, y todos fueron llenos del Espíritu Santo y hablaban la palabra de Dios con valor». Los cristianos llenos del Espíritu Santo son embajadores de Cristo a quienes se les ha dado el ministerio de la reconciliación (2 Corintios 5:19-20). Para más dirección, consulta el libro de Neil *Restaura tus relaciones rotas* (Editorial Peniel, 2018).

## 15. El temor a ser un caso perdido

Es posible vivir siete minutos sin aire, siete días sin agua y cuarenta días sin alimento, pero no es posible vivir un momento sin esperanza. Las personas le temen a esperanzarse porque no quieren decepcionarse. Muchos nos dicen que temían pedirnos ayuda porque si la ayuda no les resultaba, perderían la esperanza. ¿Adónde ir cuando el último recurso no da resultado? A Dios. «¿Por qué te abates, alma mía, y por qué te turbas dentro de mí? Espera en Dios, pues he de alabarle otra vez por la salvación de su presencia» (Salmo 42:5).

Por dos años y medio durante la enfermedad de Joanne, escuché (Neil) con claridad de parte de Dios que mi esposa no mejoraría. ¿Era un caso sin esperanza? Nunca, aunque no hay cura para la demencia. La presencia de Dios nos ha rodeado, y Joanne tiene la esperanza de ver a su Señor cara a cara en un cuerpo resucitado. ¿A qué podemos temerle?

## 16. El temor a cometer el pecado imperdonable

El pasaje en cuestión es Mateo 12:31-32: «Por eso os digo: todo pecado y blasfemia será perdonado a los hombres, pero la blasfemia contra el Espíritu no será perdonada. Y a cualquiera que diga una palabra contra el Hijo del Hombre, se le perdonará; pero al que hable contra el Espíritu Santo, no se le perdonará ni en este siglo ni en el venidero».

En un momento durante su ministerio, los fariseos acusaron a Jesús de hacer los milagros por el poder de Belcebú, un espíritu territorial poderoso. Jesús les respondió que si Él echaba los demonios por el poder de Belcebú, Satanás echaba fuera a Satanás. Estaría dividido contra sí mismo, y su reino no podría permanecer. Jesús les explicó que como Él echaba fuera los demonios por el Espíritu de Dios, el reino de Dios estaba entre ellos (Mateo 12:24-28). Sin duda, estaban rechazando al Espíritu de Dios acreditándole a Jesús las obras de Belcebú.

Entonces, ¿por qué dijo Jesús que una persona podía hablar contra Él, pero no contra el Espíritu Santo? El papel singular del Espíritu Santo era y es dar evidencia de la obra de Cristo y llevarnos a toda verdad (lee Juan 14:17-19; 16:7-15). El único pecado imperdonable es el pecado de la incredulidad. Si nos negamos a aceptar el testimonio que nos da el Espíritu Santo, luchamos contra su convicción de nuestro pecado y nunca aceptamos la verdad, nunca vendremos a Cristo para salvación. En Cristo, todos nuestros pecados son perdonados. Por tanto, ninguna persona que recibe a Cristo como su Señor y Salvador puede cometer el pecado imperdonable (Romanos 8:1). Solo una persona no regenerada que se niega a venir a Cristo morirá en sus pecados.

Sin embargo, el acusador de los redimidos tratará de convencer a los cristianos de que han cometido el pecado imperdonable para que vivan en derrota. Satanás no puede hacer nada en cuanto a nuestra identidad y posición en Cristo, pero si puede engañarnos y hacernos creer que no estamos seguros en Cristo, viviremos como si no lo estuviéramos. Los cristianos pueden apagar el Espíritu. Si lo hacemos, impediremos la obra de Dios y viviremos una vida menos que victoriosa, pero no perderemos nuestra salvación.

## 17. El temor a los funcionarios gubernamentales corruptos

Un estudio de investigación realizado por la universidad Chapman en 2017[1] reveló que más del 74 % de los estadounidenses encuestados les temían a los funcionarios gubernamentales corruptos. Ese fue el temor más mencionado, seguido por el temor al nuevo programa de cuidado de salud *American Health Care Act*, que mencionó el 55 % de los encuestados. Si los dejamos, la gente corrupta y maligna puede manipularnos por medio del temor. Carlos Vallés escribió:

> Digo esto para dejar lo más claro posible el hecho de que son nuestros miedos los que nos exponen a ser manipulados. El miedo es la herramienta que nosotros mismos les damos a todos esos que nos quieren hacer danzar a su gusto. El terrorismo existe porque todos tenemos miedo. Comisiones internacionales se reúnen periódicamente para analizar el crecimiento del terrorismo y proponer remedios. Que lo sigan haciendo. Pero no es probable que acaben con la plaga. El remedio definitivo está en el corazón del hombre. Solo si nos libramos del temor, nos libraremos de los lazos y trampas que el terror nos ha preparado[2].

## Preguntas para la discusión

1. ¿En qué se diferencia el miedo de la ansiedad y los ataques de pánico?
2. ¿Qué dos atributos debe tener el objeto del temor para que sea legítimo?
3. ¿Cuál atributo le quitó Dios a la muerte y a Satanás?
4. ¿Por qué el temor a Dios es el principio de la sabiduría?
5. En esencia, ¿qué tiene de malo temerle más a Satanás que a Dios?
6. ¿Cuál es el valor para nosotros al adorar a Dios?
7. ¿Cuál de los diecisiete objetos de temor analizados en el capítulo te habló con más claridad? ¿Por qué?
8. ¿Por qué un cristiano nacido de nuevo no puede cometer el pecado imperdonable?
9. ¿Por qué es tan eficaz el terrorismo?
10. Piensa en un objeto de miedo irracional que no se mencionó en el capítulo. ¿Cuál es la mentira detrás de esto y qué atributo (su presencia o poder) puede eliminarse?

## Los pasos hacia la libertad en Cristo

### Engaño contra verdad

La vida cristiana se vive por fe según lo que Dios dice que es verdad. Jesús es la verdad, el Espíritu Santo es el Espíritu de verdad, la Palabra de Dios es verdad, y nosotros debemos hablar la verdad en amor (lee Juan 14:6; 16:13; 17:17; Efesios 4:15). La respuesta bíblica a la verdad es fe, sin importar que sintamos o no que lo es. Los cristianos deben abandonar toda mentira, engaño, distorsión de la verdad y cualquier otra cosa asociada con la falsedad. Creer mentiras nos mantendrá en ataduras. Optar por creer la verdad es lo que nos da libertad (Juan 8:32). David escribió: «Bienaventurado [feliz] el hombre [...] en cuyo espíritu no hay engaño» (Salmo 32:2, RV-60). El cristiano redimido es libre de caminar en la luz y de hablar la verdad en amor. Podemos ser sinceros y transparentes ante Dios porque somos perdonados, y Dios ya conoce nuestros pensamientos y las intenciones de nuestro corazón (Hebreos 4:12-13).

Entonces, ¿por qué no somos sinceros y confesamos nuestros pecados? Confesar significa estar de acuerdo con Dios. Los cautivos están cansados de vivir la mentira. Debido al gran amor y perdón de Dios, podemos andar en la luz y tener comunión con Dios y otros (lee 1 Juan 1:7-9).

Comienza este compromiso con la verdad al hacer la siguiente oración en voz alta. No dejes que pensamientos de oposición como *Esto es una pérdida de tiempo* o *Desearía creer esto, pero no puedo*, te impidan avanzar. Dios te fortalecerá cuando pongas tu confianza en Él.

> *Querido Padre celestial:*
> *Tú eres la verdad, y yo deseo vivir por fe según tu verdad. La verdad me hará libre, pero de muchas maneras me han engañado el padre de mentiras, las filosofías de este mundo caído y hasta yo mismo. Decido andar en la luz, sabiendo que me amas y me aceptas tal como soy. Al considerar los aspectos de posibles engaños, invito al Espíritu de verdad que me dirija a toda verdad. Por favor, protégeme de todo engaño y «examíname, oh Dios, y conoce mi corazón; pruébame y conoce mis pensamientos, y ve si hay en mí camino de perversidad, y guíame en el camino eterno» (Salmo 139:23-24, RV-60). Te lo pido en el nombre de Jesús. Amén.*

Considera en oración las listas en los tres ejercicios que están en las siguientes páginas, usando las oraciones al final de cada ejercicio para confesar cualquier forma en que creyeras las mentiras o te defendieras de manera indebida. La mente no la puedes renovar en un momento, pero el proceso nunca comenzará a menos que reconozcas las fortalezas mentales o los mecanismos de defensa, conocidos también como los patrones de la carne.

## Maneras en que te puede engañar el mundo

__ Creyendo que tener abundancia de dinero y posesiones me harán feliz (Mateo 13:22; 1 Timoteo 6:10)

__ Creyendo que comer, beber alcohol o usar drogas me pueden aliviar el estrés y hacerme feliz (Proverbios 23:19, 21)

__ Creyendo que una personalidad o imagen falsa de cuerpo atractivo satisfará mis necesidades de aceptación y significado (Proverbios 31:10; 1 Pedro 3:3-4)

__ Creyendo que la gratificación sexual me traerá satisfacción duradera sin consecuencias negativas (Efesios 4:22; 1 Pedro 2:11)

__ Creyendo que puedo pecar sin sufrir consecuencias negativas (Hebreos 3:12-13)

__ Creyendo que necesito algo más que Jesús para satisfacer mis necesidades de aceptación, seguridad e importancia (2 Corintios 11:2-4; 13-15)

__ Creyendo que puedo hacer lo que quiera sin tomar en cuenta a los demás y aún ser libre (Proverbios 16:18; Abdías 3:1; 1 Pedro 5:5)

__ Creyendo que los que se niegan a recibir a Jesús irán al cielo de todos modos (1 Corintios 6:9-11)

__ Creyendo que me puedo asociar con malas compañías y no corromperme (1 Corintios 15:33-34)

__ Creyendo que puedo leer, ver o escuchar cualquier cosa y no corromperme (Proverbios 4:23-27; Mateo 5:28)

__ Creyendo que no hay consecuencias terrenales para mi pecado (Gálatas 6:7-8)

__ Creyendo que debo ganarme la aprobación de ciertas personas para ser feliz (Gálatas 1:10)

__ Creyendo que debo llegar a la medida de ciertas normas religiosas para que Dios me acepte (Gálatas 3:2-3; 5:1)

__ Creyendo que hay muchos caminos a Dios, y que Jesús es solo uno de ellos (Juan 14:6)

__ Creyendo que debo vivir según las normas establecidas por el mundo para sentirme bien conmigo mismo (1 Pedro 2:1-12)

*Querido Padre celestial:*
*Confieso que me han engañado al* confiesa lo que marcaste antes. *Gracias por tu perdón, y decido creer en tu Palabra y en Jesús, quien es la Verdad. Te lo pido en el nombre de Jesús. Amén.*

## Maneras en que puedes engañarte a ti mismo

__ Escuchando la Palabra de Dios, pero no hacer lo que dice (Santiago 1:22)

__ Diciendo que no he pecado (1 Juan 1:8)

__ Pensando que soy algo o alguien que no soy en realidad (Gálatas 6:3)

__ Pensando que soy sabio según el mundo (1 Corintios 3:18-19)

__ Pensando que puedo ser religioso de veras, pero sin refrenar mi lengua (Santiago 1:26)

__ Pensando que Dios es la causa de mis problemas (Lamentaciones 3)

__ Pensando que puedo vivir con éxito sin la ayuda de nadie (1 Corintios 12:14-20)

*Querido Padre celestial:*
*Confieso que me he engañado a mí mismo al* confiesa lo que marcaste arriba. *Gracias por tu perdón. Me comprometo a creer solo tu verdad. Te lo pido en el nombre de Jesús. Amén.*

## Maneras en que puedes defenderte mal

__ La negación de la realidad (de modo consciente o inconsciente)

__ La fantasía (escapando de la realidad a través de soñar despierto, la televisión, el cine, la música, la computadora o videojuegos, las drogas o el alcohol)

__ El aislamiento emocional (alejarse de las personas o mantenerlas a distancia para evitar el rechazo)

__ La regresión (volver a tiempos menos amenazantes)

__ La ira desplazada (descargando frustraciones sobre los inocentes)

__ La proyección (atribuir a otros lo que encuentras inaceptable en ti mismo)

__ La racionalización (excusando tu mal comportamiento)

__ La mentira (protegiéndote con falsedades)

__ La hipocresía (presentando una falsa imagen)

> *Querido Padre celestial*:
> *Confieso que me he defendido mal al <u>confiesa lo que mar-caste arriba</u>. Gracias por tu perdón. Confío en que tú me defiendes y proteges. Te lo pido en el nombre de Jesús. Amén.*

Los métodos equivocados que hemos empleado para protegernos del dolor y del rechazo a menudo están arraigados en lo profundo de nuestras vidas. Quizá necesites más discipulado o consejería, a fin de que aprendas cómo permitir que Jesús sea tu roca, fortaleza, libertador y baluarte (lee el Salmo 18:1-2). Mientras más aprendas cuán amoroso, poderoso y protector es Dios, más probable será que confíes en Él. Mientras más te des cuenta de cuánto te ama y acepta Dios de manera incondicional, más libre serás para ser sincero, honrado y (de una forma saludable) vulnerable ante Dios y otros.

El movimiento de la Nueva Era y el posmodernismo han tergiversado el concepto de la fe al enseñar que con solo creer podemos hacer que algo sea realidad. Esto es falso. No podemos crear la realidad con nuestra mente; solo Dios puede hacerlo. Nuestra responsabilidad es afrontar la realidad y optar por creer que lo que Dios dice es verdad. Por lo tanto, la verdadera fe bíblica es elegir y actuar según lo que es verdad, porque Dios dijo que es verdad, y Él es la verdad. La fe es algo que decidimos tener, no algo que se quiera tener. Creer algo no lo hace verdad. Ya es verdad; por lo tanto, ¡elegimos creerlo! La verdad no está condicionada a si decidimos creerla o no.

Todos vivimos por fe. La única diferencia entre la fe cristiana y la fe no cristiana es el objeto de nuestra fe. Si el objeto de nuestra fe no es confiable ni real, ninguna creencia lo cambiará. Por eso nuestra fe debe estar edificada sobre la roca sólida del carácter perfecto e inmutable de Dios, y en la verdad de su Palabra. Durante dos mil años, los cristianos han sabido la importancia de declarar la verdad en palabras y en público.

Lee en voz alta las siguientes Declaraciones de la Verdad, y considera con sumo cuidado lo que profesas. Puede que te ayude leerlas en voz alta todos los días durante al menos seis semanas, lo que permitirá que tu mente se renueve por la verdad.

## Declaraciones de la verdad

1. Reconozco que hay un solo Dios vivo y verdadero que existe como Padre, Hijo y Espíritu Santo. Solo Él es digno de todo honor, alabanza y gloria como el Único que hizo todas las cosas y las mantiene unidas. (Lee Éxodo 20:2-3; Colosenses 1:16-17).

2. Reconozco que Jesucristo es el Mesías, el Verbo que se hizo carne y habitó entre nosotros. Creo que vino para destruir las obras del diablo y que despojó a los poderes y autoridades, e hizo de ellos un espectáculo público, triunfando sobre ellos. (Lee Juan 1:1, 14; Colosenses 2:15; 1 Juan 3:8).

3. Creo que Dios demostró su amor por mí en que, a pesar de que yo aún era pecador, Cristo murió por mí. Creo que Él me libró del dominio de las tinieblas y me trasladó a su reino, y en Él tengo redención, el perdón de los pecados. (Lee Romanos 5:8; Colosenses 1:13-14).

4. Creo que ahora soy hijo de Dios y que estoy sentado con Cristo en los lugares celestiales. Creo que soy salvo por la gracia de Dios a través de la fe, y que esto fue un regalo y no el resultado de ninguna obra de mi parte. (Lee Efesios 2:6, 8-9; 1 Juan 3:1-3).

5. Decido fortalecerme en el Señor y en el poder de su fuerza. No pongo mi confianza en la carne, porque las armas de mi contienda no son carnales, sino poderosas en Dios para la destrucción de fortalezas. Me revisto con toda la armadura de Dios. Decido estar firme en mi fe y resistir al maligno. (Lee 2 Corintios 10:4; Efesios 6:10-20; Filipenses 3:3).

6. Creo que separado de Cristo nada puedo hacer, y declaro mi total dependencia de Él. Decido permanecer en Cristo para dar mucho fruto y glorificar a mi Padre. Le declaro a Satanás que Jesús es mi Señor. Rechazo todos y cada uno

de los dones u obras falsificadas de Satanás en mi vida. (Lee Juan 15:5, 8; 1 Corintios 12:3).

7. Creo que la verdad me hará libre y que Jesús es la verdad. Si Él me libera, seré realmente libre. Reconozco que andar en la luz es el único camino hacia la verdadera comunión con Dios y los hombres. Por lo tanto, me levanto contra los engaños de Satanás y pongo todo pensamiento en cautiverio a la obediencia de Cristo. Declaro que la Biblia es la única norma autorizada para la verdad y la vida. (Lee Juan 8:32, 36; 14:6; 2 Corintios 10:5; 2 Timoteo 3:15-17; 1 Juan 1:3-7).

8. Decido presentar mi cuerpo a Dios como sacrificio vivo y santo, y los miembros de mi cuerpo como instrumentos de justicia. Decido renovar mi mente por la Palabra viva de Dios, a fin de probar que la voluntad de Dios es buena, agradable y perfecta. Me despojo del viejo hombre con sus malos hábitos y me visto del nuevo hombre. Declaro que soy una nueva criatura en Cristo. (Lee Romanos 6:13; 12:1-2; 2 Corintios 5:17; Colosenses 3:9-10).

9. Por la fe, decido ser lleno del Espíritu para que pueda ser guiado a toda verdad. Decido andar en el Espíritu para no cumplir los deseos de la carne. (Lee Juan 16:13; Gálatas 5:16; Efesios 5:18).

10. Renuncio a todos mis propósitos egoístas y elijo el propósito supremo del amor. Decido obedecer los dos grandes mandamientos: Amar al Señor mi Dios con todo mi corazón, con toda mi alma, con toda mi mente y con todas mis fuerzas, y a mi prójimo como a mí mismo. (Lee Mateo 22:37-39; 1 Timoteo 1:5).

11. Creo que el Señor Jesús tiene toda autoridad en el cielo y en la tierra, y que está sobre todo principado y potestad. Estoy completo en Él. Creo que Satanás y sus demonios se me sujetan en Cristo, puesto que soy miembro del cuerpo de Cristo. Por lo tanto, obedezco el mandato de someterme a Dios y resistir al diablo, y le ordeno a Satanás, en el nombre de Jesucristo, que se vaya de mi presencia. (Lee Mateo 28:18; Efesios 1:19-23; Colosenses 2:10; Santiago 4:7).

Capítulo tres

# El temor a la muerte

*El último enemigo que será abolido es la muerte.*

*1 Corintios 15:26*

Ernest Becker, en su libro ganador del Premio Pulitzer *La negación de la muerte*, escribió: «El temor a la muerte persigue al animal humano como nada más; es el impulso primario de la actividad humana»[1]. Becker describe «la aparición del hombre como lo conocemos: un animal sumamente ansioso que inventa a cada momento motivos para la ansiedad, aun donde no exista uno»[2].

¿Cómo nos hemos convertido en una nación de personas preocupadas, sobre todo cuando se refiere al temor a la muerte? Gavin de Becker, autor del superventas *El regalo del miedo*, lo dice de esta manera:

La preocupación es el miedo que fabricamos, y quienes eligen hacerlo de seguro que tienen una amplia gama de peligros en qué meditar. En la mayoría de las ciudades, la televisión dedica hasta cuarenta horas al día a contarnos acerca de los que han caído presa de algún desastre, y a explorar qué calamidades están a punto de ocurrir. Los presentadores de noticias locales deberían comenzar la transmisión diaria diciendo: «Bienvenidos a las noticias; nos sorprende que usted haya vivido un día más. Esto es lo que les sucedió a los que no lo hicieron». Todos los días aprendemos lo que revelan las nuevas investigaciones: «Los teléfonos celulares te pueden matar»; «Los peligros de las tarjetas de débito»; «Pavos contaminados matan a familia de tres personas. ¿Podría ser su familia la próxima?»[3].

«Si hay sangre, es noticia». El sensacionalismo de los medios de comunicación ha agobiado a sus televidentes con una carga imposible de llevar llena de imágenes de terror: escenas de crímenes violentos (¡y crímenes violentos en progreso!), las secuencias de desastres aéreos y víctimas del desastre escarbando las ruinas con los ojos llenos de lágrimas. No debe sorprendernos que más del noventa por ciento de las personas le tema a volar, y más de treinta y cinco millones de estadounidenses eviten los aviones por completo[4]. Cada hora, durante los horarios pico de televisión pueden verse tres asesinatos, según indican las investigaciones hechas por el Dr. George Gerbner, director del Proyecto de Investigación de Indicadores Culturales de Filadelfia[5]. Las noticias relacionadas con el crimen se triplicaron durante la primera mitad de los noventa, a pesar de que los índices de criminalidad de nuestra nación se mantuvieron más o menos igual o disminuyeron ligeramente, según el Centro de Medios y Asuntos Públicos de Washington, DC[6]. Durante ese mismo período, las historias de asesinatos en los noticieros nocturnos de las tres redes principales aumentaron nueve veces[7].

Aunque los medios han exacerbado el temor a la muerte, no es nuestra única fuente de temor, ni tampoco la original. Satanás es el génesis del temor a la muerte, porque el poder sobre la muerte era suyo. «Así que, por cuanto los hijos participan de carne y sangre, Él [Cristo] igualmente participó también de lo mismo, para anular mediante la muerte el poder de aquel que tenía el poder de la muerte, es decir, el diablo, y librar a los que por el temor a la muerte, estaban sujetos a esclavitud durante toda la vida» (Hebreos 2:14-15). A menos que tengan vida eterna en Cristo Jesús, que tiene las llaves de la muerte y el Hades (Apocalipsis 1:18), las personas vivirán esclavizadas por el temor a la muerte. El siguiente testimonio que enviaron a nuestra oficina ilustra cómo el temor a la muerte puede encadenar a un creyente en Cristo, y cómo la verdad libera a una persona.

Tengo treinta años. Cuando tenía cinco, mis padres me llevaron a un brujo para curarme de los sangramientos de nariz. Debían decir unas oraciones y, luego, ponerme una moneda de plata en la frente. Poco después cesaron los sangramientos y yo me obsesioné con la muerte. Me invadió un miedo tremendo que no se calmaba.

A los veinticinco años acepté al Señor. Hace dos años el temor a la muerte volvió con todas sus fuerzas después de dar mi testimonio en un estudio bíblico de mujeres. El miedo me oprimía.

Cada día elegía el vestuario de mi muerte. ¿Cómo moriría? Los pensamientos en mi mente me petrificaban. Moriría, y mi pequeño de tres años crecería sin su madre. Moriría, y mi esposo se casaría con una hermosa rubia.

¿De dónde venían esos pensamientos? Le pedí a Dios que me quitara ese temor [...] me familiaricé con todos los versículos bíblicos acerca del «temor». Era muy abrumador... pensé que me volvería loca.

Entonces, me encontré con *Rompiendo las cadenas*... yo estaba encadenada. Recuerdo clamar a Dios para que me mostrara qué era lo que me detenía. Hice las oraciones... y cuando llegué a la parte de los pecados sexuales, traté de visualizar todo hombre con quien tuve relaciones sexuales... cómo eran... sus nombres... oré por ellos... oré para que sus nombres estuvieran escritos en el libro de la vida del Cordero... sentí cómo el temor me dejaba... el temor de ser indigna de pararme delante de Dios... el temor de contraer sida... el temor de morir.

Esto puede parecer gracioso, pero con cada oración casi sentía que un *puf* salía de mi mente. Luego, le pregunté al Señor por qué me inundó ese temor por tanto tiempo... y recordé cuando hace años fui al brujo... que, hasta este día, mi madre dice que era un hombre de Dios.

No tengo la menor duda de que a los cinco años me impusieron una maldición. Viví infestada de temor por veintiocho años. No me importaba cómo vivía y me convertí en una mujer de dudosa moral porque estaba segura de que no viviría para pagar las consecuencias.

Gracias a Dios, de quien fluyen todas las bendiciones, que de veras hay libertad en Cristo.

Esas «sanidades» ocultas del padre de la mentira no son nuevas. Allá por el año 200 d.C., Tertuliano escribió acerca de las actividades de los demonios en su *Apología* por el cristianismo: «En la curación de las enfermedades son llanamente beneficiosos. Primero dañan, y después dan el remedio, nuevo o contrario, y entonces se entiende que curan cuando dejan de dañar»[8].

John, un piloto misionero en África, tuvo dos incidentes peligrosos mientras volaba y se convirtió en agorafóbico. Al final de su primer término en el campo misionero, casi no podía salir de su casa por ningún motivo. Sin embargo, las semillas del temor las plantaron muy temprano en su vida, cuando sin darse cuenta, le prestó atención a un espíritu mentiroso, como revela su testimonio.

Después de tantos años de engaño que me mantuvieron en la esclavitud y el temor, soy libre en Cristo. Alabado sea su nombre.

A los catorce años, mi pasatiempo era la radio amateur. Me gustaba buscar por las diferentes bandas y encontrar estaciones lejanas. Cuando llegaba el momento de apagar las luces, apagaba la radio de aficionado, me metía en la cama, conectaba un auricular a mi radio AM y continuaba escuchando las emisoras lejanas.

Con el tiempo, localicé una estación en el estado de Nueva York. A las diez de la noche escuchaba las noticias, la identificación de la emisora y la presentación del próximo programa: *CBS Radio Mystery*

*Theatre* [Teatro de Misterio Radial de la CBS]. Desde ese momento, y por los próximos cuatro años, fui fanático del programa y me quedaba dormido mientras que las imágenes de suspense y temor inundaban mi mente. Ay, si al menos hubiera sabido entonces para lo que me preparaba.

Poco después, una voz comenzó a avisarme sin falta cuándo sonaría el teléfono y quién estaría del otro lado.

También pude contarles a mis padres hábitos secretos sobre personas que sabía que eran verdaderos, incluso cuando conocía a un individuo por primera vez. Tiempo después, a veces años, mis padres hacían algún comentario entre sí y me preguntaban: «¿Cómo lo supiste?».

Después de recibir mi licencia para conducir, la misma voz me advertía dónde estaban las trampas de velocidad en la interestatal. Una vez mi madre me dijo que durante mis años de escuela bíblica, tenía la bendición de poseer una tremenda pericia espiritual por todo lo que sabía y podía hacer. Pericia espiritual, sí; no obstante, [era] de la clase indebida.

Esa voz no siempre me decía la verdad. A veces era ruda y me decía que me quemara los brazos con el soldador, o me enterrara un destornillador en el ojo. Cuando me subía a la torre de radio para reparar alguna antena a treinta metros, la voz con frecuencia me decía que me tirara.

En esos momentos mientras estaba en la torre, la batalla por mi mente era tan intensa que solo tratar de mantener presente la seguridad y las buenas prácticas me causaba un gran temor debilitante.

Ese mismo temor comenzó a motivar mis actividades diarias. Aunque la voz en mi cabeza a menudo me decía que era estúpido, feo, necio, gordo y que nunca llegaría a nada, el noventa por ciento de las veces me decía la verdad. Así que seguí prestándole atención.

Mientras trabajaba a través de los Pasos, John se dio cuenta de que «la voz» que escuchaba no era Dios. Le había estado prestando atención a un espíritu engañoso. El diablo, que una vez tuvo el poder sobre la muerte, está obsesionado por ella. Los pensamientos suicidas son comunes en quienes viven en esclavitud espiritual.

John cambió después de procesar los Pasos. El temor ya no lo controlaba. Cuando volvió a África para recoger sus pertenencias (a fin de comenzar la transición de vuelta a Estados Unidos), nos dijo que en esas dos semanas les pudo ministrar a más personas que en los tres años antes de su ausencia. La gente estaba tan maravillada de los cambios en su vida que a veces se quedaba hasta las dos o las tres de la mañana contando lo que Dios había hecho por él.

## El Espíritu que da vida

«"El primer hombre, Adán, se convirtió en un ser viviente"; el último Adán, en el Espíritu que da vida» (1 Corintios 15:45, nvi®). El Credo Niceno dice de Jesús: «Por nosotros, los hombres, y por nuestra salvación bajó del cielo, y por obra del Espíritu Santo se encarnó de María, la Virgen, y se hizo hombre». A diferencia del primer Adán, Jesús nunca pecó, a pesar de que fue tentado en todo como lo somos nosotros (Hebreos 4:15). Él nos mostró de qué manera un humano espiritualmente vivo puede vivir una vida justa, pero ese no fue el motivo principal por el que vino. Jesús vino para ser el sacrificio perfecto por nuestros pecados, los cuales nos habían separado de Dios, y para resucitar a fin de que podamos tener vida eterna «en Cristo». «En Él estaba la vida, y la vida era la luz de los hombres» (Juan 1:4).

Desde la encarnación hasta la crucifixión, Jesús fue todo Dios y todo hombre. Era una persona con dos naturalezas. Ambrosio, el obispo de Milán (374-397 d.C.) escribió:

> Al asumir un alma humana, también asumió las aflicciones del alma. Como Dios, no lo angustiaron, pero como humano fue capaz de ser angustiado. No murió como Dios, sino como hombre. Su voz humana fue la que clamó: «Dios mío, Dios mío, ¿por qué me has

abandonado?». Así que como humano, habla desde la
cruz, llevando sobre sí nuestros terrores. En medio de
los peligros, una respuesta muy humana es pensar que
estamos abandonados. Por consiguiente, como humano está angustiado, llora y le crucifican.

El Credo de los Apóstoles declara que Jesús descendió al *infierno*, que es la palabra hebrea para *seol*. En el Antiguo Testamento
solo hay una palabra para el infierno y la muerte, y es *seol* (en griego, *hades*). El énfasis está en la separación, no en el destino. La
separación de la experiencia humana de Jesús con el Padre fue lo
que le hizo clamar. Entre el dolor insoportable de la crucifixión y
el triunfo de la resurrección, Jesús se lanzó hacia el abismo de la
soledad, del abandono total, lo cual es una perspectiva aterradora.
El temor que viene de estar solo por completo habla de la vulnera-
bilidad humana. No podemos explicarla de manera racional.

En ese momento de separación, Jesús citó el Salmo 22. Su llanto
de agonía fue una oración: «Dios mío, Dios mío» (Mateo 27:46;
Marcos 15:34). Aunque la multitud burlona y el primer ladrón re-
negaron de su fe en Dios, Jesús se aferró a ella. Qué ejemplo es este
para nosotros en nuestra hora de mayor desesperación. En medio
de su abandono, Jesús clamó a Dios.

El infierno es soledad, donde no puede penetrar el amor. Es la
total ausencia de Dios, quien es amor. En el juicio final, echarán
de la presencia de Dios a esos cuyos nombres no estén escritos en
el libro de la vida del Cordero. Experimentar su presencia ahora es
solo una muestra del cielo en la tierra. Podemos entender por qué
el Antiguo Testamento solo tiene una palabra para el infierno y la
muerte, pues son la misma en esencia.

## Temor a estar solo

En el principio del tiempo Dios dijo: «No es bueno que el hombre
esté solo» (Génesis 2:18). ¿Alguna vez has visitado una funeraria y
entrado a una habitación donde el cadáver de un extraño yace sin movimiento en un ataúd abierto? ¿Te sentiste incómodo, y hasta un poco

atemorizado, aunque sabías que la persona no te podía hacer daño? Este no es el temor de nada en particular, excepto el temor a estar solo con la muerte. Tal temor no puede superarse con una explicación racional de su falta de fundamento. Esta aprehensión se relaciona con una de las necesidades humanas más básicas: el sentido de pertenencia, de estar unidos a Dios y otras almas vivas. También explica por qué muchos luchan con los problemas de abandono. El temor a caminar solos por el bosque de noche o por un atajo oscuro lo mitiga la presencia de otra persona. La incomodidad de sentarse solo con un cadáver desaparece cuando un amigo o familiar entra a la habitación.

Nuestra necesidad suprema es la vida eterna, estar en unión con Dios. Por eso el temor primordial es estar separados de Él. Nuestra vida natural tiene menos valor porque es temporal, pero aun así la valoramos más que nuestras posesiones terrenales. No podemos cumplir nuestro propósito en la tierra si nuestra alma no está en unión con nuestro cuerpo, ni podemos relacionarnos con nuestros hermanos y hermanas. Nos crearon para tener comunión con Dios y con los demás, por eso es que el mandamiento más grande es amar a Dios con todo nuestro ser, y el segundo es amar al prójimo como a nosotros mismos (Mateo 22:37-39).

La vida sin relaciones no tiene sentido. El valor de estar presentes los unos con los otros lo determina nuestra capacidad de amar. «En el amor no hay temor, sino que el perfecto amor echa fuera el temor» (1 Juan 4:18). Imagínate crecer en una familia donde no se muestran amor unos a otros. Sería una casa llena de gente solitaria. Un infierno en vida.

## La salvación conquista la muerte

Lo que Adán perdió en la caída fue vida, y eso fue lo que Jesús vino a darnos (Juan 10:10). Y lo hizo entregándose a sí mismo, porque Jesús es «nuestra vida» (Colosenses 3:4). «El testimonio es este: que Dios nos ha dado vida eterna, y esta vida está en su Hijo. El que tiene al Hijo tiene la vida, y el que no tiene al Hijo de Dios, no tiene la vida» (1 Juan 5:11-13). La iglesia primitiva entendía la salvación como la unión con Dios, y casi siempre esto se comunica en las epístolas con la frase preposicional «en Cristo», o «en Él», o «en el Amado». Solo en la carta a los efesios hay cuarenta frases preposicionales (once en los primeros trece versículos). El problema es que no lo vemos, y por eso Pablo dice en Efesios 1:18: «Mi oración es que los ojos de vuestro corazón sean iluminados, para que sepáis cuál es la esperanza de su llamamiento, cuáles son las riquezas de la gloria de su herencia en los santos».

La teología de Pablo está centrada en quiénes somos en Cristo. Le escribe a la iglesia en apuros de Corinto: «Os he enviado a Timoteo, que es mi hijo amado y fiel en el Señor, y él os recordará *mis caminos, los caminos en Cristo, tal como enseño en todas partes, en cada iglesia*» (1 Corintios 4:17, énfasis añadido).

La vida eterna no es algo que obtenemos al morir. Es más, si no tuviéramos vida eterna antes de la muerte física, lo único que podríamos esperar sería el infierno. Jesús declaró: «Yo soy la resurrección y la vida; el que cree en mí, aunque muera, vivirá» (Juan 11:25). En otras palabras, después de la muerte física tu espíritu permanecerá vivo. Eso no es algo a lo que le debemos temer, pues «cobramos ánimo y preferimos más bien estar ausentes del cuerpo y habitar con el Señor» (2 Corintios 5:8). Pablo dijo: «Pues para mí, el vivir es Cristo y el morir es ganancia» (Filipenses 1:21).

Muchos temen que la muerte física es lo peor que les puede suceder, pero para el creyente es ganancia. Los creyentes estarán presentes ante el Señor en un cuerpo resucitado sin el dolor del sufrimiento. Sin embargo, eso no es una licencia para suicidarse, pues tenemos el llamado a ser buenos administradores del tiempo, de los talentos y del tesoro que nos encomendó Él. «Porque somos hechura suya, creados *en Cristo Jesús* para hacer buenas obras, las cuales Dios preparó de antemano para que anduviéramos en ellas» (Efesios 2:10, énfasis añadido).

Recuerda que en el capítulo anterior dijimos que para eliminar cualquier temor solo se necesita quitarle uno de sus atributos. La muerte física todavía es inminente, pues «como está decretado que los hombres mueran una sola vez, y después de esto, el juicio» (Hebreos 9:27). No obstante, Dios venció el poder de la muerte. Ya no es potente, debido a que tenemos la vida eterna en Cristo. «¿Dónde está, oh muerte, tu victoria? ¿Dónde, oh sepulcro, tu aguijón? El aguijón de la muerte es el pecado, y el poder del pecado es la ley; pero a Dios gracias, que nos da la victoria por medio de nuestro Señor Jesucristo» (1 Corintios 15:55-57).

## El temor a perder la salvación

Siempre ha habido una lucha dentro de la iglesia para encontrar el equilibrio entre la soberanía de Dios y la responsabilidad humana, ambas enseñadas en la Escritura. ¿Venir a Cristo es sobre todo la elección soberana de Dios, o nuestra elección es creer, o ambas cosas? Algunos dicen que creer o no creer es nuestra decisión y, por consiguiente, podemos elegir o rechazar a Cristo y renunciar a la salvación. Con pasajes como Juan 6:44, otros argumentan que «nadie puede venir a mí [Jesús] si no lo trae el Padre que me envió, y yo lo resucitaré en el día final». Esto parece implicar que Dios nos elige. Al fin y al cabo, Dios es soberano, pero en su soberanía hizo que este llamado se registrara en la Escritura: «Cree en el Señor Jesús, y serás salvo» (Hechos 16:31). En vez de defender la elección divina o el libre albedrío, preferimos creer que tanto nuestra voluntad como la de Dios son parte del proceso de salvación.

Jesús declaró: «Yo soy la puerta; si alguno entra por mí, será salvo» (Juan 10:9). Si hubiera un letrero sobre la puerta a la vida eterna, diría: «Todo aquel que invoque el nombre del Señor será salvo» (Romanos 10:13). Entonces, cuando atraviesas la puerta y miras hacia atrás, habría otro letrero que diga: «Te conozco desde antes de la fundación del mundo» (lee Efesios 1:4). Aquí no vamos a tratar de resolver la pregunta de si eres salvo porque Dios te escogió o porque tú escogiste a Dios, pero sí esperamos convencerte de que puedes estar seguro en Cristo sin importar tu posición en cuanto al asunto. Si no puedes estar seguro en Cristo, no existe la seguridad, porque la verdadera seguridad está relacionada a la naturaleza eterna e inmutable de Dios, no a la naturaleza temporal y transitoria de este mundo.

Para que cualquier relación sea íntima y segura, ambas partes tienen que ser fieles. Por la Escritura sabemos que Dios siempre será fiel. Él nunca nos dejará ni nos abandonará (Hebreos 13:5). Jesús dijo: «Mis ovejas oyen mi voz, y yo las conozco y me siguen; y yo les doy vida eterna y jamás perecerán, y nadie las arrebatará de mi mano» (Juan 10:27-28). El apóstol Pablo escribió que «habiendo creído, fuisteis sellados en Él con el Espíritu Santo de la promesa, que nos es dado como garantía de nuestra herencia, con miras a la redención de la posesión adquirida de Dios, para alabanza de su gloria» (Efesios 1:13-14). Y Juan escribió: «Si confesamos nuestros pecados, Él es fiel y justo para perdonarnos los pecados y para limpiarnos de toda maldad» (1 Juan 1:9). Muchos cristianos cuestionan su salvación cuando luchan con el pecado. Si el pecado no les molestara, *deberían* dudar de su salvación. En cambio, si les molesta, es una buena señal de que el Espíritu Santo está en su residencia.

Lo lamentable es que hay «cristianos» culturales que no tienen una base muy sólida para su esperanza en Dios. Juan dijo de ellos: «Salieron de nosotros, pero en realidad no eran de nosotros, porque si hubieran sido de nosotros, habrían permanecido con nosotros; pero salieron, a fin de que se manifestara que no todos son de nosotros» (1 Juan 2:19). Jesús afirmó: «El que persevere hasta el fin, ese será salvo» (Marcos 13:13). Recuerda, Dios siempre será fiel. «Si somos infieles, Él permanece fiel, pues no puede negarse a sí mismo» (2 Timoteo 2:13). Dios te tiene sujeto y no te dejará ir. Él cumplirá su parte del pacto, y nos toca a nosotros cumplir la nuestra. Si quieres estar seguro en Cristo, mantente fiel, y lo serás.

La mejor manera de ayudarte a que estés seguro de tu salvación es quitar las barreras entre tú y Dios a través del arrepentimiento genuino. El Paso al final de este capítulo lidia con el «pecado que tan fácilmente nos envuelve» (Hebreos 12:1). Romanos 6 comienza identificando a cada creyente con la vida, muerte, el sepulcro y la resurrección de Cristo. Los versículos 8-13 nos dicen cuál es nuestra responsabilidad para vencer la ley del pecado y de la muerte:

> Si hemos muerto con Cristo, creemos que también viviremos con Él, sabiendo que Cristo, habiendo resucitado de entre los muertos, no volverá a morir; ya la muerte

no tiene dominio sobre Él. Porque en cuanto Él murió, murió al pecado de una vez para siempre; pero en cuanto vive, vive para Dios. Así también vosotros, consideraos muertos para el pecado, pero vivos para Dios en Cristo Jesús. Por tanto, no reine el pecado en vuestro cuerpo mortal para que no obedezcáis sus lujurias; ni presentéis los miembros de vuestro cuerpo al pecado como instrumentos de iniquidad, sino presentaos vosotros mismos a Dios como vivos de entre los muertos, y vuestros miembros a Dios como instrumentos de justicia.

Nuestra responsabilidad es no permitir que el pecado reine en nuestros cuerpos mortales, y lo hacemos no usándolos como instrumentos de injusticia. La trampa más común es el pecado sexual, porque «todos los demás pecados que un hombre comete están fuera del cuerpo» (1 Corintios 6:18). No hay forma de cometer un pecado sexual sin usar nuestro cuerpo como instrumento de injusticia. Por lo tanto, cuando pecamos de esta manera, permitimos que el pecado reine (gobierne) en nuestro cuerpo mortal. Según Pablo, nuestro cuerpo es miembro de Cristo y templo de Dios. Si tenemos relaciones sexuales con otra persona que no sea nuestro cónyuge, nos hacemos un cuerpo con ella (1 Corintios 6:16).

Es poco probable que la trampa de este pecado y el vínculo con otro solo se resuelva con la confesión. En el Paso al final de este capítulo, te exhortamos a que le pidas al Señor que le revele a tu mente todo uso sexual de tu cuerpo como instrumento de injusticia. Él lo hará, y casi siempre empieza con tu primera experiencia y sigue adelante. Se te indicará que renuncies a tener relaciones sexuales con esa persona y le pidas a Dios que rompa la unidad mental, emocional y espiritual que quizá formaras. Puedes hacerlo en privado, así que no hay razón para temer exponerte a los demás.

Es difícil convencer a alguien de que tiene que vencer la ley de la muerte sin superar la ley del pecado. Pablo nos insta «por las misericordias de Dios que presentéis vuestros cuerpos como sacrificio vivo y santo, aceptable a Dios, que es vuestro culto racional»

(Romanos 12:1). Si hacemos eso primero, es posible la transformación por la renovación de nuestra mente como nos instruye el siguiente versículo. Tratar de ganar la *batalla* de nuestra mente antes de romper las cadenas del pecado es casi imposible.

## El temor a la muerte de un ser querido

«Estimada a los ojos del SEÑOR es la muerte de sus santos» (Salmo 116:15). Este versículo no tiene sentido desde una perspectiva temporal, pero sí desde una perspectiva eterna. No tememos por el cristiano fallecido que ahora está a plenitud en la presencia de Dios. Tememos que nos dejen atrás, abandonen o perdamos a un amigo, amante o tal vez a la única persona sin la que pensamos que no podemos vivir.

Una pérdida es difícil y la principal causa para la depresión. Jesús les dijo tres veces a sus discípulos «que el Hijo del Hombre debía padecer muchas cosas, y ser rechazado por los ancianos, los principales sacerdotes y los escribas, y ser muerto, y después de tres días resucitar» (Marcos 8:31). La primera respuesta de Pedro fue la negación. Los discípulos temieron hablar del asunto una segunda vez (9:32), y los seguidores de Jesús tenían miedo mientras se acercaban a Jerusalén (10:32).

Durante el curso de nuestra vida vamos a perder personas significativas, y Jesús ejemplificó la importancia de prepararnos y preparar a otros para la transitoriedad en este mundo. Negar lo inevitable y tener miedo de hablar al respecto no aliviará el temor. «Por tanto, dejando a un lado la falsedad, hablad verdad cada cual con su prójimo, porque somos miembros los unos de los otros» (Efesios 4:25). Nuestra vida está en las manos de Dios, y su presencia es la que nos sostiene antes y después de la pérdida de un ser querido[9].

Sin embargo, la pérdida de un hijo quizá sea una de las experiencias más devastadoras por las que podemos atravesar. La respuesta social más común es el divorcio de los padres. Este testimonio revela la aprehensión de ser padre:

> Mi mayor temor no es diferente al de cualquier otra
> madre... el temor de perder un hijo. Siempre tuve

miedo de que algo les sucediera sin yo saberlo... y que no los pudiera ayudar.

En noviembre de 1975, me convertí en madre, y nunca fui la misma [...] cuánto amé a ese niño... el precioso Michael Jon. Sabía que si lo sostenía demasiado fuerte no podría crecer... que lo iba a ahogar.

Qué difícil es soltarlos, dejarlos que se caigan, que se raspen las rodillas, que den esos primeros pasos. Si lo pensamos bien, el temor es una gran parte de ser madre.

Llegué a un punto cuando al cumplir los veinte años, con una sonrisa que te derretía el corazón... con una pasión por vivir... [en el que] tuve que decir: «Señor, si puedes mover montañas, puedes cuidar de este chico».

Esta madre es fuerte en su fe, pero al fin y al cabo, la decisión de seguir a Cristo es de cada uno de nosotros. Lo trágico es que el hijo de esta querida mujer decidió quitarse la vida durante un tiempo difícil. Dos años después de su suicidio fue que ella tuvo el valor de contarnos su testimonio y su dolor. En esos veinticuatro meses había sufrido más de lo que la mayoría de las personas sufren en toda una vida. Su capacidad de seguir viviendo y hasta escribir con tanta franqueza acerca de su dolor es un testimonio de la gracia sanadora de Dios.

Después de la muerte de sus hijos y la pérdida de su salud, no fue el fatalismo, sino más bien la fe profunda, lo que movió a Job a decir: «Desnudo salí del vientre de mi madre y desnudo volveré allá. El Señor dio y el Señor quitó; bendito sea el nombre del Señor» (Job 1:21). La Escritura elogia a Job por su fe, declarando que «en todo esto Job no pecó ni culpó a Dios» (Job 1:22).

El temor a perder un ser querido nos puede llevar con facilidad de ser un padre responsable y protector a ser un padre irresponsable y sobreprotector. Cuando esto sucede, el cuidado maternal se vuelve asfixiante. Vanessa Ochs, en su libro *Safe and Sound: Protecting Your Child in an Unpredictable World*, comenta: «Cuando la protección se convierte en sobreprotección, sin importar cómo lo racionalicemos, sin importar cómo y por qué se motivó... tiene graves consecuencias a largo plazo para la autoestima y la sensación de bienestar de un niño»[10]. Ochs continúa describiendo la sobreprotección como «una forma insidiosa de abuso infantil. Encerramos el horizonte del niño en un clóset. La diferencia es que este abuso lo causa una cantidad enorme de amor»[11].

Esta clase de «protección» se puede disfrazar de amor genuino, pero lo cierto es que lo motiva el temor. Debido a que no podemos soportar la idea de cuánto nos dolerá ver a nuestro ser querido lastimado o muerto, hacemos todo lo posible para controlar a las personas y las circunstancias. En el proceso, terminamos perpetuando una fortaleza de temor en nuestra familia, y esto produce hijos tan fóbicos como nosotros.

En un mundo lleno de peligro, es muy difícil para los padres encontrar el equilibrio. Debemos confiar en Dios y creer en nuestros hijos. Tenemos el llamado a animarnos, no a desanimarnos, los unos a los otros. El temor nunca permitiría que un niño cruce la calle, pero los padres responsables conocen el riesgo que deben correr, y les enseñan a sus hijos a hacerlo con seguridad. Cuando crezcan, tendrán que confrontar riesgos mayores, como aprender a conducir, partir a la universidad y dejar el hogar. Si no comunicamos e infundimos confianza en la próxima generación, desarrollaremos minusválidos emocionales.

Siempre debemos usar la sabiduría divina y el cuidado frente al verdadero peligro, pero no siempre podemos estar junto con nuestros seres amados. Necesitamos enseñarles a vivir con valentía y entregárselos a Aquel que sí puede estar a su lado a cada momento del día. No basta con preparar a nuestros hijos para los peligros físicos que existen; necesitamos prepararlos para la batalla espiritual que libramos todos. Momentos antes de su partida de la tierra, Jesús oró por los once discípulos que dejaba atrás (Satanás ya había reclamado a Judas), y por todos los que creerían en Él: «No te ruego que los saques del mundo, sino que los guardes del maligno. Ellos no son del mundo, como tampoco yo soy del mundo. Santifícalos en la verdad; tu palabra es verdad» (Juan 17:15-17).

A través de los siglos, el pueblo de Dios ha sufrido las peores atroci-
dades a manos de gente cruel y malvada. Es más, en algunos países del
mundo actual ser un cristiano declarado equivale a firmar su sentencia
de muerte. Los profetas y santos de la antigüedad «experimentaron
vituperios y azotes, y hasta cadenas y prisiones. Fueron apedreados,
aserrados, tentados, muertos a espada» (Hebreos 11:36-37).

Con valentía, Esteban testificó de su fe y se convirtió en el primer mártir de la iglesia. Su muerte, registrada en Hechos 7:54-60,
es un testimonio de la suficiencia de la gracia de Dios, aun en el
momento de la muerte:

> Al oír esto, se sintieron profundamente ofendidos, y cru-
> jían los dientes contra él. Pero Esteban, lleno del Espíritu
> Santo, fijos los ojos en el cielo, vio la gloria de Dios y a
> Jesús de pie a la diestra de Dios; y dijo: He aquí, veo los
> cielos abiertos, y al Hijo del Hombre de pie a la diestra
> de Dios. Entonces ellos gritaron a gran voz, y tapándo-
> se los oídos arremetieron a una contra él. Y echándolo
> fuera de la ciudad, comenzaron a apedrearle; y los testi-
> gos pusieron sus mantos a los pies de un joven llamado
> Saulo. Y mientras apedreaban a Esteban, él invocaba al
> Señor y decía: Señor Jesús, recibe mi espíritu. Y cayendo
> de rodillas, clamó en alta voz: Señor, no les tomes en
> cuenta este pecado. Habiendo dicho esto, durmió.

La Escritura nos dice que Jesús está sentado a la diestra de Dios
(lee Lucas 22:69; Efesios 1:20; Colosenses 3:1), pero Esteban lo vio
de pie. ¿Sería un atrevimiento decir que Jesús le dio a Esteban una
«ovación de pie» por el mejor testimonio jamás visto? Les enseña-
mos a nuestros hijos a llamar al teléfono de emergencias cuando
enfrentan una crisis. Para el cristiano, ese es el Salmo 91:1 y los
versículos que le siguen:

> El que habita al abrigo del Altísimo morará bajo la
> sombra del Omnipotente. Diré yo a Jehová: Esperanza

mía, y castillo mío; mi Dios, en quien confiaré. Él te librará del lazo del cazador, de la peste destructora. Con sus plumas te cubrirá, y debajo de sus alas estarás seguro; escudo y adarga es su verdad.

No temerás el terror nocturno, ni saeta que vuele de día, ni pestilencia que ande en oscuridad, ni mortandad que en medio del día destruya. Caerán a tu lado mil, y diez mil a tu diestra; mas a ti no llegará. Ciertamente con tus ojos mirarás y verás la recompensa de los impíos. Porque has puesto a Jehová, que es mi esperanza, al Altísimo por tu habitación, no te sobrevendrá mal, ni plaga tocará tu morada.

Pues a sus ángeles mandará acerca de ti, que te guarden en todos tus caminos. En las manos te llevarán, para que tu pie no tropiece en piedra. Sobre el león y el áspid pisarás; hollarás al cachorro del león y al dragón.

Por cuanto en mí ha puesto su amor, yo también lo libraré; le pondré en alto, por cuanto ha conocido mi nombre. Me invocará, y yo le responderé; con él estaré yo en la angustia; lo libraré y le glorificaré. Lo saciaré de larga vida, y le mostraré mi salvación (Salmo 91, RV-60).

## Preguntas para la discusión

1. ¿Qué tiene en común el último Adán con el primer Adán, y en qué se diferencian?
2. ¿Qué es el infierno?
3. ¿Por qué le tememos a la muerte?
4. ¿Quién tuvo una vez el poder de la muerte, y cómo se venció ese poder?
5. ¿Por qué crees que las falsas curaciones engañan a la gente con tanta facilidad?
6. ¿Por qué es tan importante saber quiénes somos «en Cristo»?
7. ¿Qué sucede cuando se experimenta la muerte física?
8. ¿Cómo podemos estar seguros de nuestra salvación?

9. ¿Por qué los pecados sexuales son tan difíciles de vencer?
10. ¿Cómo puede el miedo a perder a un ser querido por la muerte tener un efecto negativo en la forma en que nos relacionamos con él?

## Los pasos hacia la libertad en Cristo

### Esclavitud contra libertad

Muchas veces nos sentimos atrapados en un círculo vicioso de «pecar, confesar; pecar, confesar» que parece no tener fin, pero la promesa de Dios dice: «Dios es fiel, y no permitirá que ustedes sean tentados más allá de lo que puedan aguantar. Más bien, cuando llegue la tentación, él les dará también una salida a fin de que puedan resistir» (1 Corintios 10:13, NVI®), y «sométanse a Dios. Resistan al diablo, y él huirá de ustedes» (Santiago 4:7, NVI®). Si no decidiste tomar la salida y pecaste, debes confesárselo a Dios, pedirle que te llene del Espíritu Santo y resistir al diablo vistiéndote con toda la armadura de Dios (lee Efesios 6:10-20).

El pecado que se ha convertido en un hábito quizá requiera buscar la ayuda de un hermano o hermana en Cristo en quien puedas confiar. Santiago 5:16 dice: «Confesaos vuestros pecados unos a otros, y orad unos por otros para que seáis sanados. La oración eficaz del justo puede lograr mucho». A veces, la seguridad de 1 Juan 1:9 es suficiente: «Si confesamos nuestros pecados, Él es fiel y justo para perdonarnos los pecados y para limpiarnos de toda maldad». Recuerda, confesar no solo es decir: «Lo siento»; es admitir sin rodeos: «Lo hice». Ya sea que necesites la ayuda de otras personas o solo rendirle cuentas a Dios en tu caminar con Él, haz la siguiente oración:

> *Querido Padre celestial:*
> *Tú me dices que me vista del Señor Jesucristo y que no provea para la carne y sus lujurias. Confieso que me he entregado a los deseos de la carne que luchan dentro de mi alma. Gracias que en Cristo mis pecados ya se*

*perdonaron, pero he quebrantado tu santa ley y he permi-
tido que el pecado libre una guerra en mi cuerpo. Ahora,
vengo a ti para confesar y renunciar a estos pecados de la
carne, a fin de poder ser limpio y libre de la esclavitud
del pecado. Te ruego que me reveles todos los pecados de la
carne que he cometido y cómo he entristecido al Espíritu
Santo. Te lo pido en el nombre de Jesús. Amén.* (Lee Romanos 6:12-13; 13:14; 2 Corintios 4:2; Santiago 4:1;
1 Pedro 2:11; 5:8).

La siguiente lista contiene muchos pecados de la carne, pero
un examen cuidadoso de Marcos 7:20-23; Gálatas 5:19-21, Efesios
4:25-31; y otros pasajes te ayudarán a ser incluso más preciso. Revisa la lista a continuación y pídele al Espíritu Santo que te traiga a
la mente los pecados que debas confesar. Puede que te revele otros
también. Por cada pecado que te muestre el Señor, haz una oración
de confesión de tu corazón. Usa la oración de muestra después de la
lista, de modo que te ayude a confesarle esos pecados a Dios.

Nota: Los pecados sexuales, los problemas del matrimonio y el
divorcio, la identidad de género, el aborto, las tendencias suicidas,
el perfeccionismo, los trastornos alimentarios, el abuso de sustancias, el juego y la intolerancia se tratarán más adelante en este Paso.

___ Robo

___ Celos/envidia

___ Sarcasmo

___ Vocabulario soez

___ Mentiras

___ Ira

___ Engaño

___ Codicia/materialismo

___ Riñas/peleas

___ Quejas / críticas

___ Chisme/calumnia

___ Apatía/pereza

___ Odio

___ Borracheras

___ Evitar la responsabilidad

Otros: _____

*Querido Padre celestial:*
*Confieso que he pecado contra ti al <u>nombra los pecados</u>.*
*Gracias por tu perdón y tu limpieza. Ahora, me aparto de*
*estas expresiones de pecado y me vuelvo a ti, Señor. Lléname*
*de tu Espíritu Santo para no darles rienda suelta a los deseos*
*de la carne. Te lo pido en el nombre de Jesús. Amén.*

## Solución del pecado sexual

Nuestra responsabilidad es la de no permitir que el pecado reine (gobierne) en nuestro cuerpo físico. Para evitarlo, no debemos usar nuestro cuerpo, ni el de otra persona, como instrumento de injusticia (lee Romanos 6:12-13). La inmoralidad sexual no solo es un pecado contra Dios, sino que es un pecado contra el cuerpo, el cual es templo del Espíritu Santo (1 Corintios 6:18-19). Dios creó la relación sexual como método de procreación, y para el placer entre el esposo y la esposa. Cuando se consume el matrimonio, se convierten en una sola carne. Si unimos sexualmente nuestros cuerpos a otra persona fuera del matrimonio, nos convertimos en «una carne» con esa persona también (1 Corintios 6:16), lo cual crea un yugo espiritual que los lleva a una esclavitud espiritual, bien sea heterosexual u homosexual.

Dios prohíbe de manera explícita las relaciones sexuales entre dos personas del mismo sexo, pero también lo son con alguien del sexo opuesto que no sea tu cónyuge. A fin de encontrar libertad de la esclavitud sexual, comienza haciendo la siguiente oración:

*Querido Padre celestial:*
*He dejado que el pecado reine en mi cuerpo mortal. Te*
*pido que traigas a mi mente todo uso sexual de mi cuerpo*
*como instrumento de injusticia, de modo que pueda re-*
*nunciar a esos pecados sexuales y romper esas cadenas de*
*pecado. Te lo pido en el nombre de Jesús. Amén.*

Pídele al Señor que te traiga a la mente cada uso sexual inmoral de tu cuerpo, bien sea que te lo hicieran a ti (violación, incesto, abuso sexual) o lo iniciaras tú (pornografía, masturbación, inmoralidad sexual), renuncia a cada experiencia de la manera siguiente:

> *Querido Padre celestial:*
> *Renuncio a <u>señala la experiencia sexual</u> con <u>nombre de la persona</u>. Te ruego que rompas esa cadena de pecado con <u>nombre de la persona</u> de manera espiritual, física y emocional. Te lo pido en el nombre de Jesús. Amén.*

Si has usado pornografía, haz la siguiente oración:

> *Querido Padre celestial:*
> *Confieso que he mirado material pornográfico sugestivo con el propósito de estimularme sexualmente. He intentado satisfacer mis deseos lujuriosos de manera errónea, y he contaminado mi cuerpo, alma y espíritu. Gracias por limpiarme y por tu perdón. Renuncio a cualquier cadena satánica que he permitido en mi vida a través del uso inadecuado de mi cuerpo y mente. Señor, me comprometo a destruir todos los objetos que tenga y haya usado para la estimulación sexual, y rechazo todo medio asociado al pecado sexual. Me comprometo a renovar mi mente y tener pensamientos puros. Lléname de tu Espíritu Santo para no darle rienda suelta a los deseos de la carne. Te lo pido en el nombre de Jesús. Amén.*

Después que termines, entrégale tu cuerpo a Dios mediante la oración:

> *Querido Padre celestial:*
> *Renuncio a todos los usos de mi cuerpo como instrumento de injusticia, y reconozco cada participación voluntaria. Decido presentarte mi cuerpo físico como instrumento de justicia, sacrificio vivo y santo, aceptable a ti. Decido reservar el uso sexual de mi cuerpo solo para el matrimonio. Rechazo la mentira del diablo de que mi cuerpo no está limpio,*

*que está sucio o que de cualquier manera no sea aceptable a ti como resultado de mis experiencias sexuales pasadas. Señor, gracias porque me has limpiado y perdonado, y porque me amas y aceptas tal como soy. Por lo tanto, ahora decido aceptarme a mí mismo y a mi cuerpo como limpios ante tus ojos. Te lo pido en el nombre de Jesús. Amén.*

## Oraciones especiales y decisiones para situaciones específicas

Las siguientes oraciones enriquecerán tu proceso de crecimiento y te ayudarán a tomar decisiones esenciales. Por sí solas, es poco probable que traigan una solución o recuperación completa, pero son un excelente punto de partida. Luego, deberás esforzarte para renovar tu mente. No dudes en buscar consejo piadoso, a fin de obtener ayuda adicional cuando sea necesario.

### Matrimonio

*Querido Padre celestial:*

*Decido creer que nos creaste varón y hembra, y que el matrimonio es una unión espiritual entre un hombre y una mujer que llegan a ser uno en Cristo. Creo que esa unión solo puede romperse con la muerte, el adulterio o el abandono de un cónyuge incrédulo. Decido mantenerme comprometido a mis votos y permanecer fiel a mi cónyuge hasta que la muerte física nos separe. Dame la gracia para ser el cónyuge que tú quieres que sea, y permíteme amar y respetar a mi pareja en el matrimonio. Procuraré cambiarme solo a mí mismo y aceptar a mi cónyuge como tú me aceptaste a mí. Enséñame a decir la verdad en amor, a ser misericordioso como lo has sido tú conmigo, y a perdonar como tú me has perdonado. Te lo pido en el nombre de Jesús. Amén.*

### Divorcio

*Querido Padre celestial:*

*No he sido el cónyuge para el que me creaste, y lamento mucho que fracasara mi matrimonio. Decido creer que todavía me amas y aceptas. Decido creer que todavía soy tu hijo, y que tu deseo para mí es que continúe sirviéndote a ti y a otros en tu reino. Dame la gracia para vencer el desaliento y las heridas emocionales que llevo conmigo, y te pido lo mismo para mi excónyuge. Decido perdonarle y perdonarme a mí mismo por las muchas maneras en que contribuí al divorcio. Permíteme aprender de mis errores y guíame para no repetir los mismos patrones de la vieja naturaleza. Decido creer la verdad de que aún me aceptas, y que tengo seguridad y significado en Cristo. Guíame hacia nuevas relaciones saludables en tu iglesia, y guárdame de buscar un matrimonio por despecho. Confío en que suplirás todas mis necesidades en el futuro, y me comprometo a seguirte. Te lo pido en el nombre de Jesús. Amén.*

## Identidad de género

*Querido Padre celestial:*

*Decido creer que creaste a toda la humanidad para que sea hombre o mujer (Génesis 1:27), y nos ordenaste mantener una distinción entre los dos géneros (Deuteronomio 22:5; Romanos 1:24-29). Confieso que han influido en mí las presiones sociales de este mundo caído y las mentiras de Satanás para cuestionar mi identidad biológica de género y la de otros. Renuncio a todas las acusaciones y mentiras de Satanás que tratarán de convencerme de que soy alguien distinto a quien me creaste. Decido creer y aceptar mi identidad biológica de género, y mi oración es para que sanes mis emociones dañadas y me permitas ser transformado por la renovación de mi mente. Tomo la armadura completa de Dios (Efesios 6:13-17) y el escudo de la fe para apagar todas las tentaciones y acusaciones del maligno (Efesios 6:16). Renuncio a cualquier identidad y término que se derive de mi antigua naturaleza, y elijo creer que soy una nueva criatura en Cristo. Te lo pido en el maravilloso nombre de Jesús. Amén.*

## Aborto

Querido Padre celestial:
Confieso que no fui la guardiana apropiada de la vida que me confiaste, y confieso que he pecado. Gracias porque debido a tu perdón puedo perdonarme a mí misma. Te entrego mi criatura por toda la eternidad y creo que está en tus amantes manos. Te lo pido en el nombre de Jesús. Amén.

## Tendencias suicidas

Querido Padre celestial:
Renuncio a todos los pensamientos suicidas y a cualquier intento que hiciera para quitarme la vida o hacerme daño de algún modo. Renuncio a las mentiras de que en la vida no hay esperanza y que puedo encontrar paz y libertad al quitarme la vida. Satanás es un ladrón que viene para robar, matar y destruir. Decido permanecer vivo en Cristo, quien dijo que Él vino para darme vida y dármela en abundancia. Gracias por tu perdón que me permite perdonarme a mí mismo. Decido creer que en Cristo siempre hay esperanza y que mi Padre celestial me ama. Te lo pido en el nombre de Jesús. Amén.

## Protagonismo y perfeccionismo

Querido Padre celestial:
Renuncio a la mentira de que mi sentido de valía depende de mi capacidad para el desempeño. Declaro la verdad de que mi identidad y sentido de valía se encuentran en quien soy como tu hijo. Renuncio a la búsqueda de afirmación mediante la aprobación y aceptación de otros, y decido creer la verdad de que ya estoy aprobado y aceptado en Cristo gracias a su muerte y resurrección por mí. Decido creer la verdad de que no soy salvo por obras hechas en justicia, sino por tu misericordia. Decido creer que ya no estoy bajo la maldición de la ley, porque Cristo se hizo maldición por mí (Gálatas 3:13). Recibo el regalo gratuito de la vida en

*Cristo y decido permanecer en Él. Renuncio a esforzarme*
*por la perfección viviendo bajo la ley. Por tu gracia, Padre*
*celestial, decido que desde este día en adelante caminaré por*
*fe y en el poder de tu Espíritu Santo, según lo que tú dijiste*
*que es verdad. Te lo pido en el nombre de Jesús. Amén.*

## Trastornos alimentarios y automutilación

*Querido Padre celestial:*

*Renuncio a la mentira de que mi valor como persona de-*
*pende de mi apariencia y desempeño. Renuncio a cortar-*
*me o abusar de mí mismo, vomitar, usar laxantes o pasar*
*hambre como forma de controlar, cambiar mi apariencia o*
*tratar de limpiarme del mal. Declaro que solo la sangre del*
*Señor Jesucristo me limpia del pecado. Reconozco que fui*
*comprado por precio y que mi cuerpo, el templo del Espíri-*
*tu Santo, le pertenece a Dios. Por lo tanto, decido glorificar*
*a Dios en mi cuerpo. Renuncio a la mentira de que todavía*
*soy malvado o que alguna parte de mi cuerpo es perversa.*
*Gracias por aceptarme tal y como soy en Cristo. Te lo pido*
*en el nombre de Jesús. Amén.*

## Uso indebido de sustancias

*Querido Padre celestial:*

*Confieso que he abusado de sustancias (alcohol, tabaco, ali-*
*mento, drogas recetadas o ilícitas) con el propósito de darme*
*placer, escapar de la realidad o afrontar problemas difíciles.*
*Confieso que he abusado de mi cuerpo y he programado mi*
*mente de forma dañina. También he apagado al Espíritu*
*Santo. Gracias por tu perdón. Renuncio a cualquier cone-*
*xión o influencia satánica en mi vida a través de mi mal*
*uso de alimentos o productos químicos. Echo toda mi an-*
*siedad sobre Cristo que me ama. Me comprometo a nunca*
*más rendirme al abuso de sustancias; en su lugar, decido*
*permitir que el Espíritu Santo me dirija y me dé el poder.*
*Te lo pido en el nombre de Jesús. Amén.*

## Juego

*Querido Padre celestial:*

*Confieso que he sido un pobre administrador de los recursos financieros que he tenido en mi posesión. Me he jugado mi futuro persiguiendo a un dios falso. No me he contentado con la comida y la ropa, y el amor al dinero me ha llevado a comportarme de manera irracional y pecaminosa. Renuncio a hacer provisión para mi carne con respecto a esta lujuria. Me comprometo a mantenerme alejado de todos los casinos, sitios web de juego, casas de apuestas y ventas de lotería. Decido creer que estoy vivo en Cristo y muerto al pecado. Lléname de tu Espíritu Santo para no satisfacer los deseos de la carne. Muéstrame la vía de escape cuando me sienta tentado a volver a mis comportamientos adictivos. Me opongo a todos los engaños, acusaciones y tentaciones de Satanás, poniéndome la armadura de Dios y manteniéndome firme en la fe. Decido creer que tú suplirás todas mis necesidades según tus riquezas en gloria. Te lo pido en el nombre de Jesús. Amén.*

## Intolerancia

*Querido Padre celestial:*

*Tú creaste a toda la humanidad a tu imagen. Confieso que he juzgado a otros por el color de su piel, su nacionalidad, su estatus social o económico, sus diferencias culturales y su orientación sexual. Renuncio al racismo, elitismo y sexismo. Decido creer que «ya no hay judío ni griego, no hay esclavo ni libre, no hay varón ni mujer; porque todos ustedes son uno en Cristo Jesús» (Gálatas 3:28, RVA-2015). Muéstrame las raíces de mi intolerancia para confesarlas y ser limpio de tal profanación. Me comprometo a «[andar] como es digno de la vocación con que [fui llamado], con toda humildad y mansedumbre, [soportando] con paciencia [a otros] en amor, procurando con diligencia guardar la unidad del Espíritu en el vínculo de la paz» (Efesios 4:1-3, RVA-2015). Te lo pido en el nombre de Jesús. Amén.*

## Capítulo cuatro

# El temor al hombre

Quien te teme presente, te odiará ausente.

*Thomas Fuller (1654-1734), Gnomologia*

En el libro clásico de Hannah Hurnard *Pies de ciervas en los lugares altos*, la protagonista, una mujer llamada Miedosa, se encuentra con el Pastor, un tipo de Cristo. Con ternura, coloca la afilada espina del amor en su corazón y la invita a ir con él en un viaje a las montañas.

Miedosa está emocionada pues sabe que al final de su viaje se sanará de su cojera y sus defectos, y recibirá el amor a cambio. Ilusionada, acepta la invitación del Pastor y se dirige a su cabaña a fin de prepararse para su partida del Valle de la Humillación.

En especial, está entusiasmada porque sus parientes los Temerosos le han puesto presión para quedarse y casarse con su primo Malicioso, a quien ella desprecia. El siguiente extracto del libro ilustra de manera gráfica el terror que puede controlar a una persona esclavizada por el temor al hombre:

> Caminó cantando a través del primer campo e iba a mitad de camino en el siguiente cuando de repente vio al mismo Malicioso que venía hacia ella. Pobre Miedosa: durante un poco de tiempo había olvidado por completo la existencia de sus espantosos parientes, y ahora aquí estaba el más temible y detestable de todos ellos que andaba arrastrando los pies hacia ella. Su corazón se llenó de un terrible pánico. Miró a izquierda y derecha, pero no había ningún lugar para ocultarse. Además, era demasiado obvio que en realidad venía a encontrarse con ella, pues en cuanto la vio apresuró su paso y en uno o dos minutos estuvo a su lado.

Con un horror que enfermaba su mismo corazón escuchó decirle: «Bueno, al fin estás aquí, primita Miedosa. Conque vamos a casarnos, eh, ¿qué piensas de eso?», y la puso en un aprieto, al parecer de una manera juguetona, pero lo suficiente maliciosa para hacer que se quedara sin aliento y se mordiera los labios a fin de contener un grito de dolor.

Se apartó de él y se estremeció de terror y repugnancia. Era lamentable, pero esta fue la peor cosa que debió haber hecho, pues siempre fue obvio que su temor lo envalentonaba para continuar atormentándola. Si solo lo hubiera pasado por alto, pronto se habría cansado de hacer bromas y de su compañía, y se habría ido a deambular en busca de otra presa. Durante toda su vida, sin embargo, Miedosa nunca fue capaz de desestimar al Temor. Ahora iba más allá de sus fuerzas ocultar el espanto que sentía.

Su pálido rostro y aterrorizados ojos enseguida surtieron el efecto de estimular el deseo de Malicioso de causarle tormento. Aquí estaba ella, sola y a total merced de él[1].

Muchos nos podemos relacionar con la difícil situación de Miedosa. Lo doloroso es que nos recuerda los tiempos de nuestra infancia cuando sufrimos acoso. Separados de la protección de los padres o amigos, nos intimidaban para someternos a alguien más grande, fuerte, listo o agresivo.

Quizá fuera tu hermano o hermana el acosador. Para muchos, lo triste es que se trataba de uno de sus padres. Quizá para ti todavía lo sea. Quizá le temas a tu jefe o tu cónyuge. O quizá fuera tu propio hijo el que te ha manipulado y te ha quitado las riendas del control de tu casa.

Aunque en esta vida afrontaremos gente y situaciones que nos atemoricen, la Escritura es clara en que no nos debe controlar el temor al hombre. Jesús declaró: «Lo que os digo en la oscuridad, hablado en la luz; y lo que oís al oído, proclamadlo desde las azoteas. Y no temáis a los que matan el cuerpo, pero no pueden matar el alma; más bien temed a aquel que puede hacer perecer tanto el alma como el cuerpo en el infierno» (Mateo 10:27-28).

Jesús vivió en un mundo real, y en su humanidad experimentó la realidad de nuestra situación y lo que puede hacernos la gente. Nos pueden ridiculizar, rechazar y arruinar nuestra reputación. Pueden causarnos daño físico y hasta tomar nuestra vida. Jesús experimentó todas esas cosas, pero el temor al hombre nunca lo controló. Jesús nos mostró cómo un creyente lleno del Espíritu Santo puede vivir una vida piadosa, dependiente por completo de Dios, y adorarle solo a Él. «El temor al hombre es un lazo, pero el que confía en el SEÑOR estará seguro» (Proverbios 29:25).

## El valor de la convicción

El temor al hombre causó la triste caída de Saúl, rey de Israel. Saúl se glorió con Samuel por haber cumplido el mandamiento de Dios (1 Samuel 15:13), pero se quedó con el botín de la guerra que le prohibió Dios. Cuando Samuel lo confrontó por no obedecer la voz de Dios, Saúl le respondió: «He pecado; en verdad he quebrantado el mandamiento del SEÑOR y tus palabras, porque temí al pueblo y escuché su voz» (1 Samuel 15:24). Saúl era un hombre de convicciones poco profundas, quien solo obedecía los mandamientos de Dios de labios para afuera. Hoy en día, el valor de vivir nuestras condiciones es un reto que los creyentes afrontan a diario.

Supongamos que tienes un jefe que te intimida, pero mientras lees este libro no le tienes miedo, porque no está presente. A menudo te pide que hagas cosas que violan tu conciencia, como mentir por él. ¿Qué sucedería si decidieras que ya no puedes hacer eso? ¿Qué poder tiene él sobre ti? En ese caso, te puede ridiculizar, maldecir, o despedirte y emplear a otro que se someta a sus exigencias.

No sugerimos que debes dejar tu trabajo o rebelarte, pero sí pensamos que debes estar dispuesto a perder el trabajo en vez de comprometer quién eres. Puedes decir algo como: «Señor, quiero ser el mejor empleado posible y trabajar para aportar al éxito de esta empresa, pero no puedo mentir por usted». Si pierdes el trabajo por mantenerte firme en tus convicciones, confía en que Dios tiene algo mejor para ti que acobardarte bajo tal intimidación. El único poder que alguien tiene sobre ti es el que tú le des, pues nadie puede evitar que seas la persona que Dios quiere que seas.

Siempre debemos buscar y ofrecer alguna alternativa a las demandas que nos ponen que violan nuestras convicciones. Daniel tuvo un puesto privilegiado en la corte del rey, quien les había asignado una ración diaria de su propio alimento y vino. «Se propuso Daniel en su corazón no contaminarse con los manjares del rey ni con el vino que él bebía» (Daniel 1:8), lo cual puso a su supervisor inmediato en una posición difícil. El jefe de los oficiales favoreció a Daniel, pero le dijo: «Temo a mi señor el rey, porque él ha asignado vuestra comida y vuestra bebida» (versículo 10). En lugar de rebelarse sin rodeos, Daniel le ofreció una alternativa creativa. «Te ruego que pongas a prueba a tus siervos por diez días, y que nos den legumbres para comer y agua para beber. Que se compare después nuestra apariencia en tu presencia con la apariencia de los jóvenes que comen los manjares del rey, y haz con tus siervos según lo que veas» (versículos 12-13). Después de diez días, era evidente que Daniel y sus compañeros se veían más saludables que los que seguían el menú del rey, y todos recibieron lo que querían (versículos 15-16).

A veces, no hay alternativa cuando se prueba nuestra fe. A Pedro y a algunos de los apóstoles los echaron a la cárcel por enseñar la verdad, pero escaparon de forma milagrosa y continuaron enseñando en el templo. Los llevaron ante el concilio, y el sumo sacerdote les recordó que se les había ordenado no enseñar acerca de Jesús. «Mas respondiendo Pedro y los apóstoles, dijeron: Debemos obedecer a Dios antes que a los hombres» (Hechos 5:29).

## El yugo de complacer a los demás

El apóstol Pablo dijo esto de sí mismo: «¿Busco ahora el favor de los hombres o el de Dios? ¿O me esfuerzo por agradar a los hombres?» (Gálatas 1:10). Quienes buscan agradar a otros son siervos de otros. Es normal querer agradar a otras personas, pero si tratamos de estar a la altura de sus expectativas, pueden enseñorearse sobre nosotros. Nuestro empeño debe ser agradar al Señor, porque «cuando los caminos del hombre son agradables al SEÑOR, aun a sus enemigos hace que estén en paz con él» (Proverbios 16:7).

En una relación de trabajo de amo-esclavo (o jefe-empleado), debemos hacerlo todo «de corazón, como para el Señor y no para los hombres, sabiendo que del Señor recibiréis la recompensa de la herencia. Es a Cristo el Señor a quien servís» (Colosenses 3:23-24). En otras palabras, ya sea que trabajes en una empresa o en tu casa, o para el gobierno, siempre habrá alguien en una posición de autoridad sobre ti, pero lo cierto es que trabajas para Dios. Eso debe hacerte un mejor empleado y embajador de Cristo. Aun así, es posible que alguien pretenda aprovecharse de ti, por eso Pablo añade: «Amos, tratad con justicia y equidad a vuestros siervos, sabiendo que vosotros también tenéis un Señor en el cielo» (Colosenses 4:1).

El siguiente testimonio de una mujer empleada en el ministerio a tiempo completo ilustra cómo a veces te pueden maltratar si te quedas callado:

> Trabajé para una organización cristiana misionera en el área de comunicaciones, que era mi experiencia. Yo, sin embargo, estaba deseando más responsabilidades cuando mi líder me pidió que ayudara a la directora en sus diversos deberes. Así que acepté con gusto.
>
> En los siguientes seis meses, asumí el trabajo adicional de ayudar a la gente local a ministrar en un país cercano que estaba espiritualmente oprimido. Era un ministerio necesario, y uno que me tocaba el corazón en lo personal.
>
> Unos meses más tarde se me acercaron de nuevo con la oportunidad de añadir el cargo de administradora de la oficina a mi trabajo. Acepté, sabiendo que tal vez fuera la mejor persona para hacerlo y que nadie más podía aceptar la posición, ya que el personal era limitado en ese tiempo.
>
> Al cabo de otros seis meses, mi líder se me acercó otra vez con la idea de que fuera también la coordinadora

de personal. Acepté, pero esta vez me sentí atrapada, como si tuviera que aceptar una responsabilidad más o defraudar al liderazgo y a la organización.

Después de trabajar en cinco diferentes tareas por varios meses, conversé con mi líder y le dije que debía deshacerme de algunas de las responsabilidades, pues sentía que no podía lidiar con todas. No hacía ninguna bien.

Él me dijo que yo debía administrar mejor mi tiempo y se quedó en eso. Me sentí como que era mi culpa que no podía realizar todos los trabajos que me asignaron. Le pedí ayuda al Señor y volví a mis labores sintiéndome atrapada por el liderazgo y por mi propia necesidad de aceptación. Si podía hacer estos trabajos bien, sabría que era aceptada de veras por Dios y los que estaban por encima de mí. No podía defraudar a nadie. Había adoptado una actitud perfeccionista y tenía que hacerlo todo bien.

Tenía que lograr que funcionara. Cada día trabajaba largas y estresantes horas. Cuando salía del trabajo, me sentía inepta, como si no fuera lo suficiente adecuada. Nunca podría llegar a la medida de mis propias expectativas, mucho menos las de otros, y me sentía como un fracaso.

## El valor para decir no

La lucha de esta mujer para decir que no es sintomática de muchas personas que quieren agradar a otros. Buscan la afirmación de los demás, y le temen al rechazo y la desaprobación. ¿Cuándo decimos que no a las responsabilidades que nos ofrecen (o nos echan) los que tienen autoridad sobre nosotros? ¿Y cuándo nos sometemos y solo aceptamos esas labores como si vinieran de Dios? ¿Qué criterio usamos para medir nuestra decisión de quedarnos en una compañía o buscar empleo en otra parte? ¿Cómo saber si nuestro sentimiento de atrapamiento es el resultado de nuestra mala actitud o un aviso de que se están tratando de aprovechar de nosotros? ¿Podemos confiar en que Dios hará provisión para nuestras necesidades si perdemos el empleo por causa de vivir de manera recta?

Son preguntas difíciles para los que le temen al rechazo y buscan la aprobación de otros. A menos que se vuelvan a Dios o Él intervenga en misericordia, a la larga sucumbirán al miedo, a la depresión, la enfermedad física y la incompetencia. Por fortuna, en el caso de esta mujer fue la intervención misericordiosa de Dios. Veamos la conclusión de su testimonio:

> Por fin me transfirieron a otra parte del mundo, pero con la misma organización. Dios escuchó mi oración y me rescató. Me sacó de una situación con la que no podía lidiar. Fue su gracia y su misericordia.
>
> En este nuevo lugar, el liderazgo era sabio y entendido. La primera semana se dieron cuenta de lo agotada y herida que estaba. No me dieron responsabilidades adicionales, sino amor y aceptación. Dios usó ese tiempo para traer sanidad a mi alma y corazón. Me enseñó lo que significaba ser aceptada por quien yo era. Aprendí a ser solo yo.
>
> Dios me amó en mis desalientos y temores, y me mostró que no tenía que buscar su aceptación ni la de otros, que era maravillosa siendo solo la persona que Él creó. No tuve que tratar de ser otra cosa que yo misma. Me di cuenta de que Dios me amaba por quien yo era, su hija, y no por lo que yo podía hacer para Él.

## El consuelo de la presencia de Dios

Somos más propensos a que nos gobiernen por miedo al hombre si no estamos seguros del amor incondicional y la aceptación de Dios. También es fácil pasar por alto la omnipresencia y la omnipotencia de nuestro Dios invisible cuando nos enfrentamos a varios objetos de temor que podemos ver. Por eso es que necesitamos adorar a Dios continuamente, lo cual es adscribirle sus atributos divinos. Necesitamos mantener la mente llena del conocimiento de su presencia todopoderosa.

Dios dejó bien claro este punto cuando reprobó a su pueblo por medio del profeta Isaías debido a su cobardía ante sus enemigos humanos:

> Yo, yo soy vuestro consolador. ¿Quién eres tú que temes al hombre mortal, y al hijo del hombre que como hierba es tratado? ¿Has olvidado al SEÑOR, tu Hacedor, que extendió los cielos y puso los cimientos de la tierra, para que estés temblando sin cesar todo el día ante la furia del opresor, mientras este se prepara para destruir? Pero ¿dónde está la furia del opresor? (Isaías 51:12-13).

Dios presenta un profundo contraste entre los simples mortales y Él. Al final, la gente natural nace y muere como la hierba, y Dios es el creador del cielo y la tierra (¡incluso de la hierba!). ¿Por qué vamos a temerle al hombre, quien nos puede oprimir por un tiempo, cuando Dios es el consolador eterno y todopoderoso? Mientras que vivamos en el planeta tierra, habrá gente presente, ¿pero qué poder tienen sobre nosotros que no se pueda vencer en Cristo? Ninguno. Ni siquiera la muerte, como en el caso del mártir misionero Jim Elliot, que dijo: «No es tonto el que da lo que no puede retener, para ganar lo que no puede perder». La gente nos puede rechazar, pero siempre seremos «linaje escogido, real sacerdocio, nación santa, pueblo adquirido para posesión de Dios» (1 Pedro 2:9).

En la historia inicial de *Pies de ciervas en los lugares altos*, Miedosa quitó los ojos del Pastor y la sobrecogió el temor. El Todopoderoso la ayudó cuando clamó en temor y dolor:

> [Malicioso] le echó mano y la pobre Miedosa articuló un aterrador grito de espanto y dolor. En ese momento Malicioso perdió el control y se acobardó.

El Pastor se les había acercado sin que se dieran cuenta y se paró junto a ellos. Una ojeada a su severo rostro y fulgurantes ojos y al grueso garrote del Pastor en su fuerte mano en alto fue más que suficiente para el matón. Malicioso se escabulló como un derrotado canalla, corriendo en verdad de la aldea en vez de ir hacia allá, sin saber a dónde iba, impulsado solo por el instinto, a fin de encontrar un lugar seguro[2].

En nuestra vida no pueden operar al mismo tiempo dejarse llevar por el temor del hombre y vivir por fe en Dios. Siempre lucharemos con pensamientos tentadores y de temor, pero no tienen que impedirnos decidir caminar por fe en Dios. Esto es valor, decidir caminar por fe y hacer lo adecuado ante el temor. Estar vivos y ser libres en Cristo no significa que nunca sentiremos temor; significa que ese temor ya no tiene poder sobre nosotros si ejercitamos nuestra fe en Dios.

## El valor para testificar de nuestra fe

Pablo predicó el evangelio de la gracia, sabiendo que era algo que correría en contra de la predicación de los judaizantes que querían llevar a los nuevos convertidos gentiles al yugo de la ley. Pablo atacó ferozmente sus falsas enseñanzas y recibió duros golpes por proteger a la iglesia de la herejía. ¿Cuántos creyentes guardan silencio aterrados cuando deben proclamar desde las azoteas lo que Dios ha hecho por ellos en Cristo? ¿Cuántas veces sentimos la voz interna del Espíritu Santo que nos pide que testifiquemos por Cristo, pero nos quedamos callados con la excusa de no parecer agresivos, sermoneadores o insensibles?

¿Valoramos más nuestra propia seguridad que el alma de otra persona? La mayoría de nosotros contestaríamos con un potente no, pero cuando se presenta la oportunidad de testificar de nuestra fe, nos paraliza el temor. ¿De dónde viene tal cosa? «No nos ha dado Dios espíritu de cobardía, sino de poder, de amor y de cordura» (2 Timoteo 1:7, RV-77).

Las fobias nos drenan la confianza y hace que personas con fortaleza física se sientan débiles y paralizadas. Nos quita el amor por los demás y nos lanza a un remolino egocéntrico. El temor y el amor a la humanidad son excluyentes entre sí. El amor se entrega a sí mismo, pero el temor se protege a sí mismo. El amor se mueve hacia los demás; el temor nos hace retraernos de los demás. El temor nos roba la sabiduría y el pensamiento claro, y los sustituye con confusión y error.

La vida personal y el ministerio del Dr. Bill Bright como fundador de Cru (lo que antes se conocía como Cruzada Estudiantil y Profesional para Cristo) es un testimonio del poder del Espíritu Santo en testificar. En su libro *Testificando sin temor*, escribió:

> Testificar por nuestro Señor es algo que todos sabemos que debemos hacer [...] Sin embargo, testificar en una actividad que evitamos con frecuencia. Entremeterse en la vida de alguien no solo parece ser algo amenazador, sino obviamente impertinente. Tememos ofender a la persona, tememos que nos rechace, tememos representar al Señor de manera inadecuada y hasta que nos tilden de «fanáticos»[3].

El Dr. Bright sugiere tres motivos principales de la timidez de los creyentes en la evangelización: letargo espiritual (no vivir en la plenitud del Espíritu a causa del pecado), falta de preparación adecuada, y escuchar las mentiras del diablo[4]. Es justo razonar que si el evangelio es poder de Dios para salvación, el enemigo hará todo lo posible para evitar que el pueblo de Dios sea el embajador que Él lo llamó a ser. Satanás es el padre de las mentiras, y si le creemos, guardaremos silencio. A continuación tienes algunos de los específicos «cuentos» mentirosos que el enemigo trata de hacernos, según el Dr. Bright:

- «No te metas en lo que no te importa... no tienes ningún derecho a forzar a nadie a que acepte tus creencias».

- «Vas a ofender a esta persona. No digas nada».

- «Esa persona pensará que eres fanático».

- «Esta persona te dirá que no, y te abochornarás»[5].

Fíjate que cada una de las mentiras del diablo va enfocada a nuestras propias inseguridades. Claro que queremos agradar y que nos respeten. Nos sentimos más cómodos cuando hay paz y no hay conflictos ni controversia. Muy a menudo nos quedamos callados, o hablamos acerca de cualquier cosa debajo del cielo, excepto Jesús y nuestra fe en Él. «Pero aun si sufrís por causa de la justicia, dichosos sois. Y no os amedrentéis por temor a ellos ni os turbéis, sino santificad a Cristo como Señor en vuestros corazones, estando siempre preparados para presentar defensa ante todo el que os demande razón de la esperanza que hay en vosotros, pero hacedlo con mansedumbre y reverencia» (1 Pedro 3:14-15).

## El valor bajo fuego

¿Cómo encontrar el valor para enfrentarnos al temor y hacer lo adecuado cuando hay mucho más en juego? Una cosa es avergonzarse por un momento por un extraño; algo mucho más arriesgado es cuando se trata de un trabajo (y su salario u oportunidad de ascenso). Aún más endeble es una situación en la que una relación cercana con un ser querido está en peligro, o cuando la salud personal, la seguridad o la vida están en juego.

Mientras que percibamos que alguien o algo tienen el poder de destruir lo que valoramos, estaremos encadenados a ese objeto de temor. Y ese temor nos paralizará hasta llevarnos a una vida de compromiso o abandono.

El apóstol Pablo no se retrajo ante la oposición. Considera su letanía de aflicciones en 2 Corintios 11:23-26:

> ¿Son servidores de Cristo? (Hablo como si hubiera perdido el juicio.) Yo más. En muchos más trabajos, en muchas más cárceles, en azotes un sinnúmero de veces, a menudo en peligros de muerte. Cinco veces he recibido de los judíos treinta y nueve azotes. Tres veces he sido golpeado con varas, una vez fui apedreado, tres veces naufragué, y he pasado una noche y un día en lo profundo. Con frecuencia en viajes, en peligros de

ríos, peligros de salteadores, peligros de mis compatriotas, peligros de los gentiles, peligros en la ciudad, peligros en el desierto, peligros en el mar, peligros entre falsos hermanos.

Tal hombre es intocable, inquebrantable e imparable. El diablo no puede evitar que predique el evangelio, como tampoco el resto del pueblo de Dios. Fue un ejemplo vivo y alentador de lo que Juan escribió en Apocalipsis 12:11: «Ellos lo vencieron por medio de la sangre del Cordero y por la palabra del testimonio de ellos, y no amaron sus vidas, llegando hasta sufrir la muerte».

## Libertad del control y del abuso

Si crees que tu sentido de valía depende de la aprobación y aceptación de otros, estarás sujeto a ellos. Mientras creemos que la gente tiene algo que necesitamos para nuestro propio bienestar físico o psicológico, le temeremos a la posibilidad de que lo retengan.

Una mujer de cuarenta años, esposa y madre de tres hijos, le tenía tanto miedo a su propia madre que hacía cuanto le decía. Todo lo que hacía en su casa lo motivaba la aprobación o desaprobación de su madre. Tenía una inmensa herencia colgando sobre su cabeza. Años antes, su hermano huyó del control manipulador de su madre y lo desheredó.

Se animó a hablar o escribirle a su madre con el propósito de informarle que no podía vivir más así. Estar sujeta al control manipulador de su madre estaba destruyendo su matrimonio y comprometiendo su andar con Dios, por lo que también la desheredaron por tres años. Sin embargo, la soledad es mucha cuando nadie participa en tu juego de control, así que la madre por fin capituló y buscó la reconciliación.

Nadie tiene el derecho a usurpar el papel de Dios en nuestra vida. El fruto del Espíritu es dominio propio, no «dominio del cónyuge» ni «dominio del hijo». Esto no significa que no debamos someternos a las autoridades que gobiernan. Debemos hacerlo, pero sin comprometer las personas que somos. La sumisión es confiar en Dios por medio de alguien menos que perfecto: esposos, esposas, padres, patrones. Y al hacerlo, encontramos el favor de Dios (1 Pedro 2:13-17; 3:1-7).

Si en tu centro de trabajo te acosan o maltratan, necesitas apelar debidamente siguiendo la cadena jerárquica para que se rectifique esto. Sí, hay riesgos cuando se hace una denuncia, pero si alguien no informa el abuso, este continuará. La maldad florece cuando los justos no hacen algo al respecto.

El temor es lo que no deja que las víctimas del abuso mental, emocional y sexual busquen ayuda. A menudo, sus abusadores los amenazan de que cosas peores les sucederán si dicen algo. Temen que los culpen de destruir la familia. Las esposas permanecen en situaciones de abuso porque temen perder el apoyo financiero. A los abusadores se les debe entregar a las autoridades responsables. Hay leyes que protegen a las esposas golpeadas (y esposos) y a los niños víctimas de abusos. Nunca ayudarás a un abusador si le permites continuar en su enfermedad y su pecado. Buscar ayuda para ti y para el abusador es el mayor gesto de amor que puedas realizar.

En tiempos como los que vivimos, la iglesia debe proveerles santuario a las víctimas del abuso, aun hasta el punto de ofrecer un lugar seguro al cual ir hasta que pase el peligro o cese el abuso. Cristo quiere usar a su pueblo para manifestar su presencia de amor y protección para los oprimidos.

Lo lamentable es que la iglesia a veces ha sido culpable bajo el falso pretexto de «no toquéis a mis ungidos» (1 Crónicas 16:22). Hemos aconsejado a numerosas víctimas de pecados sexuales dentro de la iglesia, a las que se les dijo que se quedaran calladas a fin de proteger la reputación de los oficiales de la iglesia. A algunos les han advertido que no presenten acusaciones contra un anciano de la iglesia. La iglesia católica está pagando un horrible precio por encubrir las acciones de algunos curas pervertidos sexualmente. El temor no permitió que las víctimas denunciaran esos pecados. El abuso espiritual es una doble ofensa, porque las víctimas no solo sufren el abuso, sino que el abuso lo cometen los mismos a quienes deben ir para recibir protección. Lo mismo sucede con los padres.

¿Cómo crees que te sentirías si te acusan de dañar la reputación de la iglesia o la familia cuando tú eres la víctima?

Unas cuantas almas valientes tendrán que mantenerse firmes cuando gente malvada las atacan. Alejandro el calderero le causó mucho daño a Pablo (2 Timoteo 4:14), por lo que tuvo que dar cuentas a Dios. Pablo cuenta lo difícil que fue que todos lo abandonaran, pero cómo Dios lo rescató y aún seguía haciéndolo:

> En mi primera defensa nadie estuvo a mi lado, sino que todos me abandonaron; que no se les tenga en cuenta. Pero el Señor estuvo conmigo y me fortaleció, a fin de que por mí se cumpliera cabalmente la proclamación del mensaje y que todos los gentiles oyeran. Y fui librado de la boca del león. El Señor me librará de toda obra mala y me traerá a salvo a su reino celestial. A Él sea la gloria por los siglos de los siglos. Amén (versículos 16-18).

## Cómo sanar las emociones dañadas

Lo más probable es que en algún momento te rechazaran, criticaran o acusaran falsamente; y es posible que fueras víctima de abuso físico, emocional o sexual. Nuestras iglesias están llenas de gente herida, al igual que muchos hogares. A menudo, las heridas que no se sanan les hacen daño a otros. A menos que encontremos una manera de librarnos del pasado, continuaremos hiriéndonos los unos a los otros. No podemos prometer que todo el que lea este libro no será víctima de gente enferma en el futuro, pero sí te podemos prometer que no tienes que continuar siendo víctima. No podemos arreglar tu pasado, y Dios tampoco lo hace. Él te libera de él. ¿Cómo lo hace?

En primer lugar, no solo somos producto de nuestro pasado; somos producto de la obra de Cristo en la cruz. Somos una nueva criatura en Cristo. «Las cosas viejas pasaron; he aquí, son hechas nuevas» (2 Corintios 5:17). Dios no nos conoce según los patrones de la carne ni los mecanismos de defensa que erigimos antes de recibir el perdón y una nueva vida (2 Corintios 5:16). «Los que son de Cristo Jesús han crucificado la carne con sus pasiones y deseos» (Gálatas 5:24).

En segundo lugar, no somos esclavos de traumas del pasado. Más bien, somos esclavos de las mentiras que creemos como resultado de esos traumas, tales como: *Todo esto es mi culpa*; *Dios no me ama ni se interesa por mí*; *nadie me creerá*; *me merezco esto*; etc. A menudo, esas mentiras están arraigadas en lo profundo y requieren que el Espíritu Santo nos guíe a la verdad. Jesús declaró: «Si vosotros permanecéis en mi palabra, verdaderamente sois mis discípulos; y conoceréis la verdad, y la verdad os hará libres» (Juan 8:31-32).

En tercer lugar, debemos perdonar a los que nos han ofendido. Perdonar es liberar al cautivo, solo para darnos cuenta de que los cautivos éramos nosotros. Quienes se aferran a su amargura están atados a su pasado. Como dice el refrán, permanecer amargados es como tomarnos el veneno, mientras se espera que la otra persona muera. «Mirad bien de que nadie deje de alcanzar la gracia de Dios; de que ninguna raíz de amargura, brotando, cause dificultades y por ella muchos sean contaminados» (Hebreos 12:15). Perdonar a los demás como te perdonó Cristo es lo más semejante a Cristo que puedes hacer, y lo haces por tu bien.

Estas tres cuestiones explican por qué incluimos los Pasos en este libro. A fin de experimentar tu libertad, debes arrepentirte y creer al evangelio, y para ayudarte a hacerlo se diseñaron los Pasos. El Paso al final de este capítulo es sobre el perdón. Por tu bien, y por el bien de esos con los que vives, dedica el tiempo para perdonar como te perdonó Cristo.

## Victoria sobre el temor

La historia de la iglesia está llena de historias de mártires que no se dejaron llevar por el temor al hombre ni a la muerte. Lee acerca de la «gran nube de testigos» que nos rodea (Hebreos 12:1):

> ¿Y qué más diré? Pues el tiempo me faltaría para contar de Gedeón, Barac, Sansón, Jefté, David, Samuel y los profetas; quienes por la fe conquistaron reinos, hicieron justicia, obtuvieron promesas, cerraron bocas de leones, apagaron la violencia del fuego,

escaparon del filo de la espada; siendo débiles, fueron hechos fuertes, se hicieron poderosos en la guerra, pusieron en fuga a ejércitos extranjeros. Las mujeres recibieron a sus muertos mediante la resurrección; y otros fueron torturados, no aceptando su liberación, a fin de obtener una mejor resurrección. Otros experimentaron vituperios y azotes, y hasta cadenas y prisiones. Fueron apedreados, aserrados, tentados, muertos a espada; anduvieron de aquí para allá cubiertos con pieles de ovejas y de cabras; destituidos, afligidos, maltratados (de los cuales el mundo no era digno), errantes por desiertos y montañas, por cuevas y cavernas de la tierra. Y todos estos, habiendo obtenido aprobación por su fe, no recibieron la promesa, porque Dios había provisto algo mejor para nosotros, a fin de que ellos no fueran hechos perfectos sin nosotros (Hebreos 11:32-40).

«La promesa» era el evangelio, y eso estaba aún en el futuro para los santos del Antiguo Testamento. Una de las señales más claras de la madurez es la habilidad de posponer las recompensas. Puedes estar seguro de que, al final, Dios siempre recompensará a los que confían en Él. La fe en Dios es la victoria.

El siguiente testimonio muestra la victoria de un alma tímida sobre el temor, y cómo salvó su matrimonio:

Siete años después de convertirme al cristianismo, estaba sentado en la iglesia, y el pastor hizo una pregunta: «¿Hay alguien aquí que quiera obedecer a Cristo en el bautismo?».

Ese fue el comienzo de mi verdadero temor. Significaba tener que levantarme en medio de la congregación, dar testimonio de cómo me convertí y ser sumergido en un tanque. El problema no era la inmersión. Hablar frente a la congregación era un problema mínimo. En cambio, perder a mi esposa sí era una gran cosa.

Al final resultó que mi esposa ni siquiera asistiría. Estaba molesta porque me estaba convirtiendo en un «clon» de todos los demás en esa iglesia. Al menos ese era su punto de vista.

Bien, el día llegó, y yo tenía mucho miedo, por decir lo menos. Sabía que necesitaría ser valiente, y tendría que atravesarlo para sobreponerme.

Dios me bendijo y me dio la osadía necesaria para testificar de mi fe de ahí en adelante. ¡Nadie me podía hacer callar!

Entonces, comenzó el verdadero temor.

Había iniciado un negocio, y esperábamos como familia lograr el sueño americano: ganar un millón de dólares. Sin embargo, las cosas empezaron a irnos muy mal, porque se me ocurrió testificarle de mi fe a un cliente. Se enfureció conmigo por haber dejado mi antigua iglesia. Luego me enteré que el negocio que nos traía se lo llevó a otra parte, lo cual nos hizo daño porque era una tercera parte de los ingresos.

Ese año estábamos haciendo más de un millón de dólares en negocios.

De nuevo, me sobrecogió el temor. Tenía miedo de perder mi trabajo, casa y familia. Algunas personas oraron por mí, y aunque perdí el negocio, Dios me dio un empleo mejor con menos horas de trabajo y mejor pago.

Mientras avanzaba en mi vida cristiana, un amigo mío me dijo que le testificara un poco a mi esposa. Verás, nuestro matrimonio comenzó a empeorar debido a mi caminar con Cristo. Ella no quería ser parte de esto. Mi amigo me dijo que necesitaba confrontarla con una pregunta la próxima vez que empezara a criticarme sobre Jesús.

Bueno, le respondí: «Tú estás loco. Solo querrá divorciarse esta vez».

De nuevo, el temor se hizo más fuerte.

La pregunta era: «¿Por qué rechazas a Cristo?». Le dije: «Eso es todo lo que debo hacer para que me pida el divorcio».

Así fue, esa noche ella comenzó a criticar mi fe. Le hice la pregunta, y como era de esperar, me dijo que era hora de divorciarnos. Justo lo que más temía escuchar.

Sin embargo, esa noche ella comenzó a escucharme, ¡y empezó a leer la Biblia!

Para resumir la historia, al cabo de un mes recibió al Señor y ha estado tan comprometida como yo (¡y a veces mucho más!).

Mientras reflexionaba sobre esto hace dos años cuando leía su libro *Rompiendo las cadenas*, Dios me mostró durante un tiempo de oración cuál era la raíz de mis temores. Cuando tenía ocho años de edad me desperté de pronto con un miedo intenso. Pensé que había una serpiente en la cama. Por un momento me paralicé hasta que tuve el valor de contar hasta tres para saltar de la cama y regresar a la sala donde estaban mis padres.

Como es natural, ellos volvieron al dormitorio conmigo con una linterna para mostrarme que no había nada. Sin embargo, ¿puede ver la correlación (es decir, la serpiente y Satanás)? Los temores ya no vuelven mucho, pero cuando lo hacen, debido a su ministerio sé que ahora tengo la autoridad en Cristo para echarlos fuera al usar la Palabra de Dios como mi espada. Gracias por ser fieles para ayudarnos a vivir libres en Cristo.

## Preguntas para la discusión

1. ¿Qué persona o tipo de persona te ha causado el mayor temor? ¿Por qué?

2. Piensa en algún momento en el que te intimidaron en un esfuerzo por hacer que comprometieras tus convicciones. ¿Qué alternativa podrías haber ofrecido en ese momento?

3. ¿Cómo cambia tu experiencia de vivir bajo la autoridad de otros cuando eliges creer que «es a Cristo el Señor a quien servís» (Colosenses 3:24)?

4. De uno de los testimonios que narramos, ¿qué debería haber hecho la mujer exhausta que trabaja para una organización misionera al recibir su primera tarea?

5. ¿Por qué es tan difícil para algunas personas decir que no?

6. ¿Cuál es el contraste entre temer a Dios y temer al hombre?

7. ¿Por qué es que conducirse por el miedo al hombre y vivir por fe en Dios son mutuamente excluyentes?

8. ¿Cómo es que el temor y el amor de la humanidad son mutuamente excluyentes?

9. ¿Por qué la gente teme denunciar el abuso?

10. ¿Cómo puedes vencer abusos pasados?

## Los pasos hacia la libertad en Cristo

### Amargura contra perdón

Tenemos el llamado a ser misericordiosos como nuestro Padre en los cielos es misericordioso (Lucas 6:36), y a perdonar a otros como nos han perdonado (Efesios 4:31-32). Hacerlo nos libera del pasado y le prohíbe a Satanás que tome ventaja sobre nosotros (2 Corintios 2:10-11). Pídele a Dios que te recuerde las personas a quienes tienes que perdonar al hacer la siguiente oración en voz alta:

> *Querido Padre celestial:*
> *Gracias por las riquezas de tu bondad, tolerancia y paciencia conmigo, sabiendo que tu bondad me ha llevado al arrepentimiento. Confieso que no he mostrado la misma bondad y paciencia hacia quienes me hirieron u ofendieron (Romanos 2:4). En lugar de eso, me aferré a mi ira, amargura y resentimiento hacia ellos. Por favor, permite que recuerde a todas las personas que necesito perdonar, a fin de poderlo hacer ahora. Te lo pido en el nombre de Jesús. Amén.*

En una hoja de papel aparte, anota los nombres de las personas que te vengan a la mente. En ese momento, no cuestiones si tienes que perdonarlas o no. A menudo, guardamos cosas contra nosotros mismos también, castigándonos por malas decisiones que tomamos en el pasado. Escribe «yo» al final de tu lista si tienes que perdonarte a ti mismo. Perdonarte es aceptar la verdad de que Dios ya te perdonó en Cristo. Si Dios te perdona, ¡puedes perdonarte a ti mismo!

Al final de la lista, escribe también: «Pensamientos contra Dios». Es obvio que Dios nunca ha hecho nada malo, así que no le hace falta nuestro perdón, pero necesitamos liberarnos de nuestros desencantos con nuestro Padre celestial. A veces las personas guardan pensamientos de ira contra Él porque no hizo lo que querían que hiciera. Esos sentimientos de ira o resentimiento hacia Dios necesitan liberarse.

Antes de comenzar a través del proceso de perdonar a los que están en tu lista, revisa lo que es, y lo que no es, el perdón. Los puntos críticos se destacan en negrita a continuación.

**Perdonar no es olvidar.** Las personas que quieren olvidar todo el mal que les han causado, descubren que no pueden hacerlo. Cuando Dios dice que no volverá a recordar nuestros pecados, se refiere a que no va a usar nuestro pasado contra nosotros. El olvido es un producto a largo plazo del perdón, pero nunca es un medio para lograrlo. No dejes de perdonar a los que te hieren, esperando que desaparezca el dolor. Una vez que decides perdonar a alguien, Cristo comenzará a sanar tus heridas. No sanamos para perdonar; perdonamos para sanar.

**Perdonar es una elección, una decisión de la voluntad.** Debido a que Dios requiere que perdones, es algo que puedes hacerlo. Algunas personas se aferran a la ira como un medio de protegerse contra más abuso, pero todo lo que hacen es continuar haciéndose daño. Otros quieren venganza. La Biblia enseña: «Mía es la venganza, yo pagaré» (Romanos 12:19). Deja que Dios se encargue de la persona. Libérala, pues siempre que te niegas a perdonar a alguien, sigues atado a esa persona. Estás encadenado a tu pasado, atado en tu amargura. Al perdonar, liberarás de culpa a la otra persona, pero no lo estará de Dios. Tienes que confiar en que Dios lidiará con la persona de una manera justa y equitativa, algo que tú nunca podrás hacer.

Quizá digas: «¡Pero tú no sabes cuánto daño me ha hecho esta persona!». Ningún ser humano conoce de veras el dolor de otra persona, pero Jesús sí, y nos ordena perdonar a otros por nuestro propio bien. Hasta que no sueltes la amargura y el odio, la persona seguirá hiriéndote. Nadie puede arreglar tu pasado, pero sí puedes ser libre de él. Lo que ganas cuando perdonas, es la libertad del pasado y de quienes han abusado de ti.

**Perdonar es estar de acuerdo en vivir con las consecuencias del pecado de otra persona.** Todos vivimos con las consecuencias del pecado de otro. La única opción es hacerlo encadenado por la amargura o en la libertad del perdón. Entonces, ¿dónde está la justicia? La cruz hace que el perdón sea lo adecuado en lo moral y legal. Jesús murió una vez por todos nuestros pecados. Debemos perdonar como nos perdonó Cristo. Él lo hizo echando sobre sí las consecuencias de nuestros pecados. Dios «le hizo pecado por nosotros, para que fuéramos hechos justicia de Dios en Él» (2 Corintios 5:21). No podemos esperar que la otra persona nos pida perdón. Recuerda, Jesús no esperó a que quienes le crucificaban se disculparan antes de perdonarlos. Aun en medio de las burlas y las humillaciones, oró: «Padre, perdónalos, porque no saben lo que hacen» (Lucas 23:34).

**Perdona de corazón.** Permite que Dios saque a la superficie tus recuerdos dolorosos, y que reconozca cómo te sientes contra los que te han herido. Si tu perdón no te toca las fibras más íntimas de tu vida, estarás incompleto. Muy a menudo le tememos al dolor, así que sepultamos nuestras emociones en lo más profundo de nosotros. Sin embargo, debemos permitirle a Dios que las saque a la superficie de modo que Él pueda comenzar a sanar esas emociones dañadas.

**Perdonar es optar por no recordar más el pecado de alguien en su contra.** Es común que las personas amargadas saquen a la luz las ofensas pasadas de quienes les ofendieron. Quieren que se sientan tan mal como lo están ellas. Sin embargo, debemos soltar el pasado y optar por rechazar cualquier pensamiento de venganza. Esto no significa que debas continuar soportando el abuso. Dios no tolera el pecado, ni tú lo debes tolerar tampoco. Tienes que establecer límites bíblicos que les pongan fin a nuevos abusos. Adopta una actitud firme contra el pecado, mientras ejercitas la gracia y el perdón hacia los que te han herido. Si necesitas ayuda en poner límites bíblicos con el propósito de protegerte de más abusos, habla con un amigo confiable, consejero o discipulador.

**No esperes a que sientas deseos de perdonar.** Nunca lo lograrás. Toma la difícil decisión de perdonar incluso si no tienes deseos de hacerlo. Una vez que decides perdonar, Satanás perderá su control sobre ti, y Dios empezará a sanar tus emociones dañadas. Comienza con la primera persona en tu lista, y decide perdonarla por cada recuerdo doloroso que te venga a la mente. Quédate con ese individuo hasta que estés seguro de que lidiaste con todo el dolor que recuerdas. Después, continúa con el resto de la lista de la misma manera. A medida que comiences a perdonar a la gente, quizá Dios te traiga a la mente recuerdos dolorosos que habías olvidado por completo. Permítele que lo haga, aunque te duela. Dios está sacando a la superficie esos recuerdos dolorosos, a fin de que puedas afrontarlos y soltarlos de una vez por todas.

No excuses el comportamiento del ofensor, aunque sea alguien muy cercano a ti. No digas: «Señor, por favor, ayúdame a perdonar». Ya Él te está ayudando y estará contigo a través de todo el proceso. No digas: «Señor, quiero perdonar», pues esto le pasa por encima a la difícil decisión que debemos tomar. Di: «Señor, *decido* perdonar a estas personas y lo que me hicieron». Por cada recuerdo doloroso que Dios te revele en relación con cada persona en tu lista, ora así:

> *Querido Padre celestial*:
> *Decido perdonar a <u>nombra la persona</u> por <u>declara lo que</u>*
> <u>*hizo o dejó de hacer*</u>*, debido a que me hizo sentir <u>expresa</u>*
> <u>*el sentimiento doloroso (es decir, rechazado, sucio, sin va-*</u>
> <u>*lor, inferior, etc.)*</u>.

Después de perdonar a todas las personas por cada recuerdo doloroso, ora de la manera siguiente:

*Señor Jesús*:
*Decido no aferrarme a mi resentimiento. Cedo mi derecho de buscar venganza y te pido que sanes mis emociones dañadas. Gracias por liberarme de las cadenas de la amargura. Ahora, te ruego que bendigas a esos que me hicieron daño. Te lo pido en el nombre de Jesús. Amén.*

Nota: Quizá durante este paso Dios te recuerde personas a quienes tú heriste de forma consciente o inconsciente. Considera las siguientes instrucciones sobre cómo buscar el perdón de los demás.

## Cómo buscar el perdón de otros

Jesús dijo: «Si traes tu ofrenda al altar, y allí te acuerdas de que tu hermano tiene algo contra ti, deja allí tu ofrenda delante del altar, y anda, reconcíliate primero con tu hermano, y entonces ven y presenta tu ofrenda. Ponte de acuerdo con tu adversario pronto» (Mateo 5:23-25, RV-60). Si alguien te ha lastimado, ve a Dios. No necesitas ir al ofensor para perdonarlo, y en muchos casos eso sería desaconsejable. La necesidad de perdonar a otro es ante todo un asunto entre tú y Dios. No obstante, si tú ofendiste a otros, debes acudir a esas personas, pedirles perdón y hacer las paces cuando sea apropiado. Los siguientes son pasos para buscar el perdón:

1. Asegúrate de que lo que hiciste estuvo mal y por qué.
2. Cerciórate de que perdonaste a esa persona por lo que sea que te hiciera.
3. Piensa con exactitud cómo le pedirás perdón.
4. Ten la certeza de que le dirás que lo que hiciste estuvo mal.
5. Sé específico y reconoce que lo hiciste.
6. No ofrezcas ninguna excusa ni trates de defenderte.
7. No culpes a otros.
8. No esperes que la persona *te* pida perdón, y no dejes que esa sea la razón por la que lo haces.

9. Tu confesión debe guiarte a esta pregunta directa: «¿Me perdonarás?».
10. Busca el lugar adecuado y el momento oportuno, pero mientras más pronto, mejor.
11. Si es seguro hacerlo, pide perdón en persona cuando sea posible.
12. A menos que no haya otra opción, no escribas una carta. Se puede malinterpretar, pueden verla otros que no están involucrados, y podrían usarla en tu contra en un caso judicial o de otra manera.

«Si es posible, y en cuanto dependa de ustedes, vivan en paz con todos» (Romanos 12:18, NVI®), pero ten presente que no siempre depende de ti. Si la otra persona no se quiere reconciliar, no va a suceder. La reconciliación entre dos personas requiere arrepentimiento y perdón de ambas partes. Casi nunca hay uno que sea inocente por completo. No obstante, si perdonaste a la otra persona y de veras le pediste perdón, hiciste todo lo que Dios pide de ti. Estás en paz con Dios.

## Oración por la restauración de relaciones quebrantadas

*Querido Padre celestial:*

*Confieso y me arrepiento de mis pecados contra mi prójimo (cónyuge, padres, hijos, familiares, amigos, vecinos, hermanos y hermanas en Cristo). Gracias por tu perdón. Los perdono por lo que me hicieron, y decido no recordar esto en su contra en el futuro. Te pido que los bendigas y les permitas vivir con las consecuencias de mi pecado en su contra. Te ruego que les sanes las heridas de los pecados que les infligí. Te pido lo mismo para mí, a fin de que pueda ser libre de las consecuencias de su pecado o que me des la gracia para vivir con esas consecuencias sin amargura. Te ruego que sanes mis heridas y me liberes de modo que pueda vivir en una pacífica coexistencia con mis prójimos y contigo. Te lo pido en el nombre de Jesús. Amén.*

## Capítulo cinco
# El temor al fracaso

El peligro no es que caigamos... sino que
permanezcamos en el suelo.

*Juan Crisóstomo*

Los mejores amigos del fallecido Mel Farr fueron sus hijos y hermanos, pero su compañera más fiel fue la preocupación. Es la que lo hizo ir a la Universidad de Detroit una noche después de practicar todo el día con el equipo de fútbol americano *Detroit Lions*. Es la que lo hizo pasar la temporada baja sin practicar para convertirse en uno de los primeros concesionarios de automóviles de la raza negra en Estados Unidos. Es la que lo despertaba a veces a las tres de la mañana.

Farr le contó a un periodista: «¿Sabes lo que hago? Me levanto y me pongo a trabajar. El trabajo no es lo que mata al hombre. La preocupación es lo que mata al hombre. Prefiero trabajar que preocuparme».

A los cincuenta y dos años de edad, Farr era el concesionario negro de automóviles más exitoso de Estados Unidos y propietario de la segunda empresa privada más grande de propiedad afroamericana de la nación. Sus catorce franquicias en cinco estados producían más de quinientos millones de dólares en ventas anuales. Y aunque estaba contento con lo que había logrado desde que se graduó del instituto en Beaumont, Texas, lo que lo impulsaba era el temor al fracaso. «El momento en el que piensas que llegaste, dejas de intentarlo. Es difícil detener algo una vez que comienza a descender. Mi motivación es el temor a fracasar»[1].

Para la mayoría de las personalidades «A», y cualquiera que quiera agradar a alguien importante en su vida, la motivación es el temor al fracaso. Un líder denominacional me comentó en una conversación privada: «Cuando hablo con pastores, llego a la conclusión de que su motivación principal en el ministerio es el miedo al fracaso». Entonces, me pregunté si era verdad. De modo que cuando enseñé una clase para alumnos candidatos al doctorado en ministerio, les pedí que llenaran un cuestionario que les hacía terminar ciertas oraciones. Una de las que tenían que completar era: *Mi peor temor es...* Los alumnos eran todos pastores en un programa de doctorado para el que era preciso ya tener una maestría en divinidades y un mínimo de cinco años de experiencia en el ministerio. Todas las respuestas indicaron miedo al fracaso. Me sorprendió y les pregunté por qué nadie escribió «temor a Dios». ¡Escuché muchas excusas!

El miedo de fracasar motiva a algunos a subir la escalera corporativa y a otros a no arriesgarse ni intentarlo, evitando cualquier posibilidad de fracaso. El temor tiene un objeto, pero en este caso, ¿cuál es con exactitud? El éxito de una persona es el fracaso de otra. Un alumno puede sentirse fracasado cuando recibe una «B» en un examen, mientras que otro se sentiría feliz con tal logro. Puedes ser todo un éxito a los ojos de Dios y un total fracaso a los ojos del mundo, y viceversa.

## La definición bíblica del éxito

¿Quién tiene más éxito: el mejor conserje que haya tenido una escuela o el director de esa escuela? ¿Qué padre tiene más éxito: el padre de un presidente de empresa o la madre de un niño minusválido? ¿Qué estudiante tiene más éxito: el que obtiene calificaciones perfectas o el estudiante con dislexia severa que apenas logra graduarse con la ayuda de un tutor? No puedes saber la respuesta a esas preguntas, porque no hay dos personas que tengan la misma oportunidad o potencial.

Dios no distribuyó con igualdad los dones, talentos e inteligencia entre sus hijos. Algunos tienen oído perfecto, otros son desafinados por completo. Algunos son buenos en Matemática, a otros les cuesta trabajo sumar y restar. Algunos pueden encestar una pelota de baloncesto, mientras que otros no pueden ni driblar. Imagínate que Dios creara dos seres exactamente iguales de manera intelectual y atlética. Uno nació en Connecticut de padres ricos; el otro nació en una jungla remota de padres que no saben leer ni escribir. ¿Cómo podríamos describir el éxito para cada uno?

Pablo señaló: «No nos atrevemos a contarnos ni a compararnos con algunos que se alaban a sí mismos; pero ellos, midiéndose a sí mismos y comparándose consigo mismos, carecen de entendimiento» (2 Corintios 10:12). Decir: «No soy tan malo como aquel» o «Soy mejor que ella» es un mecanismo de defensa común que revela falta de entendimiento. No podemos determinar nuestro éxito o fracaso comparándonos con otros. Debe haber otra medida para evaluar el éxito por la que podamos incentivarnos.

La primera enseñanza bíblica acerca del éxito la encontramos antes de que Josué llevara a los israelitas a la Tierra Prometida:

> Solamente sé fuerte y muy valiente; cuídate de cumplir toda la ley que Moisés mi siervo te mandó; no te desvíes de ella ni a la derecha ni a la izquierda, para que tengas éxito dondequiera que vayas. Este libro de la ley no se apartará de tu boca, sino que meditarás en él día y noche, para que cuides de hacer todo lo que en él está escrito; porque entonces harás prosperar tu camino y tendrás éxito (Josué 1:7-8).

## El primer principio del éxito

El éxito de Josué no dependía de circunstancias favorables en la Tierra Prometida ni de la cooperación de los filisteos. Los israelitas tendrían éxito y prosperarían si entendían y creían y vivían la Palabra de Dios. El primer principio bíblico del éxito es *conocer a Dios y sus caminos*. «Así dice el SEÑOR: No se gloríe el sabio de su sabiduría, ni se gloríe el poderoso de su poder, ni el rico se gloríe de su riqueza; mas el que se gloríe, gloríese de esto: de que me entiende y me conoce, pues yo soy el SEÑOR que hago misericordia, derecho y justicia en la tierra, porque en estas cosas me complazco —declara el SEÑOR» (Jeremías 9:23-24; lee también 1 Corintios 1:31).

El mayor fracaso es nunca conocer a Dios.

Nadie estableció el estándar del éxito más alto que el apóstol Pablo. Tenía inteligencia, estatus social y empuje. Fue el triunfador por excelencia y el principal candidato para el premio «teólogo del año» cuando Cristo lo derribó. Escucha cómo él mismo describe sus deseos de vencer «antes y después»:

> Si algún otro cree tener motivo para confiar en la carne, yo mucho más: circuncidado el octavo día, del linaje de Israel, de la tribu de Benjamín, hebreo de hebreos; en cuanto a la ley, fariseo; en cuanto al celo, perseguidor de la iglesia; en cuanto a la justicia de la ley, hallado irreprensible. Pero todo lo que para mí era ganancia, lo he estimado como pérdida por amor de Cristo. Y aún más, yo estimo como pérdida todas las cosas en vista del incomparable valor de conocer a Cristo Jesús, mi Señor, por quien lo he perdido todo, y lo considero como basura a fin de ganar a Cristo (Filipenses 3:4-8).

Pablo no es la única persona que subió la «escalera corporativa», solo para descubrir que estaba recostada sobre la pared indebida. El sentimiento de triunfo que viene con ganar la carrera, recibir el ascenso o graduarse con honores es efímero. ¿Qué sucede cuando logras alcanzar la meta? ¿Estás satisfecho? ¿Necesitas subir un escalón más arriba? «Pues, ¿de qué le sirve a un hombre ganar el mundo entero y perder su alma? Pues ¿qué dará un hombre a cambio de su alma?» (Marcos 8:36-37).

¿Qué *es* lo que satisface? Toma tu mayor medida de éxito en cuestión de apariencia, desempeño, estatus o posesiones, y pregúntate: «Si lo lograra o poseyera, ¿me traería satisfacción duradera?».

Una pareja de mediana edad comenzó a asistir a nuestra iglesia porque estaban experimentando problemas en su matrimonio. Él era abogado corporativo con títulos en ingeniería y derecho. Llevaba a su atractiva esposa a la iglesia en un automóvil deportivo caro. Hasta se hizo miembro del coro, pero se resistía hacer una decisión por Cristo. Hizo una cita conmigo y me contó una conversación que sostuvo con uno de nuestros miembros que le dijo: «¿Por qué no te haces cristiano? ¡Serías un testigo tan positivo!». ¿Testigo de qué? ¿Su éxito como hombre natural? Hasta él lo podía ver. El problema estaba en que ya había llegado al pináculo de una escalera y no quería humillarse comenzando en la base de otra. Quería empujar su escalera hacia otra pared y quedarse arriba. Al final, nunca hizo la decisión por Cristo, dejó la iglesia y, a la larga, dejó a su esposa por otra. Este hombre no fue un triunfador.

En el cielo no hay tableros que registran todos los juguetes y trofeos que acumulamos en el mundo. Ni a Dios ni a los ángeles en el cielo les importan para nada los logros del hombre en la tierra, pero solo hay una cosa por la que se alegran los ángeles: «Os digo, hay gozo en la presencia de los ángeles de Dios por un pecador que se arrepiente» (Lucas 15:10).

Solo hay una cosa que puede satisfacer de manera total y continua mientras vivimos en la tierra. Jesús dijo: «Dios bendice a los que tienen hambre y sed de justicia, porque serán saciados» (Mateo 5:6, NTV). Nada nos puede satisfacer más que vivir una vida justa y en relación íntima con nuestro Padre celestial.

## El segundo principio del éxito

Al parecer, Pablo tuvo que pasar tres años en el desierto para sobreponerse de la pérdida de todo lo que una vez consideró ganancia (lee Gálatas 1:15-18). Mover nuestra escalera a la pared adecuada puede ser una experiencia conmovedora. Dios le quitó la vista a Pablo por un tiempo y le dijo que debía recibir ayuda de la gente que persiguió una vez. Dios se aseguró de que Pablo comenzara a escalar desde el fondo, como todos nosotros. De eso se trata el quebrantamiento. Con una nueva vida y un nuevo propósito, Pablo salió en la dirección apropiada, dispuesto a vivir la vida que Dios le creó para él:

> No que ya lo haya alcanzado o que ya haya llegado a ser perfecto, sino que sigo adelante, a fin de poder alcanzar aquello para lo cual también fui alcanzado por Cristo Jesús. Hermanos, yo mismo no considero haberlo ya alcanzado; pero una cosa hago: olvidando lo que queda atrás y extendiéndome a lo que está delante, prosigo hacia la meta para obtener el premio

del supremo llamamiento de Dios en Cristo Jesús
(Filipenses 3:12-14).

Pablo se vio motivado a triunfar de nuevo, pero con el objetivo
adecuado. Siguió adelante para lograr lo que Cristo quería para él.
Cristo escogió a Pablo con un propósito, igual que a todos nosotros.

El segundo principio del éxito es *convertirnos en las personas para
las que nos creó Dios*. Esta también es su voluntad para nuestra vida
(es decir, nuestra santificación [1 Tesalonicenses 4:3]). El hecho de
que nada ni nadie puede impedirnos ser lo que Dios quiso que
fuéramos es una buena noticia. Los únicos que nos pueden impedir
triunfar somos nosotros mismos.

Tal vez no tengamos suficiente tiempo para lograr todo lo que
queremos en la vida, pero tenemos el tiempo preciso para hacer la
voluntad de Dios. Tal vez no podamos lograr la posición que queremos, ¿pero qué posición es más alta que estar sentado en los lugares
celestiales con Cristo (Efesios 2:6)? Podemos tratar de labrarnos un
nombre en el mundo; en cambio, ¿qué nombre podremos labrar
que pueda compararse de manera remota a ser llamados hijos de
Dios (1 Juan 3:1)?

La Escritura no da instrucción alguna acerca de la carrera que
escogemos. No hay versículos que nos ayuden a decidir si somos
ingenieros, maestros o chefs, pero sí nos da dirección acerca de
nuestro viaje hacia el cielo. Nuestro campo profesional depende de
nuestras capacidades dadas por Dios y las oportunidades favorables. A la voluntad de Dios le preocupa más el tipo de *persona* que
eres como ingeniero, maestro o chef. Parte de nuestro llamado es
servir en ciertas labores, pero esos papeles no determinan quiénes
somos. En otras palabras, no es lo que hacemos lo que determina lo
que somos; lo que somos determina lo que hacemos.

Entonces, ¿quiénes somos? «Amados, ahora somos hijos de Dios
y aún no se ha manifestado lo que habremos de ser. Pero sabemos
que cuando Él se manifieste, seremos semejantes a Él porque le veremos como Él es. Y todo el que tiene esta esperanza puesta en Él,
se purifica, así como Él es puro» (1 Juan 3:2-3).

La Escritura tampoco nos instruye acerca de nuestras metas personales. Sin embargo, establecer objetivos profesionales puede ser algo bueno si proporcionan dirección para tu trabajo actual. Establecer metas poco realistas para el futuro y esperar que se hagan realidad es prepararte para el fracaso.

Imagínate que tienes estos objetivos personales: ser dueño de una pequeña empresa, ser un buen testigo en la comunidad, vivir en una casa cómoda en un buen barrio de la ciudad y tener ahorros para la jubilación. Se parece al sueño americano. Con mucho trabajo duro, tu negocio está dando buenas ganancias y estás en camino de alcanzar tus objetivos.

Entonces, un día descubres que tu confiable tenedor de libros ha estado robando dinero del negocio. En vez de disfrutar la prosperidad financiera, descubres que estás a punto de la bancarrota. A fin de salvar el negocio, hipotecas tu casa y pides prestado de tus ahorros de jubilación. Más o menos cuando les pagas a tus acreedores, el mercado va en picado y tienes que despedir empleados. Al final, vendes el negocio y buscas empleo en otra parte. Ahora tu casa está hipotecada y tu pensión desapareció, igual que tu negocio. A pesar de tus mejores esfuerzos, sucedió lo que más temías. ¿Eres un fracaso?

¿Te impidieron las pruebas y tribulaciones ser la persona para la que te creó Dios? ¿Esas circunstancias que no pudiste controlar te quitaron la esperanza para el futuro? El apóstol Pablo no lo pensaría, y escribió: «También nos gloriamos en las tribulaciones, sabiendo que la tribulación produce paciencia; y la paciencia, carácter probado; y el carácter probado, esperanza; y la esperanza no desilusiona, porque el amor de Dios ha sido derramado en nuestros corazones por medio del Espíritu Santo que nos fue dado» (Romanos 5:3-5). Es difícil para nosotros imaginar que Dios pueda frustrar nuestras metas profesionales para convertirnos en las personas que tenemos el llamado a ser. La idea que el mundo tiene del éxito puede arruinar a una buena persona. Gracias a Dios que nos ama lo suficiente para impedir nuestra ruina.

Las pruebas y tribulaciones pueden exacerbar el temor al fracaso si tenemos el objetivo equivocado. A pesar de eso, de seguro que contribuyen al objetivo adecuado de carácter probado, y es ahí donde está nuestra esperanza. El cristiano que triunfa puede sobrevivir cualquier crisis por la gracia de Dios y ser mejor como resultado.

Fred era un agente de bienes inmuebles que se propuso una meta de vender dos casas por semana. Su promedio el año anterior fue de una casa y media a la semana, así que pensó que se daría un incentivo adicional. Quería ser el vendedor del año, y el ingreso adicional le permitiría comprar la casa de sus sueños. Al cabo de un mes, solo había vendido tres casas. El temor de fracasar lo motivó a empeñarse más, pero sus esfuerzos no dieron fruto. La presión que se impuso comenzó a manifestarse de forma negativa. Se convirtió en alguien irritable y controlador, y creía que necesitaba presionar a otros para que cooperaran con él a fin de lograr su meta.

Entonces, sucedió lo inconcebible. A Fred lo despidieron por su mala actitud en la oficina. ¿Cómo se lo diría a su esposa? Sus sueños se disiparon como el humo. Se deprimió tanto que todo lo que hacía era deambular por la casa, creyendo que era un fracaso. Al final, se tragó el orgullo e hizo una cita con su pastor.

Después de escuchar su historia, su pastor le dijo: «Fred, eres una buena persona, ¿pero has considerado la posibilidad de que tu objetivo es equivocado? Todo lo que Dios nos pide es que seamos la persona para la que nos creó Él. No tiene nada de malo ser el vendedor del año y ganar un viaje a Hawái, o comprar una casa mejor para vivir. Sin embargo, eso solo no te traerá satisfacción, ni significa que has triunfado. Perseguir el sueño quizá te impidiera ser el vendedor, esposo y padre que Dios quiere que seas. Pablo dijo: "No buscando cada uno sus propios intereses, sino más bien los intereses de los demás. Haya, pues, en vosotros esta actitud que hubo también en Cristo Jesús" (Filipenses 2:4-5)».

Dios no nos ha llamado a fracasar. Él quiere que prosperemos en nuestra fe. Juan escribió: «Amado, mi oración es que seas prosperado en todas las cosas y que tengas salud, así como prospera tu alma» (3 Juan 2, RVA-2015). Una joven voló del otro lado del país para verme porque estaba en esclavitud espiritual. Citó ese versículo y preguntó: «¿Por qué Dios no me prospera?». Resulta que tuvo dos

abortos y tres veces trató sin éxito de vencer sus adicciones químicas en un programa de tratamiento secular. En realidad, sí estaba
prosperando (o no), según prosperaba su fe. Su idea de prosperar
era tener las riquezas de este mundo.

El llamado «evangelio de la prosperidad» no es un evangelio.
Solo es materialismo. Dios quiere que nuestras almas prospe-
ren. ¿Qué cambiarías por el amor, el gozo, la paz, paciencia, benignidad, bondad, fidelidad, mansedumbre y el dominio propio
(Gálatas 5:22-23)? ¿Una nueva casa? ¿Una cabaña en las montañas?
¿Un ascenso en el trabajo? El fruto del Espíritu está ahí para que lo
tomes. Solo tienes que vivir en el Espíritu.

## El principio del éxito

«Como hijos obedientes, no os conforméis a los deseos que antes teníais en vuestra ignorancia, sino que así como aquel que os
llamó es santo, así también sed vosotros santos en toda vuestra manera de vivir; porque escrito está: Sed santos, porque Yo soy santo»
(1 Pedro 1:14-16). Lo que somos es más importante que lo que
hacemos, porque nuestro potencial para la grandeza emana de lo
que somos. La Escritura nos enseña a poner el carácter antes que
la carrera, la madurez antes que el ministerio y ser antes que hacer. Quienes tienen sus prioridades en el lugar adecuado lograrán
grandes cosas, «porque somos hechura suya, creados en Cristo Jesús
para hacer buenas obras, las cuales Dios preparó de antemano para
que anduviéramos en ellas» (Efesios 2:10).

Jesús dijo: «Así brille vuestra luz delante de los hombres, para
que vean vuestras buenas acciones y glorifiquen a vuestro Padre que
está en los cielos» (Mateo 5:16). Dios nos dotó a todos con talentos
para usarlos para su gloria. Pablo escribió: «Que todo hombre nos
considere de esta manera: como servidores de Cristo y administradores de los misterios de Dios. Ahora bien, además se requiere de
los administradores que cada uno sea hallado fiel» (1 Corintios 4:1-2).
*Ser buen administrador del tiempo, talento, de los dones y tesoros que
Dios nos ha confiado nos ayudará a triunfar*, y ese es el tercer principio del éxito.

En la parábola de los talentos (Mateo 25:14-30), aprendemos que Dios les dio a algunos cinco talentos, a otros dos y a otros uno. En la historia que Jesús contó, el que recibió cinco talentos ganó cinco más y el que recibió dos talentos ganó dos más. El que recibió un talento cavó un hoyo en la tierra y lo escondió. En el día de rendir cuentas, Dios le ordenó a aquel siervo infiel e inútil, que no hizo nada, salir de su presencia, y lo que tenía se le dio a uno que fue fiel con lo que recibió.

En su mayor parte, la iglesia está compuesta de creyentes que poseen un solo talento. Esos son la columna vertebral de la iglesia, los soldados en las trincheras. Quizá el papel que representan no le parece importante a la mayoría de las personas superdotadas, pero es igual de importante. Todas las partes del cuerpo son necesarias, y ninguna puede decirle a otra: «"No los necesito". Al contrario, los miembros del cuerpo que parecen más débiles son indispensables, y a los que nos parecen menos honrosos los tratamos con honra especial. Y se les trata con especial modestia a los miembros que nos parecen menos presentables» (1 Corintios 12:21-23, NVI®).

Puesto que a algunos se les otorgó mayores dones, no tenemos la responsabilidad de producir el mismo fruto que otra persona, pero Dios no pedirá cuentas por lo que nos dio. Nuestro éxito depende de nuestra fidelidad. Una vida bien vivida espera escuchar: «Bien, siervo bueno y fiel; en lo poco fuiste fiel, sobre mucho te pondré; entra en el gozo de tu señor» (Mateo 25:21).

## La definición bíblica del fracaso

La Biblia es un libro de fracasos. Moisés golpeó la peña con ira y no pudo entrar a la Tierra Prometida. Elías mató a cuatrocientos cincuenta profetas de Baal, solo para huir de Jezabel. David derribó a Goliat, y después durmió con Betsabé y mandó a matar a su esposo. Pedro le dijo al Señor en su cara que estaba dispuesto a ir a la cárcel y hasta morir por Él, y luego le negó tres veces.

Según la definición del mundo del triunfo, a muchos de los héroes que se mencionan en Hebreos 11 se les considerarían fracasos.

Sin embargo, no se mencionaron por sus logros; se elogiaron por su fidelidad. *El fracaso es ser infiel.*

Tropezar y caer no es fracaso. Tropezar y caer de nuevo no es fracaso. «Porque el justo cae siete veces; y vuelve a levantarse» (Proverbios 24:16). El fracaso viene cuando dices: «Me empujaron», y no te vuelves a levantar.

Un ejecutivo que estimamos mucho se jubiló, y la empresa escogió a un hombre de la mitad de su edad para sustituirlo.

—Caballero, ¿a qué le acredita su incomparable triunfo? —le preguntó el sujeto al anciano.

—No cometer errores —le respondió.

—¿Cómo se llega al lugar de no cometer errores? —preguntó confundido el joven ejecutivo.

—Aprendí con años de experiencia —le dijo el anciano.

—¿Qué tipo de experiencia?

El anciano se detuvo por un momento.

—Muchos errores —le respondió.

Un error nunca es un fracaso a menos que no aprendas de él.

Hay dos tipos de fracasos: el fracaso moral y el fracaso de alcanzar el potencial que Dios nos otorgó. El fracaso moral debemos reconocerlo por amor a nuestra relación con Dios y no podemos culpar a nadie excepto a nosotros mismos. Lo contrario de la confesión, a menudo es la racionalización, no el silencio. Confesar significa estar de acuerdo con Dios. No es decir: «Lo siento»; es decir: «Lo hice». Es muy parecido a caminar en la luz, que es vivir en acuerdo moral con Dios. Es la ausencia de astucia e hipocresía. Juan escribió: «Si confesamos nuestros pecados, Él es fiel y justo para perdonarnos los pecados y para limpiarnos de toda maldad. Si decimos que no hemos pecado, le hacemos a Él mentiroso y su palabra no está en nosotros» (1 Juan 1:9-10).

Así que has pecado. Confiésalo, vuelve a levantarte y sigue adelante. Si tu pecado es evidente para otros, debes confesárselo también a los que lo saben. «Si andamos en la luz, como Él está en la luz, tenemos comunión los unos con los otros, y la sangre de Jesús su Hijo nos limpia de todo pecado» (1 Juan 1:7).

Muchos que temen fracasar nunca lo intentan, o se dan por vencidos antes de que termine la carrera. El fracaso es tomar el camino de menor resistencia. El presidente Theodore Roosevelt tenía mala salud y mala visión, pero eso nunca lo detuvo. Sabía lo que necesitaba para triunfar.

> No es el crítico quien cuenta, ni aquel que señala cómo el hombre fuerte se tambalea, ni dónde el autor de los hechos podría haberlo hecho mejor. El reconocimiento pertenece al hombre que está en la arena, con el rostro desfigurado por el polvo, el sudor y la sangre; quien se esfuerza valientemente; quien yerra, quien da un traspié tras otro; quien conoce los grandes entusiasmos, las grandes devociones, y quien se consagra a una causa digna; quien, en el mejor de los casos, encuentra al final el triunfo al logro grandioso; y quien, en el peor de los casos, si fracasa, al menos fracasa atreviéndose en grande, de manera que su lugar jamás estará entre esas almas frías y tímidas que no conocen la victoria ni la derrota[2].

Quizá hayas escuchado que el éxito es noventa por ciento de actitud y diez por ciento de aptitud. «Por tanto, no desechéis vuestra confianza, la cual tiene gran recompensa. Porque tenéis necesidad de paciencia, para que cuando hayáis hecho la voluntad de Dios, obtengáis la promesa» (Hebreos 10:35-36). Al volver la vista atrás, los que logran algo de valor en su vida dicen que fue la persistencia lo que los llevó allí.

### Arriésgate

Dar un paso de fe es un riesgo... pero la vida misma es un riesgo. A todos nos gusta la seguridad del tronco, pero el fruto del árbol siempre está en la punta de la rama. William Arthur Ward escribió:

Reír es arriesgarse a parecer un tonto,
Llorar es arriesgarse a parecer sentimental.
Tenderle la mano a otro es arriesgarse a involucrarse,

Mostrar los sentimientos propios es arriesgarse a mostrarse uno mismo.

Exponer ideas y sueños ante una multitud es arriesgarse a perderlos.

Amar es arriesgarse a no ser correspondido,

Vivir es arriesgarse a morir,

Esperar es arriesgarse a la desesperación,

Intentarlo es arriesgarse a fracasar.

Sin embargo, debe correrse riesgos, pues el peor peligro en la vida es no arriesgar nada.

La persona que no arriesga nada, no hace nada, no tiene nada, no es nada.

Puede evitar el dolor y el sufrimiento,

En cambio, no puede aprender, sentir, cambiar, crecer ni vivir.

Encadenado por su servidumbre, es un esclavo que perdió toda libertad.

Solo una persona que se arriesga es libre[3].

Si fueras a confeccionar una lista para una «galería de canallas» de la gente más ofensiva del mundo, ¿quién la encabezaría? Ahora bien, compárala con la lista que el Señor hace en Apocalipsis 21:7-8:

> El vencedor heredará estas cosas, y yo seré su Dios y él será mi hijo. Pero los cobardes, incrédulos, abominables, asesinos, inmorales, hechiceros, idólatras y todos los mentirosos tendrán su herencia en el lago que arde con fuego y azufre, que es la muerte segunda.

Pudiéramos esperar que los asesinos, hechiceros e idólatras estén en la lista, ¿pero quién pensaría que la lista la encabezaran los cobardes e incrédulos? Dios no mira con agrado a los que van cojeando en sus convicciones y nunca se arriesgan a vivir por fe porque le temen al fracaso.

Justo antes de entrar en la Tierra Prometida, Dios dijo:

> Esfuérzate y sé valiente [...] Solamente se fuerte y muy valiente [...] ¿No te lo he ordenado yo? ¡Sé fuerte y valiente! No temas ni te acobardes, porque el Señor tu Dios estará contigo dondequiera que vayas [...] solamente sé fuerte y valiente (Josué 1:6-7, 9, 18),

Cuando la iglesia primitiva se vio amenazada, volvió su rostro a Dios en oración: «Después que oraron, el lugar donde estaban reunidos tembló, y todos fueron llenos del Espíritu Santo y hablaban la palabra de Dios con valor» (Hechos 4:31). Ser fuertes y valientes en el Señor es la marca de un cristiano lleno del Espíritu Santo. «Porque no nos ha dado Dios espíritu de cobardía, sino de poder, de amor y de dominio propio» (2 Timoteo 1:7).

Susan Jeffers creció creyendo que no era capaz. Un día, esta tímida alma decidió que no debía, que no podía, seguir viviendo así. Entonces escribió lo siguiente:

> En parte, mi problema era la incesante vocecita que, dentro de mi cabeza, seguía diciéndome: «Será mejor que no cambies la situación. Eso no es para ti. Nunca lo harás por ti misma». Usted sabe de qué estoy hablando... de la voz que le recuerda sin cesar: «No corras riesgos. Podrías cometer un error... ¡Lo lamentarás!».
>
> Mi miedo parecía no menguar nunca y no tenía un solo instante de paz. Hasta mi doctorado en psicología no parecía hacerme mucho bien. Luego, un día, cuando me estaba vistiendo para ir a trabajar, llegué a la encrucijada. Me miré casualmente en el espejo y vi una imagen harto familiar... Unos ojos enrojecidos e hinchados por lágrimas de autoconmiseración. De pronto, la ira se adueñó de mí y comencé a gritarle a mi reflejo: «¡Basta... basta... basta!». Grité hasta que no me quedó más energía (o voz).

Cuando me callé, experimenté una sensación extraña y maravillosa de alivio y serenidad que nunca había sentido. Sin que lo comprendiera entonces, había establecido contacto con una parte muy poderosa de mi misma cuya existencia ignoraba hasta entonces. Me volví a mirar largamente en el espejo y sonreí mientras asentía.

La vieja y familiar voz de pasividad y ruina se vio ahogada por el momento, al menos, y apareció en primer plano una nueva voz... una voz que hablaba de la fuerza, del amor y todas las sensaciones positivas. En ese momento, comprendí que no me dejaría dominar por el miedo. Encontraría alguna manera de liberarme de la negatividad que dominaba mi vida. Así comenzó mi odisea[4].

En su libro *Aunque tenga miedo, hágalo igual*, Susan expresa dos verdades fundamentales acerca del temor: Primero: «el temor nunca se irá mientras tú continúes creciendo». Cada paso en tu proceso de madurez se tropezará con nuevos retos y obstáculos que vencer. No puedes esperar a que el miedo se vaya, porque nunca se irá, lo cual lleva a la segunda verdad: «La única manera de liberarse del miedo a hacer algo es hacerlo»[5]. Como dijo alguien una vez: «Haz lo que más temas hacer y la muerte del temor será segura».

Recuerda, nadie puede evitar que seas la persona que Dios quiere que seas. Es normal sentir temor, pero da el paso de todas formas, como sugieren estas declaraciones de Kent M. Keith:

La gente es ilógica, irrazonable y egocéntrica. De todas formas, ámalos.

Si haces el bien, la gente te acusará de ocultos motivos egoístas. De todas formas, haz el bien.

Si tienes éxito, conseguirás falsos amigos y verdaderos enemigos. De todas formas, ten éxito.

El bien que hagas hoy se olvidará mañana. De todas formas, haz el bien.

La honradez y la franqueza te hacen vulnerable. De todas formas, sé honrado y franco.

Los mejores hombres y mujeres con las mejores ideas pueden derribarlos los hombres y mujeres más pequeños con las mentes más pequeñas. De todas formas, piensa en grande.

La gente favorece a los desamparados, pero solo sigue a los líderes. De todas formas, lucha por los desamparados.

Lo que te cuesta años construir puede destruirse de un día para otro. De todas formas, construye.

La gente necesita ayuda, pero puede atacarte si le ayudas. De todas formas, ayúdala.

Da al mundo lo mejor que tengas y te llevarás la peor parte. De todas formas, da al mundo lo mejor de ti[6].

## Preguntas para la discusión

1. ¿Cómo el mundo define el éxito?
2. ¿Qué hace que la gente se sienta fracasada?
3. ¿Por qué no debemos compararnos con otros?
4. ¿Cuál es el primer principio del éxito? ¿Por qué es el primero?
5. ¿Por qué el orgullo es un gran obstáculo para encontrar el verdadero éxito?
6. ¿Cuál es el segundo principio del éxito, y cómo lo logramos?
7. ¿Cuál es el tercer principio del éxito? ¿Por qué «ser» viene antes que «hacer», y el carácter antes que la carrera?
8. ¿Cómo definirías el fracaso desde una perspectiva bíblica?
9. ¿Por qué los cristianos no persiguen su potencial dado por Dios?
10. ¿Por qué debemos arriesgarnos a vivir por fe?

## Los pasos hacia la libertad en Cristo

### Orgullo contra humildad

Antes de la caída viene el orgullo, pero Dios da gracia a los humildes (Santiago 4:6; 1 Pedro 5:1-10). La humildad es la confianza puesta como es debido en Dios, y se nos instruye a no poner «la confianza en la carne» (Filipenses 3:3). Debemos «[fortalecernos] en el Señor y en el poder de su fuerza» (Efesios 6:10). Proverbios 3:5-7 nos insta a que confiemos en el Señor con todo nuestro corazón y no nos apoyemos en nuestro propio entendimiento. Usa la siguiente oración para pedir la dirección de Dios:

> *Querido Padre celestial:*
> *Tú dices que el orgullo viene antes de la destrucción y un espíritu arrogante antes de la caída. Confieso que me he concentrado en mis propios deseos y necesidades, y no en los de otros. No siempre me he negado a mí mismo, ni he tomado mi cruz para seguirte. He descansado en mis propias fuerzas y recursos, en vez de descansar en los tuyos. He puesto mi voluntad antes que la tuya y he centrado mi vida alrededor de mí mismo en vez de hacerlo en ti. Confieso mi orgullo y mi egoísmo, y te pido que se cancele todo el terreno que han ganado en mi vida los enemigos del Señor Jesucristo al arrepentirme y vencer esos patrones pecaminosos de la carne. Decido depender del poder y de la dirección del Espíritu Santo para no hacer nada que nazca del egoísmo ni de la soberbia vacía. Con humildad de mente, elijo considerar a los demás como más importantes que yo. Te reconozco como mi Señor, y confieso que fuera de ti no puedo hacer nada significativo. Por favor, examina mi corazón y muéstrame los caminos específicos de orgullo en que he andado. Te lo pido en el dulce y humilde nombre de Jesús. Amén.* (Lee Proverbios 16:18; Mateo 6:33; 16:24; Romanos 12:10; Filipenses 2:3).

Ora a través de esta lista, y usa la siguiente oración para confesar cualquier pecado de orgullo que el Señor te traiga a la mente.

__ Tengo un deseo más fuerte de hacer mi voluntad que la de Dios

__ Me apoyo demasiado en mi propio entendimiento y experiencia, en vez de buscar la dirección de Dios en oración y su Palabra

__ Descanso demasiado en mis propias fuerzas y recursos en vez de depender del poder del Espíritu Santo

__ Me preocupo más por controlar a otros que en desarrollar mi dominio propio

__ Estoy muy ocupado haciendo cosas «importantes» y egoístas en vez de buscar y hacer la voluntad de Dios

__ Tiendo a pensar que no tengo necesidades

__ Se me hace difícil reconocer cuando estoy equivocado

__ Me preocupo más por agradar a otros que por agradar a Dios

__ Me preocupo demasiado por recibir el crédito que pienso que merezco

__ Pienso que soy más humilde, espiritual, religioso o devoto que otros

__ Me motiva recibir reconocimientos, adquirir diplomas, títulos y puestos

__ A menudo siento que mis necesidades son más importantes que las de otros

__ Me considero mejor que otros por mis logros académicos, artísticos o atléticos, y otras habilidades y talentos

__ No espero en Dios

__ Otras maneras en que he pensado más alto de mí mismo de lo que debo

Por cada uno de los aspectos anteriores que sean ciertos en tu vida, ora así:

> *Querido Padre celestial:*
> *Reconozco que he sido orgulloso en <u>nombra lo que señalaste arriba</u>. Gracias por tu perdón. Elijo humillarme a mí mismo ante ti y otros. Elijo poner toda mi confianza en ti y no en la carne. Te lo pido en el nombre de Jesús. Amén.*

## Capítulo seis
# El temor a Satanás

*Mas el diablo, siendo un ángel apóstata, puede hacer solamente lo que hizo desde el principio: seducir y arrastrar la mente del hombre a transgredir los preceptos de Dios, y cegar poco a poco los corazones de aquellos que se dedican a servirlo.*

*Ireneo (circa 130-200 d.C.)*

Dios dijo: «Hagamos al hombre a nuestra imagen, conforme a nuestra semejanza; y ejerza dominio sobre los peces del mar, sobre las aves del cielo, sobre los ganados, sobre toda la tierra, y sobre todo reptil que se arrastra sobre la tierra» (Génesis 1:26). Dios les dio a Adán y Eva el dominio sobre el mundo. «Los bendijo [Dios] con estas palabras: "Sean fructíferos y multiplíquense; llenen la tierra y sométanla"» (Génesis 1:28, NVI®). Sin embargo, a causa del pecado perdieron ese dominio, y Satanás se convirtió en «el príncipe de este mundo», como lo llamó Jesús (lee Juan 12:31; 14:30; 16:11). Por consiguiente, «todo el mundo yace bajo el poder del maligno» (1 Juan 5:19). Pablo lo llamó el «príncipe de la potestad del aire» (Efesios 2:2). En el libro de Apocalipsis, se le denomina «el gran dragón, la serpiente antigua que se llama el diablo y Satanás» (Apocalipsis 12:9).

Desde los albores de la historia, por todo el mundo la gente les ha temido a Satanás y sus demonios. Los paganos de culturas animistas ofrecen sacrificios (incluso de humanos) para apaciguar a los dioses. Consultan curanderos y charlatanes, hechiceros, y espiritistas a fin de alejar espíritus malignos o ganar su favor para recibir sanidad y fortuna. Todo misiólogo dice que el espiritismo es la orientación religiosa más dominante en el mundo. Tales prácticas de culto y ocultismo estaban estrictamente prohibidas en el Antiguo Testamento para el pueblo de Dios, pero el reino de las tinieblas, gobernado por Satanás, no tuvo desafío en el mundo hasta que vino el Mesías. Satanás, una vez más, trató de detener el plan de Dios, como lo intentó en el Edén, al tentar a Jesús a través de los mismos tres canales que usó con Eva (es decir, «la pasión de la carne, la pasión de los ojos y la arrogancia de la vida» ([1 Juan 2:16]). La última tentación registrada en Mateo 4:8-11 revela el mayor deseo de Satanás:

> El diablo le llevó a un monte muy alto, y le mostró* todos los reinos del mundo y la gloria de ellos, y le dijo: Todo esto te daré, si postrándote me adoras. Entonces Jesús le dijo: ¡Vete, Satanás! Porque escrito está: «Al Señor tu Dios adorarás, y solo a Él servirás». El diablo entonces le dejó; y he aquí, ángeles vinieron y le servían.

Jesús no refutó la declaración de Satanás acerca de los reinos de este mundo. Él vino a establecer su propio reino. Cuando dos reinos están en conflicto entre sí, la mejor pregunta es: ¿Quién tiene el derecho a gobernar? Dos soberanos no pueden gobernar sobre el mismo reino a la vez. Por lo tanto, la autoridad es *el* problema en la guerra espiritual.

La Biblia describe una batalla entre el reino de Dios y el reino de las tinieblas, entre el bien y el mal, entre los verdaderos profetas y los falsos profetas, entre el Espíritu de verdad y el padre de las mentiras, y entre Cristo y el anticristo. Este conflicto comenzó en el huerto del Edén y está registrado en toda la Biblia, hasta la batalla final en el libro de Apocalipsis. Todo creyente participa en esa batalla: «Porque nuestra lucha no es contra sangre y carne, sino contra principados, contra potestades, contra los poderes de este mundo de tinieblas, contra las huestes espirituales de maldad en las regiones celestiales» (Efesios 6:12).

## Reinos en conflicto

Para establecer el reino de Dios en la tierra, Jesús escogió a doce discípulos y los invitó a seguirle. Ellos observaron a Jesús demostrar su autoridad sobre el mundo natural y espiritual calmando la tempestad, sanando a los enfermos y echando fuera demonios.

Entonces, «reuniendo a los doce, [Jesús] les dio poder y autoridad sobre todos los demonios y para sanar enfermedades. Y los envió a proclamar el reino de Dios y a sanar a los enfermos» (Lucas 9:1-2). Fue una experiencia de aprendizaje que produjo resultados desiguales, y Jesús los reprendió con severidad por su falta de fe (9:40-41) y su orgullo (9:46-48).

Luego, Jesús envió a otros setenta con la misma autoridad y poder, y estos volvieron triunfantes. «Los setenta regresaron con gozo, diciendo: Señor, hasta los demonios se nos sujetan en tu nombre» (Lucas 10:17). El Señor se agradó, pero también les hizo una advertencia en los versículos 18-20:

> Yo veía a Satanás caer del cielo como un rayo. Mirad, os he dado autoridad para hollar sobre serpientes y escorpiones, y sobre todo el poder del enemigo, y nada os hará daño. Sin embargo, no os regocijéis en esto, de que los espíritus se os sometan, sino regocijaos de que vuestros nombres están escritos en los cielos.

Esta es también una advertencia severa para nosotros. En su belleza y sabiduría original, Satanás fue la perfección consumada (Ezequiel 28:11-19), pero su orgullo provocó su caída. Su pecado se detalla en cinco proclamaciones en Isaías 14:12-15. Él quería la gloria que solo le pertenecía a Dios. En su rebelión, se llevó consigo a una tercera parte de los ángeles (Apocalipsis 12:4). Gobierna este mundo por medio de esa jerarquía de demonios. A través de toda la historia de la Iglesia, hombres y mujeres de Dios han caído de la misma manera cuando se han visto atrapados por su propio esplendor. Uno de los doce discípulos escogidos tuvo su propio plan rebelde con consecuencias devastadoras: «Satanás entró en Judas» (Lucas 22:3).

En la Cena del Señor, «se suscitó también entre ellos un altercado, sobre cuál de ellos debería ser considerado como el mayor» (Lucas 22:24). Quizá por ese pecado de orgullo Jesús dijera: «Simón, Simón, mira que Satanás os ha reclamado para zarandearos como a trigo; pero yo he rogado por ti para que tu fe no falle; y tú, una vez que hayas regresado, fortalece a tus hermanos» (versículo 31-32). Satanás tenía un argumento: «Me echaste del cielo por el orgullo, ¿y qué me dices de Pedro?». Pedro no se llevó con él a un tercio de los discípulos, y no pretendía ser como Dios, pero sí lo zarandearon. Después de gloriarse de que estaba dispuesto a ir a la cárcel y hasta morir por Jesús, el Señor le dijo que antes de que el gallo cantara le negaría tres veces (versículos 33-34). Y sucedió justo como lo predijo Jesús (versículos 55-62).

Jesús murió por nuestros pecados y resucitó para darnos vida eterna, pero eso no fue todo lo que logró. «Habiendo despojado a los poderes y autoridades, hizo de ellos un espectáculo público, triunfando sobre ellos por medio de Él» (Colosenses 2:15). «El Hijo de Dios se manifestó con este propósito: para destruir las obras del diablo» (1 Juan 3:8). Ese es el evangelio que los animistas y los espiritistas necesitan escuchar, y es tan parte del evangelio como el perdón del pecado. La cruz fue una daga al corazón de Satanás. Jesús les dijo a sus discípulos: «Toda autoridad me ha sido dada en el cielo y en la tierra. Id, pues, y haced discípulos de todas las naciones, bautizándolos en el nombre del Padre y del Hijo y del Espíritu Santo, enseñándoles a guardar todo lo que os he mandado; y he aquí, yo estoy con vosotros todos los días, hasta el fin del mundo» (Mateo 28:18-20). A los discípulos se les dijo que esperaran en Jerusalén, donde recibirían el poder cuando el Espíritu Santo vendría sobre ellos. Esto sucedió en Pentecostés (Hechos 1:4-5; 2:1-4). Bajo el Nuevo Pacto, Satanás y sus demonios no tienen autoridad ni poder sobre ningún creyente. Dios «nos libró del dominio de las tinieblas y nos trasladó al reino de su Hijo amado, en quien tenemos redención: el perdón de los pecados» (Colosenses 1:13-14).

## Autoridad y poder

La autoridad es el derecho a gobernar, y el poder es la habilidad de gobernar. Gracias a nuestra posición en Cristo, nosotros tenemos los dos. Nuestros nombres están escritos en el cielo, pero no debemos olvidar nunca que vivimos por la autoridad y el poder de Él. Tenemos la autoridad de hacer la voluntad de Dios, no la nuestra. Esta autoridad es sobre los reinos de las tinieblas, no sobre los demás. Tenemos el poder de hacer la voluntad de Dios siempre y cuando vivamos por fe en el poder del Espíritu Santo. Ese poder no opera cuando vivimos según la carne, lo cual significa depender de nuestro propio poder y recursos.

Regocíjate de ser hijo de Dios, porque Satanás no puede hacer nada en cuanto a tu identidad y posición en Cristo. No obstante, si te puede engañar y hacerte creer que no es verdad, vivirás como si no lo fuera.

En Efesios 1:18:23 y Colosenses 1:29, Pablo enseñó acerca del poder y de la autoridad que se les confiere a los creyentes:

> Mi oración es que los ojos de vuestro corazón sean iluminados, para que sepáis cuál es la esperanza de su llamamiento, cuáles son las riquezas de la gloria de su herencia en los santos, y cuál es la extraordinaria grandeza de su poder para con nosotros los que creemos, conforme a la eficacia de la fuerza de su poder, el cual obró en Cristo cuando le resucitó de entre los muertos y le sentó a su diestra en los lugares celestiales, muy por encima de todo principado, autoridad, poder, dominio y de todo nombre que se nombra, no solo en este siglo sino también en el venidero. Y todo sometió bajo sus pies, y a Él lo dio por cabeza sobre todas las cosas a la iglesia, la cual es su cuerpo, la plenitud de aquel que lo llena todo en todo (Efesios 1:18-23).

> [Esforzándonos] según su poder que obra poderosamente en [nosotros] (Colosenses 1:29).

En el pasaje de Efesios, las palabras «principado, autoridad, poder, dominio» describen los diferentes órdenes de ángeles según el pensamiento rabínico de esos tiempos. Los «lugares celestiales» se refieren al reino espiritual que existe a nuestro alrededor. Cada creyente está sentado con Cristo en los lugares celestiales (Efesios 2:6). El trono de Dios es la autoridad suprema del universo. Jesús está sentado a la diestra del Padre, y nosotros estamos allí con Él. «El Espíritu mismo da testimonio a nuestro espíritu de que somos hijos de Dios, y si hijos, también herederos; herederos de Dios y coherederos con Cristo» (Romanos 8:16-17). No somos herederos de las riquezas de este mundo. Eso fue lo que Satanás le ofreció a Jesús (Mateo 4:8-9). «Hermanos míos amados, escuchad: ¿No escogió Dios a los pobres de este mundo para ser ricos en fe y herederos del reino que Él prometió a los que le aman?» (Santiago 2:5). ¡Regocíjate en eso!

## Cómo ejercemos la autoridad de Dios

Un consejero local había estado trabajando con una joven por años, pero no progresaba. Carecía de preparación en la guerra espiritual y tenía poco conocimiento del mundo espiritual. Así que me pidió que me sentara en una sesión y le proporcionara alguna evaluación. En los primeros cinco minutos, le dije a ella que se estaba librando una batalla espiritual por su mente, y me respondió: «Gloria a Dios, por fin alguien entiende lo que me pasa». Me reuní con ella la semana siguiente. Debido al abuso extremo que había recibido, tenía un imponente físico y no se arreglaba bien. Apenas transcurridos diez minutos cuando se vio desorientada, se levantó de la silla y muy despacio comenzó a caminar hacia mí con una mirada amenazadora. ¿Qué harías en ese caso?

Le dije con una voz calmada, pero firme: «Yo soy hijo de Dios. No me puedes tocar». Ella se detuvo de repente. Le ordené: «Siéntate», y ella se sentó. Yo no le hablaba a la joven. Lo que dije fue una aplicación de 1 Juan 5:18: «Todo el que ha nacido de Dios, no peca; sino que aquel que nació de Dios lo guarda y el maligno no lo toca». Decir esas palabras no es una fórmula para aplicarlas en nuestra defensa cuando nos atacan. Vienen de la seguridad interna de que somos templo de Dios, quien tiene toda la autoridad en el cielo y en la tierra. Yo no estaba presentando una defensa temerosa. Estaba presentando una ofensiva en beneficio de la joven.

Es importante notar que la autoridad que tenemos en Cristo no aumenta con el volumen de la voz. No le gritamos al diablo. Con serenidad, ocupamos nuestro lugar en Cristo. No es muy diferente a ejercer nuestra autoridad como padres. No lo hacemos tratando de controlarlos con gritos y amenazas. En realidad, eso nos quita la autoridad, porque actuamos en la carne. Los padres que dependen de la intimidación lo hacen porque les da un control temporal para que sus hijos capitulen por miedo. Esa también es la estrategia de Satanás. Trata de atemorizarnos para que respondamos en la carne, cuando debiéramos caminar por fe en el poder del Espíritu Santo. El temor a Satanás y la fe son excluyentes entre sí.

Cuando glorificamos a Dios con nuestro cuerpo, manifestamos la presencia de Dios. Somos los brazos, piernas y bocas de Jesús. Dios extiende su reino por medio de creyentes que le obedecen. En contraste, los demonios son espíritus desmembrados. Tienen que obrar a través de objetos animados para propagar el reino de las tinieblas, y prefieren habitar en cerdos antes que no tener nada donde morar (Marcos 5:12). El propósito eterno de Dios es hacer que su sabiduría sea «dada a conocer por medio de la iglesia a los principados y potestades en las regiones celestiales» (Efesios 3:10).

En la historia anterior, al observador natural le parecería que yo le daba consejería a una enferma mental. Desde una perspectiva espiritual, el Espíritu Santo en mí fue quien confrontó al espíritu maligno (es decir, «el espíritu que ahora opera en los hijos de desobediencia» [Efesios 2:2]). Por medio de mí, Dios le daba a conocer su sabiduría a la jerarquía demoníaca.

Satanás es el titiritero del mundo. Es como el Mago de Oz, una voz imponente que habla con un megáfono. «Vuestro adversario, el diablo, anda al acecho como león rugiente, buscando a quien devorar. Pero resistidle firmes en la fe» (1 Pedro 5:8-9). Este león (el diablo) no tiene dientes, pero mastica con las encías hasta la muerte a los cobardes y los incrédulos.

Cuando era niño (Neil) en la finca, mi padre, mi hermano y yo visitamos a unos vecinos. Ellos tenían un perrito malgenioso que me daba terror. Cuando salimos de la camioneta, el perro vino ladrando y yo salté al capó, lleno de miedo. Mi padre y mi hermano estaban de pie cerca del perrito, pero él me ladraba a mí. ¿Qué poder tenía ese perro para hacerme terminar sobre el capó de la camioneta? Solo el que le di yo. En una visita posterior a su finca, mi padre me dijo:

«Solo es un perrito. ¿Por qué no te mantienes fuerte?». Las gotas de sudor comenzaron a correrme por la frente, pero estaba decidido a no correr. Esta vez, cuando el perro vino ladrando hacia mí, pateé una piedra en su dirección y él huyó. De la misma manera, Dios nos dice que resistamos «al diablo y huirá de [nosotros]» (Santiago 4:7).

Dos niños en el asiento posterior del carro comenzaron a gritar cuando una abeja entró volando por la ventanilla. El padre extendió su mano, tomó la abeja en la mano y esta lo picó a él. Entonces, dejó ir a la abeja, y los chicos comenzaron a gritar otra vez. El padre les dijo: «No tienen nada de qué temer. La abeja ya no tiene aguijón. Miren, está en mi mano». Jesús le dice a todo el que oiga: «No tengas miedo, yo desarmé al diablo. Mira mis manos, mis pies y mi costado».

## Los terrores nocturnos

No nos debe sorprender que la mayoría de los ataques espirituales sucedan cuando estamos solos, casi siempre de noche. Uno de los amigos de Job tuvo un ataque así:

> Una palabra me fue traída furtivamente, y mi oído percibió un susurro de ella. Entre pensamientos inquietantes de visiones nocturnas, cuando el sueño profundo cae sobre los hombres, me sobrevino un espanto, un temblor que hizo estremecer todos mis huesos. Entonces un espíritu pasó cerca de mi rostro, y el pelo de mi piel se erizó. Algo se detuvo, pero no pude reconocer su aspecto; una figura estaba delante de mis ojos, hubo silencio, después oí una voz: «¿Es el mortal justo delante de Dios? ¿Es el hombre puro delante de su Hacedor?» (Job 4:12-17).

En este pasaje, «una palabra» no fue «una palabra del Señor». Dios no viene a nosotros «furtivamente». Esa fue una palabra del «acusador de nuestros hermanos» (Apocalipsis 12:10) que, en esencia, decía: «Tienes razón en decirle a Job que sufre por causa de su pecado». A la verdad, Job sufría porque no había «ninguno como él sobre la tierra, hombre intachable y recto, temeroso de Dios y apartado del mal» (Job 1:8). Los buenos sí sufren por causa de la justicia.

A cristianos en todo el mundo los visitan demonios en la noche. Una sensación sobrecogedora de miedo que les eriza el vello los despierta de pronto de un sueño profundo. Algunos dicen sentir una presión en el pecho, y cuando tratan de responder físicamente, parece que no pueden, como si algo les apretara la garganta. Entonces es cuando la fe debe surtir efecto, pues la única presencia que sienten es del maligno. Si invocamos el nombre del Señor, seremos salvos (Romanos 10:13), ¿pero cómo podemos lograrlo si el espíritu no nos deja decir nada?

En realidad, el diablo no te lo puede impedir, pero si ignoramos sus maquinaciones, eso es lo que nos parecerá. Esta no es una batalla física, aunque puede parecernos que una fuerza mayor nos está clavando en la cama. Pablo declaró: «Las armas de nuestra contienda no son carnales, sino poderosas en Dios para la destrucción de fortalezas» (2 Corintios 10:4). Dios conoce nuestros pensamientos y la intención de nuestro corazón, así que siempre podemos ir a Él para nuestros adentros. En el momento que lo hagamos, seremos libres para invocar el nombre del Señor. El ataque se detendrá si solo decimos: «Jesús». Si primero nos sometemos a Dios, podremos resistir al diablo y huirá de nosotros (Santiago 4:7).

Al realizar conferencias en todo el mundo, les hemos preguntado a los asistentes si han tenido una experiencia como la que se describe en Job. Nunca hemos visto menos de un tercio de las personas decir que sí. En ministerio de alto perfil, el porcentaje suele estar cerca de cien. Cuando hice público nuestro ministerio por primera vez, experimentaba ese tipo de ataque a las tres de la mañana la noche anterior a cada conferencia, y continuó durante cuatro años. Puede que fuera un poco aterrador al principio, pero dejó de asustarme una vez que aprendí a lidiar con eso. Comencé a darme cuenta del significado de algunos ministerios según el grado de oposición que experimentaba la noche anterior a las conferencias.

También les he preguntado a los asistentes si los despertaban a una hora precisa de la mañana, a las tres de la mañana, por ejemplo, pero no necesariamente sentían algún temor. Si siempre sucede a la misma hora, es improbable que sea un fenómeno natural, a menos que alguien ponga una alarma. El haber ayudado a personas a salir del satanismo y recuperarse del abuso ritual satánico me ha dado la oportunidad de oír cosas en que han participado las víctimas y a qué se han expuesto. Todos informan que las tres de la mañana es la hora pico para los satanistas. Lo más probable es que nos hayan atacado cuando siempre nos despertamos esa hora; entonces, ¿qué? «Hijos míos, vosotros sois de Dios y los habéis vencido, porque mayor es el que está en vosotros que el que está en el mundo» (1 Juan 4:4). Si no has experimentado alguna oposición a tu ministerio, puede que no tengas un ministerio.

## Las artimañas de Satanás

A Satanás se le conoce mejor (y los creyentes lo experimentan con más frecuencia) como el tentador. El siguiente cuadro muestra cuáles son los motivos de Satanás para tentarnos:

### CANALES DE TENTACIÓN
### 1 Juan 2:15-17

|  | Pasión de la carne (Apetitos y deseos intensos) | Pasión de los ojos (Interés propio) | Arrogancia de la vida (Autopromoción) |
|---|---|---|---|
| Eva | «La mujer vio que el árbol era bueno para comer» (Génesis 3:6) | «Que era agradable a los ojos» (Génesis 3:6) | «El árbol era deseable para alcanzar sabiduría» (Génesis 3:6) |
| Satanás | «¿Conque Dios os ha dicho: "No comeréis de ningún árbol del huerto"?» (Génesis 3:1) | «Ciertamente no moriréis» (Génesis 3:4) | «Seréis como Dios» (Génesis 3:6) |
| Cuestiona | La voluntad de Dios (Efesios 5:17) | La Palabra de Dios (Mateo 16:24-26) | La adoración de Dios (1 Pedro 5:5-11) |
| Destruye | La dependencia de Dios | La confianza en Dios | La obediencia a Dios |
| Jesús | «El hombre no sólo vive de pan, sino que vive de todo lo que procede de la boca del Señor» (Deuteronomio 8:3) | «No tentaréis al Señor vuestro Dios» (Deuteronomio 6:16) | «Temerás sólo al Señor tu Dios; y a Él adorarás» (Deuteronomio 6:13) |

Satanás nos tienta a vivir independientes de Dios, lo cual es la principal característica de la carne. Siempre podemos elegir si andamos con Dios según el Espíritu o si lo hacemos según la carne (lee Gálatas 5:16-25). «No os ha sobrevenido ninguna tentación que no sea común a los hombres; y fiel es Dios, que no permitirá que vosotros seáis tentados más allá de lo que podéis soportar, sino que con la tentación proveerá también la vía de escape, a fin de que podáis resistirla» (1 Corintios 10:13). La tentación siempre comienza con un pensamiento, y la clave es tomar la vía de escape en el momento en que entra a tu mente. No nos tientan a ingerir comidas saludables; nos tientan a satisfacer los deseos de la carne. Con las tentaciones vienen pensamientos como: *Todo el mundo lo hace. Sabes bien que lo quieres. Diviértete un poco. ¿Quién se va a enterar? Te saldrás con la tuya.* Tan pronto como cedas a esos pensamientos tentadores, Satanás cambia su estrategia y va de tentador a acusador: *Eres un enfermo; y te llamas cristiano. No sirves para nada. Nunca te repondrás de esta. Eres un fracaso. Nunca podrás vencer el pecado.* Todo creyente ha luchado con pensamientos así, pero tenemos la victoria suprema. «Ahora ha venido la salvación, el poder y el reino de nuestro Dios y la autoridad de su Cristo, porque el acusador de nuestros hermanos, el que los acusa delante de nuestro Dios día y noche, ha sido arrojado» (Apocalipsis 12:10).

Si somos tentados, lo sabemos. Si el enemigo nos acusa, lo sabemos. En cambio, si nos engañan, no lo sabemos. Si lo sabemos, ya no nos engañan. El padre de las mentiras engañó al mundo (Apocalipsis 12:9). Por eso Jesús oró: «No te ruego que los saques del mundo, sino que los guardes del maligno. Ellos no son del mundo, como tampoco yo soy del mundo. Santifícalos en la verdad; tu palabra es verdad» (Juan 17:15-17). Lo primero que hacemos cuando nos revestimos con la armadura de Dios, nos ceñimos con el cinturón de la verdad (Efesios 6:14). Así es que no nos engañan. Entonces, nos ponemos la coraza de justicia. De ese modo podemos resistir las acusaciones del diablo.

## La batalla por nuestra mente

En uno de los capítulos anteriores destacamos cómo las fortalezas mentales, los patrones de la carne y los mecanismos de defensa se desarrollan en nuestra mente. Los argumentos se levantan contra el conocimiento de Dios, pero la segunda parte de 2 Corintios 10:5 nos muestra qué debemos hacer ahora (usando el verbo en tiempo presente): «Llevamos cautivo todo pensamiento [*noema*] para que se someta a Cristo» (NVI®). La palabra *noema* solo aparece unas pocas veces en la Escritura, de las cuales cinco son en esta epístola. Lo lamentable es que *noema* se ha traducido como «pensamiento», «mente» y «artimaña», lo cual puede ser un poco confuso para el lector promedio. A fin de captar mejor el significado espiritual de la palabra, presta atención al contexto en que aparece.

Pablo escribió acerca de la necesidad de perdonar: «A quien ustedes perdonen, yo también lo perdono. De hecho, si había algo que perdonar, lo he perdonado por consideración a ustedes en presencia de Cristo, para que Satanás no se aproveche de nosotros, pues no ignoramos sus artimañas [*noema*]» (2 Corintios 2:10-11, NVI®). ¿Alguna vez has permanecido despierto durante la noche atormentado por el pensamiento de alguien a quien no has perdonado? La falta de perdón le da a Satanás acceso a la iglesia. Es el principal asunto que intentamos resolver cuando dirigimos a alguien por *Los pasos hacia la libertad en Cristo*.

En cuanto a la salvación, Pablo escribió: «[Satanás] ha cegado la mente [*noema*] de estos incrédulos, para que no vean la luz del glorioso evangelio de Cristo, el cual es la imagen de Dios» (2 Corintios 4:4, NVI®; además, lee el 3:14, donde «mente» también es *noema*). Quizá comprenderíamos mejor la necesidad de orar y, en realidad, oraríamos de manera diferente si comprendiéramos cómo Satanás ciega la mente, o el pensamiento, del creyente. La evangelización fue más eficaz en la iglesia primitiva cuando los creyentes entendían cómo liberar a la gente de influencias demoníacas. Poder hacerlo se convirtió en una prueba de justicia y ortodoxia (lee Lucas 9:37-43).

Lo que sigue es el último caso de *noema* en esta epístola: «Pero me temo que, así como la serpiente con su astucia engañó a Eva, los pensamientos [*noema*] de ustedes sean desviados de un compromiso puro y sincero con Cristo» (2 Corintios 11:3, NVI®). Satanás engañó a Eva, y ella le creyó sus mentiras. La tendencia es pensar que si somos buena gente cristiana y agradable, tal engaño no nos puede suceder a nosotros, pero en el momento del engaño, Eva todavía *no tenía pecado*. A la gente buena la *pueden* engañar.

Otro uso de la palabra *noema* lo encontramos en Filipenses 4:6-7: «No se inquieten por nada [es decir, no seas de doble ánimo]; más bien, en toda ocasión, con oración y ruego, presenten sus peticiones a Dios y denle gracias. Y la paz de Dios, que sobrepasa todo entendimiento, cuidará sus corazones y sus pensamientos [*noema*] en Cristo Jesús» (NVI®). A fin de poder mantenernos firmes ante los ataques mentales de Satanás, debemos tomar la decisión de pensar en «todo lo verdadero, todo lo respetable, todo lo justo, todo lo puro, todo lo amable, todo lo digno de admiración, en fin, todo lo que sea excelente o merezca elogio» (versículo 8, NVI®), Entonces, debemos poner en práctica esos pensamientos justos, «y el Dios de paz estará con [nosotros]» (versículo 9, NVI®).

En cierto sentido, no importa si los pensamientos provienen de nuestros patrones de la carne, del mundo o del padre de las mentiras. Examinamos cada pensamiento, y si no es cierto, no lo pensamos, y no lo creemos. Por otra parte, es de suma importancia que aprendamos a separar nuestros pensamientos de los pensamientos del enemigo, o nos engañarán y derrotarán.

Hemos discipulado a cientos y cientos de creyentes que escuchaban voces o luchaban con pensamientos condenatorios o blasfemos. En casi todos los casos, ha demostrado ser una batalla espiritual por sus mentes. Esto no debería sorprender a la iglesia, porque nos han advertido: «El Espíritu dice claramente que, en los últimos tiempos, algunos abandonarán la fe para seguir a inspiraciones engañosas y doctrinas diabólicas» (1 Timoteo 4:1, NVI®). Tales personas no podrán crecer en su fe hasta que lo afronten mediante el genuino arrepentimiento y fe en Dios, y eso incluye someterse a Dios y resistir al diablo, en ese orden (Santiago 4:7).

No somos los únicos que ven esta lucha por la mente de las personas. Los psiquiatras y los consejeros profesionales tienen clientes que libran batallas similares. La mayoría de los terapeutas seculares

entienden los síntomas como el producto de un desequilibrio quí-
mico, pero es preciso hacer algunas preguntas sinceras. ¿Cómo puede una química crear una personalidad o un pensamiento? ¿Cómo
pueden nuestros neurotransmisores crear al azar un pensamiento
opuesto a nuestras convicciones? No existe una explicación natural.

Los secularistas dirían que las voces paran o disminuyen cuando
al cliente se le dan medicamentos para la ansiedad. Eso es posible,
pero es probable que todo el proceso mental se detuviera o dismi-
nuyera también. Todo lo que hicieron fue narcotizarlo. El proceso
cognitivo se opacó o mitigó por entero. Quita el medicamento, y
vuelven los pensamientos. Así que, nada se curó; solo se encubrió.
Nunca se determinó una causa, y solo lidiaron con los síntomas. La
falta de paz mental es la causa principal del porqué la gente bebe o
consume drogas. Una persona puede ahogar esos pensamientos por
un corto período, pero al día siguiente vuelve la realidad.

En realidad, ¿puede el maligno implantar un pensamiento en
nuestra mente? Considera 1 Crónicas 21:1, que dice: «Se levantó
Satanás contra Israel e incitó a David a hacer un censo de Israel».
Esto no fue un intercambio verbal. Fueron los pensamientos de
David o, al menos, lo pensó así. Satanás no va a tratar de persuadir
a alguien como David, que tenía todo un corazón para Dios, a que
les sacrificara sus bebés a un dios pagano. No obstante, sí va a incitar
al pueblo de Dios a depender de sus propios recursos y no de los
recursos de Dios. David cometió ese error fatal, aunque el coman-
dante de su ejército lo vio como pecado y trató de persuadirlo a lo
contrario. Miles murieron como resultado del engaño de David.

Considera el engaño de Judas: «Y la cena acabada, como el diablo
ya había metido en el corazón de Judas, hijo de Simón Iscariote, que
le entregase» (Juan 13:2, rva). Judas era un ladrón (lee Juan 12:4-6),
y quizá por eso fuera vulnerable, pero el patrón de la carne no explica
el origen de su plan para entregar a Jesús. Esa idea vino de Satanás.

Considera el relato de la iglesia primitiva acerca de Ananías y Safira,
que se quedaron con parte de las ganancias, pero querían que los demás
pensaran que dieron todo lo que tenían. «Ananías, ¿por qué ha llenado Satanás tu corazón para mentir al Espíritu Santo, y quedarte con

parte del precio del terreno?» (Hechos 5:3). La palabra «llenado» en este pasaje es la misma que encontramos en Efesios 5:18, donde se nos exhorta a ser «llenos del Espíritu». A lo que sea que nos rindamos, con eso seremos llenados (o controlados). Si todo creyente cayera muerto por mentir, como sucedió con Ananías y Safira, nuestras iglesias estarían vacías. ¿Por qué la severidad del castigo en este caso? Al parecer, Dios tuvo que enviar una advertencia temprana a la iglesia, porque Él conoce la verdadera batalla. Si el padre de las mentiras entra a tu vida, tu matrimonio, tu hogar o tu iglesia sin que se detecte y te persuade para que creas una mentira, algún control ganará sobre tu vida.

La tendencia de la iglesia de occidente es proyectar a Ananías como un incrédulo, pero eso no es lo que creía la iglesia primitiva ni los teólogos modernos. F.F. Bruce, un erudito en estudios neotestamentarios, escribió que Ananías era creyente[1]. Ernst Haenchen escribió que Ananías era un «judío cristiano» y comentó: «Satanás llenó su corazón. Ananías le mintió al Espíritu Santo, y el Espíritu estaba presente en Pedro (y en la comunidad). Por lo tanto, en última instancia, no son solo dos hombres los que se enfrentan entre sí, sino el Espíritu Santo en ellos y Satanás, de quien son sus instrumentos[2]. Recuerda que Jesús reprendió al mismo Pedro por ser vocero de Satanás (Mateo 16:23), aunque incuestionablemente era un devoto seguidor de Cristo.

La esposa de un profesor de seminario luchaba con neumonía, y no respondía al tratamiento. Cuando extrajeron un litro de líquido de los pulmones, descubrieron el cáncer. Se convirtió en fóbica, y su esposo me preguntó si podía venir a su hogar a verla. En privado, me confesó:

—No estoy segura de ser cristiana.

La mujer era una creyente devota, y le pregunté por qué pensaba de esa manera.

—He venido luchando con pensamientos condenatorios y blasfemos acerca de Dios —me dijo—, aun cuando estoy en la iglesia.

—¿Pensabas así por tu propia voluntad? ¿Tomaste una decisión consciente de pensar en esas cosas? —le pregunté.

—¡No! —me respondió de manera categórica.

—Esos no son tus pensamientos —le expliqué.

Puesto que era una cristiana madura, solo tomó media hora ganar esta batalla por su mente, y nunca volvió a dudar de su salvación. Tuvo temor porque se vio frente a la muerte y dudando de su salvación. Se había preguntado: «¿Cómo es posible ser cristiana y pensar cosas así?». Si tal pensamiento viniera de su propia naturaleza, su salvación sería cuestionable, pero no era así, y nadie se lo había explicado. Martín Lutero escribió: «El diablo lanza terribles pensamientos al corazón: odio a Dios, blasfemia y desesperación»[3].

A un piadoso pastor de una iglesia bautista de cuatro mil miembros lo sometieron a una operación por cáncer de próstata. Fue tan exitosa que no consideraron necesario los tratamientos de radiación y quimioterapia. Le comunicó la noticia a la congregación, y todos estaban agradecidos. Dos meses después, estaba sentado a su escritorio cuando le inundó este pensamiento: *El cáncer regresó. Vas a morir*. Tuvo tanto temor que decidió renunciar, pero antes de hacerlo llamó a otro pastor amigo que le aconsejó que leyera *Victoria sobre la oscuridad* y *Rompiendo las cadenas*, y que se reuniera con un guía para hacer *Los pasos hacia la libertad en Cristo*. Lo hizo, y el Señor lo liberó. Cuando se fueron las mentiras, desapareció el miedo.

¿Cómo podemos entender que la gente oiga voces que otros no oyen o vean cosas que otros no ven? Para poder oír algo físicamente, tiene que haber una fuente para el sonido, que produce una compresión y rarefacción de las moléculas de aire que viajan a la velocidad del sonido. El sonido golpea nuestro tímpano y manda una señal al cerebro. Uno no puede hablar y ser escuchado en el espacio exterior, porque el sonido requiere el medio físico del aire. Y para ver algo de manera física, tiene que haber una fuente de luz reflejándose desde un objeto material a nuestro nervio óptico, que envía una señal a nuestro cerebro. Lo que estas personas experimentaron no puede explicarse en el reino natural, «porque nuestra lucha no es contra sangre y carne» (Efesios 6:12).

En dos ocasiones por separado, Jesús reveló de manera sobrenatural lo que hacían los fariseos (Juan 7:19-20; 8:37-47). Sabemos que Dios es omnipresente y omnisciente, y que conoce nuestros pensamientos y las intenciones del corazón, pero los fariseos no creían que

Jesús era el Hijo de Dios. Para que Jesús tuviera el tipo de conocimiento que tenía, dieron por sentado que tenía un demonio. Sabían que el conocimiento esotérico debía tener un origen espiritual. En nuestro tiempo presente, los practicantes de la Nueva Era creen que Jesús fue el psíquico supremo, un avatar. Solo cambia la terminología de «demonio» a «espíritu guía», y de «médium» a «psíquico» o «canalizador», y un pueblo ingenuo muerde la carnada, creyendo que es inofensivo.

No tenemos idea de lo que sucede en las mentes de otros a menos que tengan el valor de revelar lo que están pensando, o escuchando, o si nosotros tenemos la sabiduría de hacer preguntas. En nuestra cultura occidental, la mayoría de las personas no corren ese riesgo, pues temen ser vistos como enfermos mentales y que necesiten medicamentos. Ese fue el caso de esta señora empleada de una iglesia local:

> Pensé que mi historia era única, pero a menudo me preguntaba si otra persona tenía los mismos conflictos espirituales que sufría yo. Mi problema comenzó hace dos años. Estaba experimentando terribles pesadillas demoníacas y hubo noches en las que sentía la presencia de algo o alguien en el dormitorio. Una noche, desperté y sentí como si alguien me ahorcara, y no podía hablar ni decir el nombre de Jesús. Estaba aterrada.
>
> Busqué la ayuda de líderes y pastores en la iglesia. Ellos no tenían idea de cómo darme ánimo. A la larga, el miedo se convirtió en trastorno de ansiedad, y mis pensamientos eran tan ruidosos, destructivos y aterradores que fui a ver a mi médico de cabecera. Pensé que de seguro entendería que mi batalla era espiritual. Cuando le expresé la idea de que el enemigo me estaba atacando, la doctora me diagnosticó con un trastorno bipolar y me dijo que debía tomar medicamentos por el resto de mi vida. También me dio una receta para medicamentos antidepresivos y ansiolíticos. Quedé devastada.
>
> Cuando le dije a mi esposo el diagnóstico, me aseguró que no era cierto. Decidí no tomar los medicamentos;

no me sentía en paz con hacerlo. Mis pastores oraron por mí, pero nada cambió. Comencé a asistir a consejería cristiana, lo cual me ayudó un poco, pero para nada valió la pena los cuatrocientos dólares mensuales que pagué. Cuando le dije a mi consejera cristiana lo que estaba pasando en mi mente y mis temores, también me dijo: «Es hora de medicamentos». Parecía como si todos pensaran que estaba loca. Nadie me creía que mi problema era espiritual.

Por fortuna, me encontré con uno de sus libros y leí las historias de personas con las que me sentí identificada. Supe que había una respuesta. En ese libro fue que escuché por primera vez de *Los pasos hacia la libertad en Cristo*. A decir verdad, al principio me sentí atemorizada. No sabía qué esperar, pero hacía poco que uno de nuestros pastores había conocido al Dr. Anderson, y estaba aprendiendo la manera de dirigir a las personas a través de los Pasos. Se ofreció ayudarme, y yo acepté.

Atravesar los Pasos fue una de las cosas más difíciles, pero increíbles que he hecho jamás. Experimenté mucha interferencia, como confusión y dolores de cabeza, pero fue increíble tener al Espíritu Santo para revelarme todas las cosas a las que tenía que renunciar. Cuando oré y le pedí a Dios que me recordara los pecados de mis antepasados, me impresionó todo lo que surgió. ¡Ni siquiera conozco a mis antepasados! Después le pregunté a mi madre acerca de las cosas que me vinieron a la mente durante la sesión, y ella me confirmó que mi familia había estado involucrada en ellas. Me sorprendió cómo el Espíritu Santo reveló la verdad.

Después de hacer los Pasos, mi mente se quedó en silencio por completo. Fue maravilloso. No había pensamientos atormentadores. Tenía una paz total. Quería llorar de gozo. Después de eso no tuve miedo de estar sola, y las pesadillas desaparecieron. No tuve que volver a encender la radio ni la televisión para ahogar los terribles pensamientos. Podía sentarme en silencio y estar tranquila.

Vivimos en un mundo hostil, y la mejor manera de estar bajo la autoridad protectora de Dios es desarrollar un espíritu sumiso y un corazón de siervo. «Sométase toda persona a las autoridades que gobiernan; porque no hay autoridad sino de Dios, y las que existen, por Dios son constituidas» (Romanos 13:1). Satanás se rebeló contra Dios y tienta a otros para que hagan lo mismo, como lo hizo con Eva. Por eso incluimos el paso «Rebelión contra sumisión» al final de este capítulo. «Porque la rebelión es como pecado de adivinación, y la desobediencia, como iniquidad e idolatría» (1 Samuel 15:23).

## Preguntas para la discusión

1. ¿Cómo empezó el reino de las tinieblas?
2. ¿Cómo ha afectado al mundo el reino de las tinieblas?
3. ¿Es la guerra espiritual un tema principal en la Biblia? Sí o no, ¿por qué?
4. ¿Cuáles son los límites y la envergadura de la autoridad y el poder de todo creyente?
5. ¿Por qué Satanás trata de amedrentarnos?
6. ¿Alguna vez has tenido una pesadilla o un ataque de terror, o te han despertado de repente a las tres de la mañana? ¿Cómo lidiaste con eso? ¿Cómo debes afrontarlo si vuelve a suceder?
7. ¿Qué trata de lograr Satanás en cada uno de los tres canales de tentación?
8. ¿Por qué el engaño es la artimaña más peligrosa de todas?
9. ¿De dónde crees que vienen las «voces» que escucha la gente, y cuál es el origen de los pensamientos blasfemos, condenatorios y acusadores?
10. ¿Cómo podemos saber si un pensamiento es nuestro o si viene de un espíritu engañador?

## Los pasos hacia la libertad en Cristo

### Rebelión contra sumisión

Vivimos en tiempos de rebeldía. Muchas personas actúan como jueces con quienes tienen autoridad sobre ellas, y solo se someten cuando es conveniente, o lo hacen por temor y no porque quieran hacerlo. La Biblia nos instruye a orar por los que están en autoridad sobre nosotros (1 Timoteo 2:1-2) y de someternos a las autoridades que gobiernan (Romanos 13:1-7). La rebelión contra Dios y su autoridad establecida nos deja vulnerables espiritualmente. La única vez que Dios nos permite desobedecer a los líderes terrenales es cuando nos exigen hacer algo malo desde el punto de vista moral, o tratan de gobernar fuera del ámbito de su autoridad. Para tener un espíritu sumiso y un corazón de siervo, haz la siguiente oración:

> *Querido Padre celestial:*
> *Tú dices que la rebelión es como el pecado de adivinación, y la desobediencia como iniquidad e idolatría. Sé que no siempre he sido sumiso, sino que en mi corazón me he rebelado en actitud y hecho contra ti y contra quienes has puesto en autoridad sobre mí. Por favor, muéstrame todas las maneras en que he sido rebelde. Decido ahora adoptar un espíritu sumiso y un corazón de siervo. Te lo pido en el nombre de Jesús. Amén.* (Lee 1 Samuel 15:23).

Un acto de fe es confiar en Dios para que obre en nuestras vidas por medio de líderes poco menos que perfectos, pero eso es lo que Dios nos pide que hagamos. Si los que están en puestos de liderazgo y poder abusan de su autoridad y quebrantan las leyes diseñadas para proteger al inocente, tienes que pedir ayuda a una autoridad superior. Muchos gobiernos exigen que ciertos tipos de abuso se informen a las agencias gubernamentales. Si esa es tu situación, te instamos a que busques de inmediato la ayuda que necesitas.

Sin embargo, no des por sentado que alguien en autoridad esté violando la Palabra de Dios solo porque te dijo que hicieras algo que no te gusta. Dios establece líneas específicas de autoridad para protegernos y dar orden a la sociedad. Lo que respetamos es la posición de autoridad. Sin las autoridades gubernamentales, cada sociedad sería un caos.

De la lista a continuación, permite que Dios te muestre las formas específicas cuando fuiste rebelde, y usa la siguiente oración para confesar los pecados que Él te traiga a la mente.

__ Gobierno civil (incluyendo las leyes de tránsito e impuestos, la actitud frente a los funcionarios del gobierno) (Romanos 13:1-7; 1 Timoteo 2:1-4; 1 Pedro 2:13-17)

__ Padres, padrastros o tutores legales (Efesios 6:1-3)

__ Maestros, entrenadores o funcionarios escolares (Romanos 13:1-4)

__ Patrones (pasados y presentes) (1 Pedro 2:18-23)

__ Esposo (1 Pedro 3:1-4) o esposa (Efesios 5:21; 1 Pedro 3:7) [Nota a los esposos: Pregúntale al Señor si tu falta de amor por tu esposa quizá esté promoviendo un espíritu rebelde en ella. Si es así, confiésalo como una violación de Efesios 5:22-33].

__ Líderes de la iglesia (Hebreos 13:7)

__ Dios (Daniel 9:5, 9)

Por cada una de estas maneras en que fuiste rebelde, usa la siguiente oración para confesar ese pecado en específico:

*Padre celestial:*
*Confieso que he sido rebelde hacia expresa el nombre o cargo al confiesa de manera específica lo que hiciste o dejaste de hacer. Gracias por tu perdón. Decido ser sumiso y obediente a tu Palabra. Te lo pido en el nombre de Jesús. Amén.*

## Capítulo siete

# El temor a Dios

El Señor dijo también a Moisés: Ve al pueblo y conságralos
hoy y mañana, y que laven sus vestidos; y que estén
preparados para el tercer día, porque al tercer día el Señor
descenderá a la vista de todo el pueblo sobre el monte
Sinaí. Y pondrás límites alrededor para el pueblo, y dirás:
«Guardaos de subir al monte o tocar su límite; cualquiera
que toque el monte, ciertamente morirá. Ninguna mano lo
tocará, sino que será apedreado o asaeteado; sea animal o
sea hombre, no vivirá». Cuando suene largamente la bocina
ellos subirán al monte [...] Y aconteció que al tercer día,
cuando llegó la mañana, hubo truenos y relámpagos y una
densa nube sobre el monte y un fuerte sonido de trompeta;
y tembló todo el pueblo que estaba en el campamento.

*Éxodo 19:10-13,16*

La introducción de la ley de Moisés vino con un poco de fanfarria,
¡y fue eficaz! Nadie les tuvo que enseñar a esa gente el temor a
Dios, y lo cierto es que nadie dudaba de su existencia. Cuando
«el sonido de la trompeta aumentaba más y más» (Éxodo 19:19),
nadie puso a prueba el límite por temor al Señor. El temor puede
ser un método eficaz para evitar que la gente traspase la línea. Las
leyes no valen nada si no existen consecuencias por no cumplirlas.
En este pasaje de Éxodo, Dios hizo un pacto entre sí mismo y los
israelitas. «Ahora pues, si en verdad escucháis mi voz y guardáis mi
pacto, seréis mi especial tesoro entre todos los pueblos, porque mía
es toda la tierra; y vosotros seréis para mí un reino de sacerdotes y
una nación santa» (versículos 5-6). Al estar de acuerdo en cumplir
la ley, ratificaron el pacto, el cual era condicional. «Si en verdad
escucháis mi voz y guardáis mi pacto...». ¿Seguirían los israelitas

temiendo al Señor y obedeciendo sus mandamientos? Algunos sí, pero la mayoría no. Entonces, Dios envió profetas para confrontar su desobediencia y llamarlos de regreso a Él, pero a muchos de los profetas los ignoraron y ridiculizaron, y hasta a algunos los apedrearon hasta la muerte.

Moisés fue el autor del Pentateuco, los primeros cinco libros del Antiguo Testamento. Así que conocía la historia de la creación, la caída y la desobediencia, que comenzó con Adán y que continuaba hasta su día. El pecado separó a Adán y Eva de Dios, que es santo y justo, pero Él es también misericordioso y de inmediato puso un plan en marcha para deshacer las obras de Satanás. «El Señor Dios dijo a la serpiente: Por cuanto has hecho esto, maldita serás más que todos los animales, y más que todas las bestias del campo; sobre tu vientre andarás, y polvo comerás todos los días de tu vida. Y pondré enemistad entre tú y la mujer, y entre tu simiente y su simiente; él te herirá en la cabeza, y tú lo herirás en el calcañar» (Génesis 3:14-15).

Así comenzó la batalla terrenal entre el bien y el mal. Habría enemistad entre la simiente de Satanás (los descendientes espirituales de Satanás; lee Juan 8:44 y Efesios 2:2) y la simiente de Eva (los que son parte de la familia de Dios). En la cruz «él», refiriéndose a Cristo, le daría un golpe mortal a la cabeza de Satanás en la cruz.

Sin embargo, hasta que no se le diera ese golpe fatal en la cabeza, el pueblo de Dios no tenía más remedio que seguir aplastando joroba tras joroba de la escurridiza serpiente. En cuanto se sofocaba una manifestación de maldad, se levantaría otra. En el Antiguo Testamento hubo avivamientos, como el de Ezequías, pero el reino de las tinieblas se extendió al igual que el cáncer. Al final, una célula cancerosa puede destruir todo un cuerpo, y esa es la naturaleza del pecado. «Un poco de levadura fermenta toda la masa» (1 Corintios 5:6). «Satanás, el cual engaña al mundo entero» (Apocalipsis 12:9), comenzó con Eva y continúa hasta el día de hoy. «Todo el mundo yace bajo el poder del maligno» (1 Juan 5:19), y lo ha estado desde que pecó Adán.

Cuando llegamos al capítulo seis de Génesis, «el Señor vio que era mucha la maldad de los hombres en la tierra, y que toda intención de los pensamientos de su corazón era solo hacer siempre el mal.

Y le pesó al SEÑOR haber hecho al hombre en la tierra, y sintió tristeza en su corazón» (versículos 5-6). Ese hubiera sido el final de la humanidad, «mas Noé halló gracia ante los ojos del SEÑOR» (versículo 8). Noé y sus descendientes se salvaron, pero los malvados perecieron en el diluvio (lee Génesis 7). A lo largo del tiempo del Antiguo Testamento, Dios se aseguró de que hubiera un remanente de personas piadosas, o al menos una, a fin de preservar la simiente de la mujer. Desesperado, Satanás trató de evitar el nacimiento del Mesías trabajando por medio de Faraón, quien ordenó la matanza de todos los hijos varones de las hebreas (Éxodo 1:16), y por medio de Herodes, en el tiempo del nacimiento de Jesús, al ordenar que se asesinara en Jerusalén a todos los niños varones menores de dos años (Mateo 2:16). No obstante, Dios preservó a Moisés (y, por lo tanto, a la nación de Israel) y lo puso en la corte de Faraón, y un ángel les avisó a José y María para que huyeran a Egipto. Las Escrituras trazan el linaje de Adán y Eva hasta el nacimiento de Jesús, el Redentor.

Pasaron generaciones después del diluvio, y el temor al Señor no permaneció. «Dijeron: Vamos, edifiquémonos una ciudad y una torre cuya cúspide llegue hasta los cielos, y hagámonos un nombre famoso, para que no seamos dispersados sobre la faz de toda la tierra» (Génesis 11:4). Dios vio la arrogancia y el orgullo del pueblo, y torció sus planes confundiendo el lenguaje y dispersándolos (versículos 7-8). Entonces, otra joroba de la serpiente vino a la superficie en el área del mar Muerto: «Y los hombres de Sodoma eran malos y pecadores contra el SEÑOR en gran manera» (Génesis 13:13). El juicio fue inevitable, y Abraham se preocupó porque Dios «[destruiría] al justo junto con el impío» (Génesis 18:23). Le preguntó a Dios si perdonaría a Sodoma y Gomorra si hubiera cincuenta personas justas. Dios dijo que lo haría, y entonces Abraham se tranzó por cuarenta y cinco, después por cuarenta, a continuación por treinta, luego por veinte y, al final, por diez, pero no se encontraron diez personas justas, y ese fue el final de Sodoma y Gomorra.

## Por qué los justos le temen a Dios

Los eruditos conservadores creen que los eventos del libro de Job tuvieron lugar alrededor de los tiempos de Abraham. Satanás, cuyo nombre significa «adversario», andaba vagabundeando por la tierra y se deslizó con los ángeles cuando estos se presentaron ante Dios. El Señor le dijo a Satanás: «¿Te has fijado en mi siervo Job? Porque no hay ninguno como él sobre la tierra, hombre intachable y recto, temeroso de Dios y apartado del mal». Satanás le respondió: «¿Acaso teme Job a Dios de balde?» (Job 1:8-9). El *acusador* sugirió que Job tenía motivos egoístas para servir a Dios, y que Dios puso un cerco de protección alrededor de él y de todo lo que tenía. «Entonces el SEÑOR dijo a Satanás: He aquí, todo lo que tiene está en tu poder; pero no extiendas tu mano sobre él» (versículo 12). Lo que es inmediatamente evidente aquí es que si bien Satanás puede causar estragos, Dios le limita su alcance.

Job sufrió mucho, pero es un ejemplo perdurable de paciencia y resiliencia. «Hermanos, tomad como ejemplo de paciencia y aflicción a los profetas que hablaron en el nombre del Señor. Mirad que tenemos por bienaventurados a los que sufrieron. Habéis oído de la paciencia de Job, y habéis visto el resultado del proceder del Señor, que el Señor es muy compasivo, y misericordioso» (Santiago 5:10-11).

El libro de Job plantea la cuestión antigua: «Si Dios es todopoderoso y omnipresente, ¿por qué sufre el justo?». No hay forma de responder esa pregunta si los únicos protagonistas son Dios y el hombre. Uno de los dos debe asumir la culpa, por eso los amigos de Job persistieron en que Job sufría por causa de su pecado. El libro de Job nos enseña que no todo el sufrimiento es a causa del pecado. Algunos en el pueblo de Dios sufren por causa de la justicia, como Job y muchos de los profetas. Sin embargo, para los que sufren de esa manera, Dios les hará bien al final. La fortuna de Job fue más que restaurada, y pudo mirar triunfante hacia el futuro: «Yo sé que mi Redentor vive, y al final se levantará sobre el polvo. Y después de deshecha mi piel, aun en mi carne veré a Dios» (Job 19:25-26).

Job era un hombre paciente, pero su paciencia era mínima comparada con la paciencia de Dios. ¿Por qué un Dios justo esperó tanto cuando Job solo veía maldad? Pedro nos da parte de la respuesta: «Amados, no ignoréis esto: que para el Señor un día es como mil años, y mil años como un día. El Señor no se tarda en cumplir su promesa, según algunos entienden la tardanza, sino que es paciente para con vosotros, no queriendo que nadie perezca, sino que todos vengan al arrepentimiento» (2 Pedro 3:8-9).

Un Dios justo no tolerará el pecado para siempre. Cortar el cáncer es lo adecuado si queremos salvar el resto del cuerpo. El juicio vendrá, y el pueblo de Dios podría estar presente cuando llegue a la tierra. Entonces, ¿qué pueden hacer? Dios le dijo a Salomón:

> Si cierro los cielos para que no haya lluvia, o si mando la langosta a devorar la tierra, o si envío la pestilencia entre mi pueblo, y se humilla mi pueblo sobre el cual es invocado mi nombre, y oran, buscan mi rostro y se vuelven de sus malos caminos, entonces yo oiré desde los cielos, perdonaré su pecado y sanaré su tierra (2 Crónicas 7:13-14).

Dios «convencerá al mundo de pecado, de justicia y de juicio» (Juan 16:8). No se nos dice que le pidamos esto a Dios. Lo que Él está buscando es creyentes justos que le pidan que retenga el juicio, permitiendo más tiempo para que los injustos se arrepientan:

> «Y el pueblo de la tierra ha practicado la opresión y ha cometido robo. Abusan del pobre y del necesitado, y oprimen sin derecho al extranjero. Busqué entre ellos un hombre que levantara el muro y que se pusiera en la brecha delante de mí, intercediendo por la tierra para que yo no la destruyera; pero no lo hallé. Por tanto, derramaré sobre ellos mi indignación; con el fuego de mi ira los consumiré. Haré recaer su conducta sobre sus propias cabezas», dice el SEÑOR Dios (Ezequiel 22:29-31, RVA-2015).

Mira la frase: «Derramaré sobre ellos mi indignación». Ellos segaron lo que habían sembrado. Entonces, al igual que ahora, la gente no solo duda de los caminos de Dios, sino que le culpan por las calamidades que ellos mismos crearon para sí. «La necedad del hombre le hace perder el rumbo, y para colmo su corazón se irrita contra el Señor» (Proverbios 19:3, nvi®). He aquí cómo responde Dios a eso:

> La casa de Israel dice: «El camino del Señor no es recto». ¿No son rectos mis caminos, oh casa de Israel? ¿No son vuestros caminos los que no son rectos? Por tanto, os juzgaré, a cada uno conforme a su conducta, oh casa de Israel —declara el Señor Dios—. Arrepentíos y apartaos de todas vuestras transgresiones, para que la iniquidad no os sea piedra de tropiezo. Arrojad de vosotros todas las transgresiones que habéis cometido, y haceos un corazón nuevo y un espíritu nuevo. ¿Por qué habéis de morir, casa de Israel? Pues yo no me complazco en la muerte de nadie —declara el Señor Dios—. Arrepentíos y vivid (Ezequiel 18:29-32).

Nuestro Dios misericordioso salvó a Noé, y habría salvado a Sodoma y Gomorra de haber habido diez personas justas. Sin embargo, hasta el día de hoy, Él espera hasta que el evangelio llegue a todas las naciones, «y entonces vendrá el fin» (Mateo 24:14). Muchos creyentes esperan que sea pronto, ¿pero cuántos tienen amigos, familiares y colegas que no conocen al Señor? Cuando Él vuelva, la puerta se cerrará.

## Con temor a Dios

El temor a Dios es un aviso urgente acerca del juicio que se aproxima para los malvados, pero también habla de su majestad, como estos pasajes proclaman con claridad:

> Nadie puede mirar el sol que resplandece entre las nubes, cuando pasa el viento y las despeja. Del norte viene un dorado esplendor; alrededor de Dios hay una temible majestad. El Todopoderoso, a quien no

podemos alcanzar, es sublime en poder y en justicia. Es grande en rectitud; no oprime. Por tanto, le temen los hombres (Job 37:21-24, RVA-2015),

Los que teméis al SEÑOR, alabadle; descendencia toda de Jacob, glorificadle, temedle, descendencia toda de Israel (Salmo 22:23).

Tema al SEÑOR toda la tierra; tiemblen en su presencia todos los habitantes del mundo. Porque Él habló, y fue hecho; Él mandó, y todo se confirmó. El SEÑOR hace nulo el consejo de las naciones; frustra los designios de los pueblos. El consejo del SEÑOR permanece para siempre, los designios de su corazón de generación en generación (Salmo 33:8-11).

¡Oh SEÑOR, SEÑOR nuestro, cuán glorioso es tu nombre en toda la tierra, que has desplegado tu gloria sobre los cielos! [...] Cuando veo tus cielos, obra de tus dedos, la luna y las estrellas que tú has establecido, digo: ¿Qué es el hombre para que de él te acuerdes, y el hijo del hombre para que lo cuides? (Salmo 8:1, 3-4).

Dios es maravilloso en majestad, gloria, esplendor y santidad. El idioma humano no es lo suficiente para describir la gloria del Señor. En el corazón de los que le temen a Él, hay un lenguaje silencioso de fe, una reverencia humilde ante Aquel que es mayor y más magnífico que uno mismo. Etán, el salmista, reveló que a Dios incluso lo veneran los seres espirituales que le rodean:

Los cielos, SEÑOR, celebran tus maravillas, y tu fidelidad la asamblea de los santos. ¿Quién en los cielos es comparable al SEÑOR? ¿Quién como él entre los seres celestiales? Dios es muy temido en la asamblea de los santos; grande y portentoso sobre cuantos lo rodean. ¿Quién como tú, SEÑOR Dios Todopoderoso, rodeado de poder y de fidelidad? (Salmo 89:5-8, NVI®).

La magnitud de su gloria y grandeza no disminuye con el tiempo. La familiaridad no provoca desdén por el Todopoderoso. Los seres celestiales que han estado en su presencia desde la creación no cesan de proclamar día y noche: «Santo, Santo, Santo, es el Señor Dios, el Todopoderoso, el que era, el que es y el que ha de venir» (Apocalipsis 4:8). Ningún mortal ha visto a Dios como lo han visto los ángeles, pero algunos han tenido una vista parcial de su gloria, y quedaron profundamente cambiados.

Moisés le pidió a Dios que le mostrara su gloria. Dios le dijo: «No puedes ver mi rostro; porque nadie puede verme, y vivir» (Éxodo 33:20), pero Dios sí hizo pasar su gloria por delante de él. Cuando descendió del monte para hablarle al pueblo, «la piel de su rostro resplandecía» (34:29), y el pueblo tuvo temor de acercársele. Moisés se puso un velo sobre la cara mientras la gloria se alejaba poco a poco (versículo 33).

Isaías también vio una manifestación de Dios:

> En el año de la muerte del rey Uzías vi yo al Señor sentado sobre un trono alto y sublime, y la orla de su manto llenaba el templo. Por encima de Él había serafines; cada uno tenía seis alas: con dos cubrían sus rostros, con dos cubrían sus pies y con dos volaban. Y el uno al otro daba voces, diciendo: Santo, Santo, Santo, es el Señor de los ejércitos, llena está toda la tierra de su gloria. Y se estremecieron los cimientos de los umbrales a la voz del que clamaba, y la casa se llenó de humo. Entonces dije: ¡Ay de mí! Porque perdido estoy, pues soy hombre de labios inmundos y en medio de un pueblo de labios inmundos habito, porque han visto mis ojos al Rey, el Señor de los ejércitos (Isaías 6:1-5).

El profeta Isaías, un hombre de Dios que adoraba en el templo, se vio cara a cara con su propio pecado en la presencia del Santo. Clamó con temor santo, como lo haríamos todos. Después que el temor de Dios lo sujetó, el amor perdonador de Dios lo tocó por medio de uno de sus ángeles: «Entonces voló hacia mí uno de los serafines con un carbón encendido en su mano, que había tomado del altar con las tenazas; y con él tocó mi boca, y dijo: He aquí, esto ha tocado tus labios, y es quitada tu iniquidad y perdonado tu pecado» (Isaías 6:6-7).

Hay dos conclusiones importantes de este pasaje. En primer lugar, si a alguno de nosotros lo llevaran a la plena presencia de Dios, al instante caería de bruces y sería consciente de cuán destituidos estamos de la gloria de Dios. El único pecado de que tuviéramos conciencia sería el nuestro. Entonces, viene el perdón. ¿Cómo no venir a su presencia con acción de gracias? En segundo lugar, a los serafines no los obligaban a adorar a Dios, y a nosotros tampoco. Cuando vemos una hermosa puesta de sol, no estamos obligados a reconocer su belleza, pero podemos hacerlo de forma voluntaria.

Recuerdo la vez en que estuve de pie ante el General Sherman y el General Grant, que son dos de los gigantescos árboles secoya más grandes del mundo. Hicieron falta veinticinco hombres parados en círculo a fin de rodear con sus brazos el tronco del General Sherman. Solo me quedé allí mirando maravillado. Desde luego, no dije: «Te adoro». En su lugar, dije: «¡Es inmenso! ¡Qué árbol tan grande!». Yo estaba proclamando sus atributos.

Adorar a Dios es conferirle sus atributos divinos. Si estuviéramos frente a su total presencia, no podríamos hacer otra cosa. La adoración a Dios fluye con naturalidad de nosotros durante tiempos de avivamiento personal. Hemos visto el amor y la gratitud a Dios fluir de quienes se han arrepentido de manera genuina al hacer los Pasos cuando se dan cuenta de que son libres, perdonados, amados y están seguros en los brazos de Jesús.

Algunas traducciones de la Biblia sustituyen la palabra «reverencia» por temor. Es cierto, debemos reverenciar a Dios y asombrarnos por Él, pero temer a Dios denota algo más que una simple reverencia. Tal reverencia debe guiarnos a ocuparnos de nuestra «salvación con temor y temblor; porque Dios es quien obra en [nosotros] tanto el querer como el hacer, para su beneplácito» (Filipenses 2:12-13).

«El principio de la sabiduría es el temor del Señor, y el conocimiento del Santo es inteligencia» (Proverbios 9:10). La persona que

busca primero el reino de Dios y su justicia es sabia, pues recibirá
todo lo que necesita (Mateo 6:33). El hombre sabio confía en el Señor de todo corazón, pues no se apoya en su propio entendimiento y reconoce a Dios en todos sus caminos, porque Él enderezará
su senda (Proverbios 3:5-6). Los que temen a Dios pueden ver el
mundo desde una perspectiva diferente. Los que no temen a Dios
ven una mujer bonita, pero el sabio ve a una prostituta y huye de
la inmoralidad (Proverbios 5:3-5). Los que temen a Dios pueden
ver a un lobo vestido de oveja (Mateo 7:15). Los que temen a Dios
moran a la sombra del Omnipotente, y Él los «libra del lazo del
cazador y de la pestilencia mortal» (Salmo 91:1, 3). Dios les abre
los ojos de los que le temen, como lo hizo con el siervo de Eliseo
cuando vio que el enemigo los rodeaba:

> Y cuando el que servía al hombre de Dios se levantó
> temprano y salió, he aquí que un ejército con caballos
> y carros rodeaba la ciudad. Y su criado le dijo: ¡Ah,
> señor mío! ¿Qué haremos? Y él respondió: No temas,
> porque los que están con nosotros son más que los que
> están con ellos. Eliseo entonces oró, y dijo: Oh SEÑOR,
> te ruego que abras sus ojos para que vea. Y el SEÑOR
> abrió los ojos del criado, y miró, y he aquí que el mon-
> te estaba lleno de caballos y carros de fuego alrededor
> de Eliseo (2 Reyes 6:15-17).

Nosotros tenemos más que ángeles a nuestro alrededor. «Ustedes son de Dios, y los han vencido [a los falsos profetas y espíritus
engañadores], porque el que está en ustedes es mayor que el que
está en el mundo» (1 Juan 4:4, RVA-2015). Este mundo caído puede
estar gobernado por Satanás y sus huestes de demonios, pero nosotros no. Dios es omnipresente y todopoderoso. Dios es el único objeto de temor legítimo, y los que ven al mundo según la perspectiva
de Dios lo saben. Cuando el mundo nos amenaza, las noticias de la
noche son todas malas y el diablo teje su red, «no digáis: "Es conspiración", a todo lo que este pueblo llama conspiración, ni temáis

lo que ellos temen, ni os aterroricéis. Al SEÑOR de los ejércitos es a quien debéis tener por santo. Sea Él vuestro temor, y sea Él vuestro terror. Entonces Él vendrá a ser santuario» (Isaías 8:12-14).

En el Antiguo Testamento, la palabra «santuario» hace referencia al tabernáculo de Moisés y más tarde al templo de Salomón. El santuario era el lugar donde Dios le manifestaba su presencia a su pueblo. Era un lugar santo de comunión con el Todopoderoso. Bajo la gracia de Dios, nuestro santuario está «en Cristo», que es una posición espiritual, no un lugar físico.

## Acerquémonos a Dios

Sería algo trágico si nos acercáramos a Dios solo para evitar el castigo. Nadie quiere acercarse a un fuego consumidor. Cuando estaba en séptimo grado (Neil), la escuela tenía un programa llamado «día de instrucción religiosa». Todos los martes se acortaban las clases para que los alumnos asistieran a la iglesia de su preferencia durante la última hora. No era obligatorio. Los alumnos podían ir si querían a la biblioteca y estudiar. Yo iba a la iglesia que era la elección de mi madre. Un hermoso día de otoño decidí escaparme y me fui al parque a jugar. Pensé que me había salido con la mía, pero no fue así. Al día siguiente, el director me llamó y me regañó con dureza. Su comentario final fue: «He hecho arreglos para que no vengas a la escuela el jueves y el viernes».

Me quedé espantado. ¡Me iban a expulsar de la escuela por dos días debido a que no asistí al día de instrucción religiosa! No quería decírselo a mis padres. Durante el viaje a casa en el autobús, pensé cómo me escaparía del castigo que temía que me esperaba. Podía fingir enfermarme esos dos días o partir a la escuela y pasar el día escondido por los matorrales. Al final, me di cuenta de que no podía escapar, y no tuve otra opción sino enfrentar la situación. Fui a mi madre porque pensé que en ella encontraría más misericordia. «Mamá», le dije, «me han expulsado dos días de la escuela porque me escapé del día de instrucción religiosa». Mi madre se sorprendió y pareció descorazonada al principio, después sonrió y me dijo: «Ah, Neil, olvidé decírtelo. El martes llamamos al director y le pedimos permiso para que estuvieras ausente el jueves y el viernes, y nos ayudes a recoger el maíz».

¿Me hubiera sentido tan aterrado por volver a casa y enfrentar a mis padres autoritarios de haber sabido que estaba excusado? Hubiera corrido a casa y los hubiera saludado con alegría. Muchos creyentes viven como si estuvieran caminando sobre vidrios o cáscaras de huevo, esperando que el martillo de Dios caiga sobre ellos. Cristianos, ¡el martillo ya cayó! Cayó sobre Cristo. Ya no somos «pecadores en manos de un Dios enojado», para citar el título de un sermón de Jonathan Edwards (1703-1758). Somos santos en las manos de un Dios amante que nos sacó de la oscuridad para llevarnos al reino de su amado Hijo. Nos han invitado a presentarnos con confianza ante su presencia (Efesios 3:12), «con corazón sincero, en plena certidumbre de fe, teniendo nuestro corazón purificado» (Hebreos 10:22). Si sabes eso y lo crees de veras, irías corriendo a los brazos de tu Padre celestial.

Zacarías tuvo una extraordinaria visión del sumo sacerdote Josué de pie ante el ángel del Señor con ropas sucias (3:1-3). Según la ley, los sacrificios se hacían como expiación por el pecado, y en el Día de la Expiación, el sumo sacerdote entraba en el Lugar Santísimo para hacer el sacrificio por todos los pecados de Israel. Nadie más se atrevía a entrar, y el sumo sacerdote se sometía a un riguroso ritual de limpieza ceremonial antes de entrar. Le ataban una cuerda a la pierna y cosían campanillas al manto, por temor a que le consumieran. La cuerda la usaban para halarlo si las campanillas dejaban de sonar. Venir a la presencia de Dios vestido de ropas sucias era señal de tragedia. No solo eso, sino que Satanás estaba de pie a la derecha de Josué para acusarlo. Entonces, sucedió algo excepcional:

> El Señor le dijo a Satanás: «Yo soy el Señor, y te reprendo a ti, Satanás. Yo he escogido a Jerusalén, y a este hombre lo he rescatado del fuego como a un tizón. Por eso yo, el Señor, te reprendo». Como Josué estaba delante del ángel, y su ropa estaba muy sucia, el ángel ordenó a los que estaban a su servicio: «¡Quítenle esa

176    LIBÉRATE DEL TEMOR

ropa tan sucia!». Y a Josué le dijo: «Date cuenta de que
ya te he limpiado de tu pecado, y de que te he vestido
con ropas de gala» (Zacarías 3:2-4, RVC).

¿No eres tú un hijo de Dios rescatado del fuego del infierno?
¿No te vistieron con su justicia? Considera el tribunal supremo en
el cielo. Dios, nuestro Padre, es el juez. Satanás es el fiscal, y Jesús,
nuestro abogado defensor. No creo que vayamos a perder este caso.
«Él también es poderoso para salvar para siempre a los que por
medio de Él se acercan a Dios, puesto que vive perpetuamente para
interceder por ellos» (Hebreos 7:25). El veredicto ya se dictó: No
culpable. Perdonado. Vestido de su justicia.

## Un Nuevo Pacto

El autor de la carta a los hebreos pinta un cuadro poderoso de
nuestra relación bajo la gracia, en contraste a la aversión aterroriza-
dora de Dios que Moisés y los israelitas experimentaron bajo la ley:

> Ustedes no se han acercado a aquel monte que se po-
> día tocar y que ardía en llamas, ni tampoco a la oscu-
> ridad, a las tinieblas y a la tempestad, ni al sonido de
> la trompeta, ni a la voz que hablaba, y que quienes
> la oyeron rogaban que no les hablara más porque no
> podían sobrellevar lo que se les ordenaba: «Incluso si
> una bestia toca el monte, será apedreada o atravesada
> con una lanza». Lo que se veía era tan terrible, que
> Moisés dijo: «Estoy temblando de miedo». Ustedes,
> por el contrario, se han acercado al monte de Sión, a
> la celestial Jerusalén, ciudad del Dios vivo, y a una in-
> contable muchedumbre de ángeles, a la congregación
> de los primogénitos que están inscritos en los cielos, a
> Dios, el Juez de todos, a los espíritus de los justos que
> han sido hechos perfectos, a Jesús, el Mediador del
> nuevo pacto, y a la sangre rociada que habla mejor que
> la de Abel (Hebreos 12:18-24, RVC).

Cualquier iglesia que amenace a los hijos de Dios con el fuego del infierno y la condenación, aplicando la ley, no es una iglesia bajo el Nuevo Pacto. Es más, si tú no estás bajo la gracia de Dios, no eres iglesia, punto. «Es evidente que por la ley ninguno se justifica para con Dios, porque "El justo por la fe vivirá"» (Gálatas 3:11, RVC). Y debe ser evidente a todos los creyentes, pero todavía el legalismo plaga las iglesias. Debemos siempre recordar estas verdades:

- «Concluimos que el hombre es justificado por la fe aparte de las obras de la ley» (Romanos 3:28).
- «Habiendo sido justificados por la fe, tenemos paz para con Dios por medio de nuestro Señor Jesucristo» (Romanos 5:1).
- «No hay ahora condenación para los que están en Cristo Jesús» (Romanos 8:1).
- «La ley fue dada por medio de Moisés; la gracia y la verdad fueron hechas realidad por medio de Jesucristo» (Juan 1:17).

Tememos a Dios, pero no le tenemos miedo. «En el amor no hay temor, sino que el perfecto amor echa fuera el temor, porque el temor involucra castigo, y el que teme no es hecho perfecto en el amor» (1 Juan 4:18). Juan no dijo que no existe el temor a Dios. Sin embargo, como Dios es amor, ya no le tememos al castigo por nuestros pecados. El castigo que merecíamos cayó sobre Cristo.

Vivir bajo el Nuevo Pacto no significa que ya no tengamos el temor a Dios. El temor primordial desapareció, pero continúa la limpieza de Dios. «Por tanto, amados, teniendo estas promesas, limpiémonos de toda inmundicia de la carne y del espíritu, perfeccionando la santidad en el temor de Dios» (2 Corintios 7:1). A Dios le interesa más la pureza de la iglesia que el crecimiento de la iglesia, porque la pureza de la iglesia es un requisito para el crecimiento de la iglesia y para que lleve fruto. «Ahora Él os ha reconciliado en su cuerpo de carne, mediante su muerte, a fin de presentaros santos, sin mancha e irreprensibles delante de Él» (Colosenses 1:22). El escritor de Hebreos expresa lo que la iglesia puede esperar y cuál debe ser nuestra respuesta:

> Tengan cuidado de no rechazar al que habla, pues,
> si no escaparon aquellos que rechazaron al que los

amonestaba en la tierra, mucho menos escaparemos nosotros si le volvemos la espalda al que nos amonesta desde el cielo. En aquella ocasión, su voz conmovió la tierra, pero ahora ha prometido: «Una vez más haré que se estremezca no solo la tierra, sino también el cielo». La frase «una vez más» indica la transformación de las cosas movibles, es decir, las creadas, para que permanezca lo inconmovible. Así que nosotros, que estamos recibiendo un reino inconmovible, seamos agradecidos. Inspirados por esta gratitud, adoremos a Dios como a él le agrada, con temor reverente, porque nuestro «Dios es fuego consumidor» (Hebreos 12:25-29, nvi®).

La gente siempre batallará con el miedo y la ansiedad si su confianza está puesta en algo que puede estremecerse. Cuando Dios estremece al mundo, ¡esa gente se estremece junto con él! Al estremecer al mundo, Dios sacude los barrotes de nuestra «jaula del miedo», exponiendo nuestras inseguridades. ¿Por qué? Para que entendamos que hemos sido prisioneros de nuestros propios temores y ansiedades, y nos volvamos a Dios, el único que nos puede traer libertad.

## El trono del juicio de Cristo

Pablo se dirigía a los creyentes cuando escribió: «Todos compareceremos ante el tribunal de Dios [...] De modo que cada uno de nosotros dará a Dios cuenta de sí mismo» (Romanos 14:10, 12). Esto no es juicio por nuestros pecados, puesto que ya nos perdonaron de todos nuestros pecados y recibimos nueva vida juntamente con Cristo (Efesios 2:4-5). Jesús «anuló el acta que había contra nosotros, que por sus decretos nos era contraria, y la ha quitado de en medio al clavarla en su cruz» (Colosenses 2:14, rva-2015). El juicio final de los creyentes será una evaluación de nuestras obras de servicio en la tierra, y Dios nos otorgará varios grados de recompensa:

Nadie puede poner otro fundamento que el que ya está puesto, el cual es Jesucristo. Ahora bien, si sobre este fundamento alguno edifica con oro, plata, piedras preciosas, madera, heno, paja, la obra de cada uno se hará evidente; porque el día la dará a conocer, pues con fuego será revelada; el fuego mismo probará la calidad de la obra de cada uno. Si permanece la obra de alguno que ha edificado sobre el fundamento, recibirá recompensa. Si la obra de alguno es consumida por el fuego, sufrirá pérdida; sin embargo, él será salvo, aunque así como por fuego (1 Corintios 3:11-15).

Nuestro destino eterno se decidió en el momento en que nacimos de nuevo, pero la manera en que pasaremos la eternidad se juzgará según nuestra fidelidad. Lo que hagamos en la carne no durará. Lo que hagamos para nuestra propia gloria, en nuestras propias fuerzas, se quemará. Lo que hagamos para la gloria de Dios es como oro, plata y piedras preciosas. Estas soportarán la prueba del fuego, y recibiremos la recompensa. Saber que vamos a rendirle cuentas a Dios es una fuerza motivadora:

Estemos presentes o ausentes, nuestro anhelo es serle agradables. Porque es necesario que todos nosotros comparezcamos ante el tribunal de Cristo para que cada uno reciba según lo que haya hecho por medio del cuerpo, sea bueno o malo. Conociendo, entonces, el temor del Señor, persuadimos a los hombres; pues a Dios le es manifiesto lo que somos, y espero que también lo sea a sus conciencias (2 Corintios 5:9-11, RVA-2015).

Cuando era niño (Rich), admiraba mucho a mi padre. Era una persona que imponía la disciplina con amor. Mi padre cobraba su salario en efectivo y se lo daba a mi madre, la contadora de la familia. Una noche vi el rollo de billetes de veinte dólares y, en silencio, tomé uno cuando nadie estaba mirando. Encontré un sobre blanco, puse allí el dinero y lo llevé a los matorrales donde jugaba a menudo. Arrastré el sobre en la tierra para que pareciera que había estado allí por algún tiempo. Entonces, corrí a casa y anuncié el tesoro que había «encontrado». Mi madre se alegró por mí, y me animó a que usara el dinero sabiamente.

Nunca pensé que mi conciencia me traicionaría. Me sentí de mal en peor. ¿Cómo pude haberles robado a mis propios padres? ¿Cómo pude traicionar la confianza que tenían en mí? Me sentía como un miserable. No quería mirarles a la cara porque me sentía avergonzado, pero sabía que debía hacerlo. Cuando me acerqué a mi padre, estallé en llanto y confesé mi crimen. Él me rodeó con sus brazos y me abrazó. Todavía recuerdo la dulzura de ser aceptado a pesar de haberles robado y mentido. Luego, mi padre dijo: «Hijo, tu madre y yo sabíamos que el dinero que dijiste haber encontrado lo habías robado. Solo estábamos esperando que nos lo dijeras». Eso fue todo. Las represas de lágrimas se abrieron de par en par. Me hice el propósito de no hacer nunca más algo semejante.

## El amor y la disciplina

El castigo es retroactivo. Es «ojo por ojo y diente por diente». La disciplina, por su parte, se orienta hacia el futuro. Que te castiguen por hacer algo malo es muy diferente a que te disciplinen para desarrollar el carácter y mejorar el comportamiento futuro. «El Señor disciplina al que ama y castiga a todo el que recibe como hijo [...] Si están sin la disciplina de la cual todos han sido participantes, entonces son ilegítimos, y no hijos» (Hebreos 12:6, 8, rva-2015). «Él nos disciplina para nuestro bien, para que participemos de su santidad. Al presente ninguna disciplina parece ser causa de gozo, sino de tristeza; sin embargo, a los que han sido ejercitados por medio de ella, les da después fruto apacible de justicia» (Hebreos 12:10-11). La obra purificadora de Dios no debe *alejarnos* de Él atemorizados, sino hacernos correr *hacia* Él en fe. No queremos vernos delante de Dios un día y lamentar nuestra vida. Anhelamos ver a Jesús cara a cara y oírle decir: «Bien, siervo bueno y fiel; en lo poco fuiste fiel, sobre mucho te pondré; entra en el gozo de tu señor» (Mateo 25:21).

Amar a Dios y temer a Dios no son mutuamente excluyentes. ¿Amas a alguien que siempre es sincero? ¿Amas a alguien lo bastante grande para protegerte de tus enemigos? ¿Amas a alguien que tiene la posibilidad y el deseo de proveer para todas tus necesidades? ¿Amas a alguien que te perdona cuando pecas, te acepta tal y como eres, y te ama de manera incondicional? ¿Amas a alguien que te asegura que la justicia prevalecerá al final? ¿Amas a alguien que se presta como voluntario para cumplir tu sentencia cuando te declaran culpable? ¿Amas a alguien que te ame lo suficiente para disciplinarte a fin de que no te pierdas las recompensas? ¿Amas a alguien que te hace libre y te permite ser todo para lo que te crearon? Imagínate que ese Alguien es tan santo y majestuoso que para experimentar la totalidad de su presencia necesitarías un cuerpo resucitado, y todos los que tienen el privilegio de verle no pueden dejar de cantar sus alabanzas. «Porque como están de altos los cielos sobre la tierra, así es de grande su misericordia para los que le temen [...] Como un padre se compadece de sus hijos, así se compadece el Señor de los que le temen» (Salmo 103:11, 13).

Para comprender cómo el temor a Dios es el único temor que puede expulsar los demás temores, lee el siguiente extracto de una carta de un psiquiatra y profesor de Psicología, el Dr. Philip B. Marquart, al Dr. David Howard, escrita después de un avivamiento en Wheaton College en 1950:

> Ahora, aquí están algunos hechos sorprendentes [resultado del avivamiento] [...] Varias docenas de casos de problemas emocionales se desvanecieron durante el avivamiento. Perdí todas mis entrevistas de consejería estudiantil. Uno a uno venía y declaraba que se había curado. Así que solo les pedí que volvieran una vez más para dar su testimonio, los cuales escribí en mi libreta de notas sobre el avivamiento. Esto significa que si tuviéramos un avivamiento continuo en todo el mundo, los creyentes necesitarían mucho menos ayuda psiquiátrica de lo que la necesitan ahora. Comencé a preguntarme si el Señor no estaba rechazando (al menos para mí) cualquier idea de psiquiatría.

Entonces, comencé a recibir una avalancha de nuevos pacientes. La mayoría estaban convencidos, y en la convicción es posible cualquier tipo de anormalidad mental, siempre que se resistan.

Un estudiante que se había burlado del avivamiento se vio acosado por una grave fobia: el temor de que pudiera contraer epilepsia. Esta fobia fue el castigo de sus burlas. Ningún método secular le resultaba.

Al final, lo dirigí a que se lo confesara al Señor. Aquí se resistió. Para empezar, se burló del avivamiento porque estaba en contra de la confesión. Tan pronto como confesó, le abandonó la fobia[1].

Tú puedes tener tu propio avivamiento ahora mismo si completas en oración los Pasos hacia la libertad en Cristo. El último Paso cierra este capítulo.

## Preguntas para la discusión

1. ¿Cuál es la conexión entre la ley y el temor a Dios?
2. ¿Por qué debe venir el juicio? ¿Por qué Dios espera tanto?
3. ¿Por qué la mayoría de la gente no le teme a Dios?
4. ¿Qué podemos aprender de Job?
5. ¿Por qué la gente culpa a Dios por sus propios errores?
6. ¿Qué significa adorar a Dios y cómo podemos hacerlo siempre?
7. ¿Cómo el temor a Dios es el principio de la sabiduría?
8. ¿Por qué algunos huyen de Dios y otros corren hacia Él? ¿Cuál es la diferencia fundamental entre estas dos clases de personas?
9. ¿Cómo el Nuevo Pacto cambia nuestra orientación hacia Dios?
10. ¿Cuál es la diferencia entre el castigo y la disciplina? ¿Cómo y por qué nos disciplina Dios?

## Los pasos hacia la libertad en Cristo

### Maldiciones contra bendiciones

La Biblia declara que las iniquidades de una generación pueden visitarlas hasta la tercera y cuarta generaciones de los que aborrecen a Dios, pero las bendiciones de Dios se derramarán sobre miles de generaciones de quienes le aman y obedecen (Éxodo 20:4-6). Las iniquidades de una generación pueden afectar generaciones futuras de manera negativa, a menos que renuncies a esos pecados y reclames tu nueva herencia espiritual en Cristo. Este ciclo de abuso y todas sus influencias negativas los podemos detener a través de un arrepentimiento genuino. Tú no eres culpable de los pecados de tus antepasados, pero sí te han afectado por su influencia. Jesús dijo que después que nos preparemos bien, seremos como nuestros maestros (Lucas 6:40), y Pedro escribió: «Fuisteis redimidos de vuestra vana manera de vivir heredada de vuestros padres» (1 Pedro 1:18). Pídele al Señor que te revele los pecados de tus antepasados, después renuncia a ellos como sigue:

> *Querido Padre celestial:*
> *Revélale a mi mente todos los pecados de mis antepasados que se hayan transmitido por las líneas familiares. Como una nueva criatura en Cristo, quiero experimentar mi libertad de esas influencias y andar en mi nueva identidad como hijo de Dios. Te lo pido en el nombre de Jesús. Amén.*

Escucha con atención lo que te puede revelar el Espíritu Santo y confecciona una lista de todo lo que te venga a la mente. Dios puede revelarte prácticas religiosas de sectas y ocultismo de tus antepasados, prácticas de las que no estabas al tanto. Además, cada familia tiene casos de enfermedades físicas y mentales, divorcios, pecados sexuales, ira, depresión, miedo, violencia, abuso, etc. Cuando no se te ocurra nada más, concluye con esto:

> *Señor, renuncio a <u>nombra todos los pecados de la familia que Dios te traiga a la mente</u>.*

No podemos tomar con pasividad nuestro lugar en Cristo; de manera activa e intencional, debemos optar por someternos a Dios y resistir al diablo, y entonces, el diablo huirá de nosotros (Santiago 4:7). Completa este paso final en voz alta con la declaración y la oración siguientes:

## Declaración

*Aquí y ahora rechazo y desautorizo todos los pecados de mis antepasados. Como alguien liberado del dominio de las tinieblas y traspasado al reino del Hijo de Dios, me declaro libre de esas influencias dañinas. Ya no estoy «en Adán». Ahora estoy vivo «en Cristo». Por lo tanto, soy el beneficiario de las bendiciones de Dios sobre mi vida al decidir amarlo y obedecerlo. Como alguien que ha sido crucificado y resucitado con Cristo, y que está sentado con Él en los lugares celestiales, renuncio a todos y cada uno de los ataques satánicos y a toda flecha lanzada contra mí y mi ministerio. Cada maldición dicha contra mí se rompió cuando Cristo se hizo maldición por mí al morir en la cruz (Gálatas 3:13). Rechazo todas y cada una de las formas en las que Satanás podría alegar ser mi dueño. Pertenezco al Señor Jesucristo, quien me compró con su preciosa sangre. Me declaro que estoy entregado de manera total y eterna al Señor Jesucristo. Por lo tanto, habiéndome sometido a Dios, ahora por su autoridad resisto al diablo, y le ordeno a todo enemigo del Señor Jesucristo que salga de mi presencia. Al ponerme la armadura de Dios, me paro firme en contra de las tentaciones, acusaciones y engaños de Satanás. Desde este día en adelante, procuraré hacer solo la voluntad de mi Padre celestial.*

## Oración

*Querido Padre celestial:*
*Vengo a ti como tu hijo, redimido de la esclavitud del pecado por la sangre del Señor Jesucristo. Tú eres el Señor*

*del universo y el Señor de mi vida. Someto mi cuerpo a
ti como sacrificio vivo y santo. Glorifícate por medio de
mi cuerpo y mi vida. Ahora te pido que me llenes de tu
Espíritu Santo. Me comprometo a la renovación de mi
mente, a fin de que pueda comprobar que tu voluntad es
buena, agradable y perfecta para mí. Nada deseo más que
ser como tú. Oro, creo y hago todo esto en el maravilloso
nombre de Jesús, mi Señor y Salvador. Amén.*

## ¿Solución incompleta?

Una vez que termines los Pasos, cierra los ojos y siéntate en silencio durante un minuto o dos. ¿Está callada tu mente? La mayoría sentirá la paz de Dios y una mente clara. Un pequeño porcentaje de creyentes no lo sentirá, y casi siempre saben que todavía hay algunos asuntos pendientes con Dios. Si crees que fuiste sincero por completo con Dios y procesaste todos los Pasos lo mejor que te fue posible, ora de esta manera a Dios:

> *Querido Padre celestial:*
> *Deseo de todo corazón tu presencia, y te pido que le reveles
> a mi mente lo que me impide experimentarla. Te pido
> que me traslades al tiempo del trauma en mi vida y me
> muestres las mentiras que he creído. Te suplico que me
> concedas el arrepentimiento que lleva al conocimiento de
> la verdad que me hará libre. Te ruego con humildad que
> sanes mis emociones heridas. Te lo pido en el nombre de
> Jesús. Amén.*

Si nada nuevo surge, no uses tu tiempo tratando de averiguar lo que está mal contigo. Solo tienes la responsabilidad de lidiar con lo que conoces. En su lugar, comprométete a encontrar lo *bueno* que hay en ti (es decir, quién eres en Cristo). Algunos creyentes pueden sentir una nueva libertad y, luego, días o semanas después, comienzan a luchar otra vez. A quienes han sufrido traumas severos, lo más probable es que Dios les esté revelando algo más de su pasado con lo que tienen que lidiar. Dios les revela una capa a la vez. Tratar de afrontar cada abuso en un entorno puede ser demasiado abrumador para algunos. Si nos mostramos fieles en las cosas pequeñas, Dios nos pondrá a cargo de cosas mayores (lee Mateo 25:21). Reclama tu lugar en Cristo con las siguientes declaraciones:

*Renuncio a la mentira de que soy rechazado, avergonzado y no amado. En Cristo, soy aceptado. Dios dice:*

Soy hijo de Dios (Juan 1:12).

Soy amigo de Cristo (Juan 15:15).

Me justificaron (Romanos 5:1).

Estoy unido con el Señor y soy uno en espíritu con Él (1 Corintios 6:17).

Me compraron por precio: Le pertenezco a Dios (1 Corintios 6:19-20).

Soy miembro del cuerpo de Cristo (1 Corintios 12:27).

Soy santo (Efesios 1:1).

Me adoptaron como hijo de Dios (Efesios 1:5).

Tengo acceso directo a Dios por medio del Espíritu Santo (Efesios 2:18).

Me redimieron y perdonaron todos mis pecados (Colosenses 1:14).

Estoy completo en Cristo (Colosenses 2:10).

*Renuncio a la mentira de que soy culpable, no tengo protección, estoy solo o abandonado. En Cristo estoy seguro. Dios dice:*

Soy libre de condenación (Romanos 8:1-2).

Tengo la seguridad de que todas las cosas cooperan para bien (Romanos 8:28).

Soy libre de toda acusación en mi contra (Romanos 8:31-34).

Nada podrá separarme del amor de Dios (Romanos 8:35-39).

Dios me confirmó, ungió y selló (2 Corintios 1:21-22).

Tengo la seguridad de que la buena obra que Dios comenzó en mí se perfeccionará (Filipenses 1:6).

Soy ciudadano del cielo (Filipenses 3:20).

Estoy escondido con Cristo en Dios (Colosenses 3:3).

No recibí el espíritu de cobardía, sino de poder, amor y dominio propio (2 Timoteo 1:7).

Puedo encontrar gracia y misericordia para la ayuda oportuna (Hebreos 4:16).

Soy nacido de Dios y el maligno no puede tocarme (1 Juan 5:18).

*Renuncio a la mentira de que no sirvo, soy inadecuado, estoy desamparado y sin esperanza. En Cristo, soy importante. Dios dice:*

Soy la sal de la tierra y la luz del mundo (Mateo 5:13-14).

Soy un sarmiento de la vid verdadera, Jesús, un canal de su vida (Juan 15:1, 5).

Soy un escogido y designado por Dios para llevar fruto (Juan 15:16).

Soy testigo personal de Cristo por el poder del Espíritu Santo (Hechos 1:8).

Soy templo de Dios (1 Corintios 3:16).

Soy ministro de reconciliación para Dios (2 Corintios 5:17-21).

Soy colaborador de Dios (2 Corintios 6:1).

Estoy sentado con Cristo en los lugares celestiales (Efesios 2:6).

Soy hechura de Dios, creado para buenas obras (Efesios 2:10).

Puedo venir ante Dios con libertad y confianza (Efesios 3:12).

Puedo hacer todas las cosas en Cristo que me fortalece (Filipenses 4:13).

No soy el gran «Yo Soy», pero soy quien soy por la gracia de Dios (lee Éxodo 3:14; Juan 8:24, 28, 58; 1 Corintios 15:10).

## Mantén tu libertad

Es emocionante que experimentes tu libertad en Cristo, pero lo que ganaste debes mantenerlo. Ganaste una batalla importante, pero la guerra continúa. Con el propósito de mantener tu libertad en Cristo y crecer como discípulo de Jesús en la gracia de Dios, debes continuar renovando tu mente con las verdades que se encuentran en la Palabra de Dios. Si eres consciente de las mentiras que has creído, renuncia a ellas y elije la verdad. Si salen a la superficie más recuerdos dolorosos, perdona a los que te ofendieron y renuncia a cualquier parte pecaminosa de tu parte. Muchas personas optan por hacer de nuevo *Los pasos hacia la libertad en Cristo* por su cuenta, a fin de asegurarse de que abordaron todos sus problemas. Con frecuencia, surgirán nuevos problemas. El proceso te puede ayudar a «limpiar la casa» con regularidad. Es común que, después de hacer los Pasos, la gente tenga pensamientos como: *Nada ha cambiado. Eres la misma persona que fuiste siempre. No resultó.* En la mayoría de los casos, debes pasar por alto tales pensamientos. No tenemos el llamado para echar fuera las tinieblas; tenemos el llamado para encender la luz. No te deshaces de los pensamientos negativos reprendiéndolos a todos, te deshaces de ellos arrepintiéndote y escogiendo la verdad.

En la introducción, te exhortamos a escribir las falsas creencias que surgieran durante los Pasos. Por los próximos cuarenta días, trabaja a través de esa lista diciendo en voz alta: «Renuncio a <u>las mentiras que has creído</u>, y declaro la verdad de que <u>lo que decidiste creer que es verdad al basarte en la Palabra de Dios</u>».

Te exhortamos a que leas *Victoria sobre la oscuridad* y *Rompiendo las cadenas*, si es que no lo has hecho ya, o que tomes el curso *Libertad en Cristo*. El devocionario de veintiún días *Caminando con libertad* se escribió para los que hicieron los Pasos. A fin de continuar creciendo en la gracia de Dios, te sugerimos lo siguiente:

1.  Echa fuera y destruye cualquier objeto relacionado con sectas o el ocultismo que tengas en tu hogar (lee Hechos 19:18-20).
2.  Sé parte de una iglesia donde se enseñe la verdad de Dios con bondad y gracia, e involúcrate en un grupo pequeño donde puedas ser sincero y auténtico.
3.  Cada día, lee y medita sobre las verdades de la Palabra de Dios.
4.  No permitas que tu mente sea pasiva, sobre todo en cuanto a lo que ves y escuchas (internet, música, televisión, etc.).

De manera activa, pon «todo pensamiento en cautiverio a la obediencia de Cristo» (2 Corintios 10:5).

5.  Sé un buen mayordomo de tu salud y desarrolla buenos hábitos de estilo de vida piadoso de descanso, ejercicio y una dieta adecuada.

6.  Haz la siguiente oración a diario por los próximos cuarenta días y las demás oraciones según sea necesario.

## Oración y declaración diarias

*Querido Padre celestial:*

*Te alabo y honro como mi Señor y Salvador. Tú tienes el control de todas las cosas. Gracias porque siempre estás conmigo y nunca me dejarás ni me abandonarás. Tú eres el único todopoderoso y el infinitamente sabio Dios. Tú eres bueno y amoroso en todos tus caminos. Te amo y te doy gracias porque estoy unido a Cristo y espiritualmente vivo en Él. Decido no amar al mundo ni las cosas del mundo, y crucifico la carne y todas sus pasiones. Gracias por la vida que ahora tengo en Cristo. Te pido que me llenes del Espíritu Santo, a fin de que me guíe y no lleve a cabo los deseos de la carne. Declaro mi total dependencia de ti, y me mantengo firme contra Satanás y todas sus formas de mentir. Decido creer las verdades en tu Palabra, sin importar lo que digan mis sentimientos. Me niego a estar desanimado; tú eres el Dios de toda esperanza. Nada es demasiado difícil para ti. Confío en que suplirás todas mis necesidades mientras procuro vivir de acuerdo a tu Palabra. Gracias porque puedo tener contentamiento y una vida responsable por medio de Cristo que me fortalece.*

*Ahora tomo mi posición contra Satanás, y le ordeno a él y a todos sus espíritus malignos que se alejen de mí. Decido ponerme toda la armadura de Dios para poder mantenerme firme contra todas las acechanzas del diablo. Someto mi cuerpo como sacrificio vivo y santo a ti, y decido renovar mi mente por tu Palabra viva. Al hacerlo, podré comprobar que tu voluntad es buena, agradable y perfecta para mí. Te lo pido en el nombre de mi Señor y Salvador Jesucristo. Amén.*

## Oración para la hora de dormir

*Señor:*
*Gracias por llevarme a tu familia y bendecirme con toda bendición espiritual en los lugares celestiales en Cristo Jesús. Gracias por este tiempo de renovación y refrigerio a través del sueño. Lo acepto como una de tus bendiciones para tus hijos, y confío en que guardarás mi mente y mi cuerpo mientras duermo. Como he pensado en ti y en tu verdad durante el día, decido dejar que esos buenos pensamientos continúen en mi mente mientras duermo. Me entrego a ti y a tu protección contra cualquier intento de Satanás y sus demonios de atacarme mientras estoy dormido. Guarda mi mente de pesadillas. Renuncio a todo miedo y echo toda ansiedad sobre ti. Me entrego a ti como mi roca, mi fortaleza y mi torre fuerte. Permite que tu paz se encuentre en este lugar de descanso. Te lo pido en el poderoso nombre del Señor Jesucristo. Amén.*

## Oración por la limpieza espiritual del hogar, apartamento o habitación

Después de sacar y destruir todos los objetos de adoración falsa, haz esta oración en voz alta en cada habitación:

*Querido Padre celestial:*
*Reconozco que eres el Señor del cielo y de la tierra. En tu amor y poder soberanos me confiaste muchas cosas. Gracias por este lugar donde vivir. Reclamo mi hogar como un lugar de seguridad espiritual para mí y mi familia, y te pido tu protección de todos los ataques del*

*enemigo. Como hijo de Dios, resucitado y sentado con Cristo en los lugares celestiales, les ordeno a todos los espíritus malignos que reclaman terreno en este lugar basados en las actividades de moradores presentes o pasados, incluyéndome a mí y a mi familia, que se vayan y no vuelvan nunca. Renuncio a todas las actividades demoníacas dirigidas contra este lugar. Te pido, Padre celestial, que pongas a tus santos ángeles alrededor de este lugar para protegerlo de cualquier intento del enemigo de entrar y perturbar tus propósitos para mí y mi familia. Gracias, Señor, por hacer esto en el nombre del Señor Jesucristo. Amén.*

## Oración para los que viven en un ambiente no cristiano

Después de sacar y destruir todos los objetos de adoración falsa de tu posesión, haz esta oración en voz alta en el lugar donde vives:

*Padre celestial:*
*Gracias por darme un lugar donde vivir y renovarme mientras duermo. Te pido que apartes mi habitación (o parte de esta) como un lugar de seguridad espiritual para mí. Renuncio a cualquier alianza dada a dioses o espíritus falsos por otros ocupantes. Renuncio a todo reclamo de Satanás de este lugar (o espacio) debido a las actividades de sus ocupantes, pasados o presentes, incluyéndome a mí. Basado en mi posición como hijo de Dios y coheredero con Cristo, quien tiene toda autoridad en el cielo y en la tierra, le ordeno a todo espíritu maligno que deje este lugar y nunca vuelva. Te ruego, Padre celestial, que estaciones a tus santos ángeles para que me protejan mientras viva aquí. Te lo pido en el poderoso nombre de Jesús. Amén.*

## Capítulo ocho

# Rompe las fortalezas del temor

Busqué al Señor, y Él me respondió, y me libró de todos mis temores. Los que a Él miraron, fueron iluminados; sus rostros jamás serán avergonzados. Este pobre clamó, y el Señor le oyó, y lo salvó de todas sus angustias. El ángel del Señor acampa alrededor de los que le temen, y los rescata.

*Salmo 34:4-7*

Imagínate vivir bajo el gobierno opresor de un imperio pagano y asistir a una sinagoga donde los fieles esperan al Salvador del mundo que se les ha prometido. Entonces, un sábado en Nazaret, uno de tus compatriotas se levanta para leer. Le dan un rollo de Isaías y lee:

El Espíritu del Señor Dios está sobre mí, porque me ha ungido el Señor para traer buenas nuevas a los afligidos; me ha enviado para vendar a los quebrantados de corazón, para proclamar libertad a los cautivos y liberación a los prisioneros; para proclamar el año favorable del Señor (Isaías 61:1-2).

Eso fue lo que Jesús hizo y leyó. «Y los ojos de todos en la sinagoga estaban fijos en Él. Y comenzó a decirles: Hoy se ha cumplido esta Escritura que habéis oído» (Lucas 4:20-21).

La introducción del Nuevo Pacto vino con menos fanfarria que la introducción del Antiguo Pacto. En lugar del temor al castigo, hubo esperanza para la libertad, ¿pero le creyó la gente a Jesús? ¿Le creemos nosotros?

## Del temor a la libertad

Si fuiste sincero con Dios y procesaste todos los Pasos al final de los capítulos anteriores, hay mucha probabilidad de que las heridas comenzaran a sanar, y te liberaras. Los Pasos no te liberan ni te sanan las heridas. Eso lo vino a hacer Jesús.

Resolver los conflictos personales y espirituales a través del arrepentimiento y la fe en Dios es el principio, no el fin. Todavía somos una obra en proceso y todavía debemos ser transformados por la renovación de nuestra mente. Algunos de los temores se aprendieron y deben desaprenderse. Confiar en nuestro propio entendimiento no nos permitirá llegar a la raíz de las mentiras detrás de algunas fobias. Lo reconocí (Rich) cuando traté de descubrir la base del temor que controlaba a mi hijo Brian.

—Brian ha estado actuando un poco raro últimamente —comentó mi esposa, Shirley, una vez que los niños abandonaron la habitación.

Podía ver que estaba preocupada. Acababa de regresar de un viaje del ministerio y estaba recibiendo la actualización habitual del «estado de la familia».

—¿De qué manera? —le pregunté, poniendo sobre la mesa la correspondencia que estaba revisando. Yo también estaba preocupado, ya que a veces nuestro pequeño de cinco años parecía ser vulnerable.

—Bueno, no ha querido comer nada dulce por varios días. Y cuando fue a casa de su amiguito, ni siquiera quiso tocar el helado. Al menos hasta que le dijeron que no tenía azúcar —me dijo riéndose un poco por el éxito que tuvieron para engañarlo.

—Parece que tiene miedo de comer azúcar. ¿Ha venido una higienista dental a la escuela o alguien por el estilo?

Al parecer, alguien había venido recientemente a su clase y les había hablado acerca de los «insectos de azúcar» y, por lo visto, eso lo atemorizó. Decidimos esperar a ver lo que sucedía. Esa noche, después de la cena, Brian se negó a comer la galletita que comieron los demás y optó por una banana.

«Sabes, Brian, las bananas también tienen azúcar. Azúcar natural. Es buena para tu salud. Es más, en estos días, casi todo tiene azúcar. Entonces, para evitar comer azúcar, ¡deberías dejar de comer!». Me reí cuando terminé con mi «inspirado» sermón, esperando que Brian se riera conmigo y se comiera la banana. Me viré para lavar los platos, pensando que ese sería el final de esta tontería del temor al azúcar. Todo parecía tonto. Después de todo, la mayoría de los padres estarían muy contentos de que su hijo de cinco años dejara de comer alimentos azucarados.

Más o menos un minuto después, capté un movimiento por el rabillo del ojo. No me di cuenta al principio, pero pronto me percaté de que fue Brian. Me viré para ver que no estaba en la mesa ni tampoco su postre. Miré en el cubo de la basura, y allí estaba la banana sin comer.

Un poco disgustado con la actitud de Brian, subí a su cuarto. Estaba sentado en la cama llorando. Con el corazón un poco más blando al ver lo disgustado que se encontraba, le pregunté:

—¿Qué te pasa, Brian? ¿Por qué no te comiste la banana?

—Tiene azúcar.

Frustrado por la irracionalidad del asunto, abandoné el cuarto, bajé y tomé una banana. La llevé a su cuarto con un «brillante» plan en la mente.

—Brian, no tienes nada que temer, mira lo que yo hago.

Cortando la banana por la mitad, le di un pedazo a él y me quedé con el otro.

—Papá se va a comer la mitad de la banana, y tú te comes la otra, ¿bien?

Sin embargo, esto no le impresionó. Mientras yo me comí con entusiasmo mi mitad, él, con mucha cautela, mordió un pedazo microscópico y lo escupió en seguida. Ya entonces yo estaba bastante molesto, pero todavía impávido. Formulé otro plan en mi mente. Volví a la cocina y tomé una barra de dulce. *Esto no lo va a poder resistir*, pensé.

Me equivoqué. Mientras me comía mi mitad, él solo me miraba con los ojos en blanco, y sostenía su mitad como si fuera un pepino con moho. Ya irritado, bajé de nuevo para encontrar a Shirley. Exasperado por completo, al final hice lo que debí haber hecho desde el principio.

«Shirley, necesitamos orar. El temor al azúcar de Brian es real y serio. Hay algo que anda muy mal. Ni siquiera quiso comer la barra de dulce que le di».

Mientras orábamos, confesé mi frustración. La paz de Dios volvió. Y también la sabiduría. El Señor me indicó que volviera y orara con Brian, buscando la raíz del problema, al igual que lo haría con un adulto.

El Señor se movió, y Brian estuvo mucho más calmado. Pudo recordar algunas de las cosas que le habían infundido el temor. Una por una, a la simple manera de un niño de cinco años, renunció a esos temores. Declaró: «¡Le digo que no al miedo de _____!». Nos vinieron a la mente las alturas, el fuego, las pesadillas y algunos otros temores típicos de los niños.

Contento por el progreso logrado, todavía estaba perplejo por su temor a los dulces.

—Brian, ¿por qué le tienes tanto miedo a comer azúcar?

—Porque me saldrán caries —contestó, conteniendo las lágrimas.

—No, no es así. Te lavaremos los dientes, y ese no será un problema.

Pude darme cuenta de que no estaba convencido.

—Brian, ¿sabes lo que es una carie?

Sacudió la cabeza, las lágrimas empezaron a rodar por sus mejillas. Esperaba que mi clara explicación de la naturaleza, origen y tratamiento de las caries sería suficiente. ¡Nada de eso! Así que oré por más sabiduría, y Dios me trajo la primera revelación que necesitábamos para ayudar a Brian a superar su miedo.

—Brian, ¿qué crees que sucedería si te sale una carie? —le pregunté, sintiendo que algo crítico estaba a punto de revelarse.

—Me voy a morir.

¡Bingo! El pobre chico se creyó la mentira de que azúcar era igual a carie e igual a muerte. ¡Con razón le tenía tanto miedo al azúcar! Había malinterpretado algo que le dijeron en la escuela.

Hice que Brian renunciara al temor a las caries, al temor de morir y también al espíritu de temor, afirmando que Dios no le había dado eso. Brian anunció que Dios le había dado poder, amor y dominio propio (2 Timoteo 1:7).

Sin embargo, ese no fue el final de la batalla. Al día siguiente, en la escuela, apenas probó su sándwich de mantequilla de cacahuete y mermelada. Shirley y yo oramos otra vez, esta vez por cualquier temor que nosotros, como padres, les hubiéramos pasado a nuestros hijos. Entonces, el Señor nos llevó a ayudar a Brian a enfrentar directamente su temor. El momento decisivo fue la noche después de cenar en la heladería local.

Pude darme cuenta de que Brian estaba nervioso cuando le dijimos que íbamos a salir para el postre. «No tengo deseos de postre», mintió, esperando que lo dejáramos tranquilo.

Al llegar, compré los helados, incluso un barquillo de vainilla para Brian (su preferido). Él observó en silencio mientras que todos atacamos con voracidad nuestros helados. Uno por uno le indiqué que sus hermanas, Michelle y Emily, al igual que mamá y papá, todos estábamos comiendo helado, y a ninguno nos había salido una carie. Ninguno había muerto. Aun así, su postre estaba ahí, las gotas del helado derretido sobre la mesa. Las «chicas» terminaron y salieron al baño. Sentí que debía presionar el asunto con mi hijo.

—Brian, sé que piensas que si comes algo con azúcar morirás. Solo hay una manera de saber si ese pensamiento que está en tu cabecita es verdad o mentira.

—¿Cuál es? —me preguntó, mirándome con sus ojitos tristes.

—Pruébalo.

Pocas veces he orado con tanto fervor. Y en muy pocas ocasiones he sentido tanto gozo cuando lo vi inclinarse y dar una mordida.

—¿Te salió una carie? —le dije con calma y aliviado.

—No —contestó Brian mientras que una ligera sonrisa aparecía en su rostro.

—¿Y te moriste? —le pregunté sonriendo de oreja a oreja.

—No.

Ya para ese momento Brian sonreía también.

—Entonces, dale otra mordida.

Por fortuna, lo hizo. Y luego otra, y otra, y otra, sin dirección mía. Al final, se volvió y dijo algo que siempre recordaré.

—Papá, sentí como si el miedo dentro de mí se partiera en dos, como un palillo.

Allí terminó todo. De una vez. No solo su temor se quebrantó, sino que la verdad venció la mentira. Antes del incidente, Brian era temeroso, ahora es intrépido.

Muchas de las luchas de los niños son solo parte de su crecimiento, y es mejor dejarlas al poder sanador del tiempo. Sin embargo, no podemos suponer que todo comportamiento extraño o inusual en la vida de un niño sea solo una fase de la que saldrá a medida que crece. Hemos contado esta historia larga a fin de ilustrar lo que *no* es eficaz cuando lidiamos con la fortaleza del miedo, y mostrar lo que es. Parecería lógico que una fobia con raíces en una mentira solo pueda identificarse enfrentando la mentira y sustituyéndola con la verdad. Esto da resultado en algunos casos, y es un comienzo esencial para vencer las fobias. Aun así, trata de razonar con quienes sufren del miedo a volar. Los aviones son el medio de transporte más seguro que existe para ir de una ciudad a otra. Con mucho, más personas mueren en accidentes automovilísticos per cápita que al volar en un avión. Los argumentos racionales como este tienen sentido, pero un tercio de la población todavía le teme a volar, aun cuando lo saben. Necesitamos la dirección de Dios para encontrar la raíz que causa el temor, y la gracia de Dios para vencerlo.

## Localizador de fobias

Si has resuelto con éxito tus conflictos personales y espirituales sometiéndote a Dios y resistiendo al diablo, estás listo para analizar tus temores y desarrollar un plan de acción usando el siguiente bosquejo:

A. Analiza tus temores bajo la dirección de Dios.

    1. Identifica los objetos de temor. (¿A qué le tienes miedo?).

    2. Determina la primera vez que experimentaste el temor.

3. ¿Qué eventos precedieron la primera experiencia?

4. Determina las mentiras detrás de toda fobia.

B. Examina cómo has vivido bajo el control del temor en vez de vivir por fe en Dios.

   1. ¿Cómo el miedo...

      a. ha impedido que hagas lo adecuado y responsable?

      b. te ha llevado a hacer cosas indebidas e irresponsables?

      c. ha causado que comprometas tu testimonio por Cristo?

   2. Confiesa cualquier manera activa o pasiva en que has permitido que el temor controle tu vida.

   3. Haz un compromiso con Dios de vivir una vida justa y responsable.

C. En oración, desarrolla un plan de conducta responsable.

D. Determina por adelantado cuál será tu respuesta a los objetos de temor.

E. Proponte en tu corazón llevar a cabo ese plan de acción en el poder del Espíritu Santo.

## Cómo analizar el temor

Comienza al realizar la siguiente oración en voz alta:

*Querido Padre celestial:*

*Vengo a ti como tu hijo. Me pongo bajo tu cuidado protector y reconozco que eres el único objeto legítimo de temor en mi vida. Confieso que me he sentido temeroso y ansioso a causa de mi incredulidad y falta de confianza. No siempre he vivido por fe en ti, y muy a menudo he descansado en mis propias fuerzas y recursos. Gracias por perdonarme en Cristo.*

*Decido creer la verdad de que no me has dado un espíritu de temor, sino de poder, de amor y de dominio*

*propio. Por lo tanto, renuncio a todo espíritu de temor.
Te pido que me traigas a la mente todos los temores que
me han controlado. Muéstrame cómo me convertí en una
persona temerosa y las mentiras que he creído. Deseo vivir una vida responsable en el poder de tu Santo Espíritu. Muéstrame cómo estos temores no me han permitido
hacerlo. Te lo ruego a fin de que, por la fe en ti, pueda
confesar, renunciar y vencer todo temor irracional. Te lo
pido en el nombre de Jesús. Amén.*

La siguiente lista te puede ayudar a reconocer algunos de
los temores que quizá impidan tu caminar en fe. En una hoja
de papel por separado, escribe los temores que se ajustan a ti,
además de cualquier otro que no esté en la lista y que te revele
el Espíritu de Dios. Mientras revisas tu pasado en oración, escribe una breve descripción de lo que sucedió (y cuándo) para
provocar ese temor.

Temor a Satanás

Temor al divorcio

Temor a la muerte

Temor a que Dios no te ame

Temor a que otros no te amen

Temor a no poder amar a otros

Temor al matrimonio

Temor al rechazo de otros

Temor a nunca casarte

Temor a no tener hijos

Temor a la desaprobación

Temor a la vergüenza

Temor al fracaso

Temor a ser homosexual o a convertirse en tal

Temor a los problemas financieros

Temor a volverte loco

Temor a ser un caso perdido

Temor a la muerte de un ser querido

Temor al futuro

Temor a la confrontación

Temor a ser víctima de un delito

Temor a perder la salvación

Temor a cometer el pecado imperdonable

Temor a personas, animales u objetos específicos

Otros temores concretos que el Señor te traiga a la mente

Todos vivimos por fe, pero la verdadera pregunta es: «¿A qué o a quién creemos?». Puedes optar por creer que no hay esperanza en tratar siquiera de vencer tus temores, pero no es así. Dios es el Dios de toda esperanza, y no hay nada difícil para Él (lee Romanos 15:13; Jeremías 32:17). Puedes decidir creer que es más seguro y sabio evitar ciertas personas de voluntad fuerte, los elevadores en las tiendas o los aviones. Puedes creer, como hizo Brian, que el azúcar en los alimentos te puede causar una muerte instantánea. No obstante, estas falsas creencias no son neutrales ni inofensivas.

Dedica tanto tiempo como necesites para orar y discernir las mentiras que has creído, porque renunciar a ellas y escoger la verdad es un paso crítico en cuanto a ganar y mantener tu libertad en Cristo. Busca las Escrituras para conocer la verdad. Busca el consejo de creyentes maduros y piadosos. Tienes que conocer y escoger creer la verdad para que esta te pueda hacer libre (Juan 8:32). Por cada temor, escribe las mentiras que has creído y la verdad de la Palabra de Dios que le corresponda.

## Cómo analizar tu estilo de vida

El próximo paso es determinar cómo el temor te ha impedido vivir una vida responsable, y te ha llevado a hacer lo irresponsable o ha comprometido tu testimonio cristiano. Las fobias afectan nuestra manera de vivir y necesitamos reconocer cómo lo hacen. Un ama de casa cristiana que le teme a su esposo pagano comprometerá su testimonio, lo que es probable que la lleve a una conducta irresponsable. Un empleado intimidado podrá mentir por su jefe, aunque sabe que es indebido. Los adolescentes comprometerán su fe y participarán en un delito porque le temen al rechazo de sus amigos.

Una vez que dediques el suficiente tiempo para buscar al Señor en estos asuntos, y sientas que tienes la adecuada información acerca de tus temores, es hora de experimentar la limpieza de Dios y renovar el poder mediante la confesión y el arrepentimiento. «Si confesamos nuestros pecados, Él es fiel y justo para perdonarnos los pecados y para limpiarnos de toda maldad» (1 Juan 1:9; lee también Proverbios 28:13). Lo que nos lleva al arrepentimiento es la bondad de Dios (Romanos 2:4). La confesión es estar de acuerdo con Dios en que lo que hiciste fue indebido o pecado. El arrepentimiento es la decisión de renovar tu mente por la verdad de la Palabra de Dios y vivir por fe.

Expresa la siguiente oración por cada uno de los temores controladores en tu vida y que analizaste antes:

*Amado Señor:*
*Confieso y me arrepiento del temor a <u>nombra el temor que identificaste en tu vida</u>. He creído <u>expresa la mentira</u>. Renuncio a esa mentira, y decido creer <u>manifiesta la verdad de la Palabra de Dios</u>. Confieso también cualquier manera en que este temor causara que viviera de forma irresponsable, o comprometiera mi testimonio por Cristo, incluso <u>menciona las formas en que el miedo te paralizara o motivara de forma indebida</u>. Ahora, decido vivir por fe en ti, Señor, creyendo en tu promesa de que me protegerás y suplirás todas mis necesidades. Te lo pido en el nombre confiable de Jesús. Amén.*

Después de aplicar esto a todos los temores que te revele el Señor (incluyendo las mentiras que los acompañan y la conducta pecaminosa resultante), ora así:

> *Amado Padre celestial:*
> *Gracias porque puedo confiar por completo en ti. Decido creerte, aunque mis emociones y circunstancias me digan que debo sentir temor. Tú me dices que no tema, pues tú estás conmigo, y que no tema porque Tú eres mi Dios. Tú ciertamente me fortalecerás, me ayudarás y me sostendrás con la diestra de tu justicia (Isaías 41:10). Ahora te pido que me muestres tu plan de acción para vivir con responsabilidad y encarar mi temor. Me entrego a ti, a lo que tú quieras que haga, sabiendo que tu gracia es suficiente. Esto te lo pido con fe en el nombre de Jesús, mi Salvador y Señor. Amén.*

Muchas de las mentiras que hemos creído vienen de vivir en un mundo caído, pero no podemos pasar por alto la influencia del dios de este mundo, el padre de las mentiras (Juan 8:44). Necesitas renunciar a esas mentiras, tales como: *Dios no te va a ayudar. No tienes lo que necesitas para ser valiente. Por lo general, eres una persona tímida. Nunca podrás vencer tus temores.* Procesar los Pasos usando el bosquejo «localizador de fobias» te ayudará a discernir el papel que ha representado el diablo en tu batalla contra el miedo y la ansiedad, como lo ilustra el siguiente testimonio:

> Solo hacía cinco años que era cristiana, y ya comenzaba a comprender que muchas de mis experiencias de temor y ansiedad no venían de Dios, sino de Satanás. No podía conducir mi auto por los puentes sin sentir que iba a perder el control del volante. Me veía cayendo por un costado en el auto, y esto se apoderaba de mi mente cada vez que me acercaba a cualquier puente.
> El miedo casi que me paralizaba, sudaba y apenas podía respirar. Clamaba a Jesús para que me ayudara

a cruzar, y Él siempre lo hacía; pero aun así, el miedo volvía la próxima vez. Así que trataba de evitar los puentes, o solo no iba a dónde quería ir.

Como resultado, no podía disfrutar la vida a plenitud, puesto que vivía encadenada.

Un domingo en la iglesia, una amiga vino con un libro, lo puso en mi regazo y me dijo que lo leyera. Era *Rompiendo las cadenas*. Lo leí y llevé a cabo *Los pasos hacia la libertad en Cristo* en la parte de atrás.

Cuando lo leí por primera vez, no dormí muy bien. Esa noche soñé que Satanás me llevaba de habitación en habitación de una gran mansión, y me mostraba todo lo que le pertenecía, según él, y cómo podía ser mío. Me desperté varias veces citando las Escrituras y clamando al Señor para que me ayudara.

La segunda noche, no tuve los sueños, pero me desperté a las tres de la mañana, temblando de manera violenta, como si estuviera terriblemente asustada. No sentí temor interno, solo esa manifestación física. Me volví a dormir y me desperté de nuevo media hora después. En cuanto desperté, me sentí renovada y calmada, y sentí que el Señor me declaraba: «Te dije que no te dejaría ni te desampararía».

Poco después tuve que cruzar un puente. Cuando estaba a unos treinta metros, dije en voz alta: «¡En el nombre de Jesucristo, te ato, espíritu de temor! Jesús conduce este auto, ¡y yo soy su única pasajera!». Lo crucé felizmente hablando con mi hija que estaba sentada en el asiento trasero.

Ya no experimento ese temor, y sé que ya no lo tengo. ¡Y de seguro que él no me tiene a mí!

## Cómo formular un plan de acción

Hagamos un resumen de lo que hemos logrado hasta ahora: Te has sometido a Dios y has resistido al diablo. Has identificado tus temores y las mentiras detrás de estos. Entiendes que esos temores no te han permitido vivir una vida responsable, y te han llevado a comprometer tu testimonio por Cristo. Ya has andado la mitad del camino, pues un problema bien reconocido está a mitad de camino de su solución.

El próximo paso es afrontar esos temores y desarrollar un plan para vencerlos en oración. Se dice: «Haz lo que más temas y la muerte del temor será segura». Cuando mi esposa Shirley y yo (Rich) descubrimos por fin la raíz del temor de Brian, supimos que debíamos afrontarlo. Por eso lo llevamos a tomar helado. Él no se liberó por completo hasta que tomó los primeros bocados. Según sus propias palabras, entonces fue que sintió que el miedo «se partió en dos» dentro de él.

La mujer en el testimonio acerca de conducir sobre puentes ejercitó su fe al final. Por la fe se resistió al diablo con palabras (como nos mostró Jesús cuando lo tentaron en el desierto; lee Mateo 4:1-11), y declaró que Jesús tenía el control. Entonces, condujo su auto por fe sobre el puente. Cuando invocó el nombre del Señor, dejó atrás el temor y lo atravesó.

Hace años escuché que una de mis alumnas universitarias y su padre no se habían hablado en seis meses. La tensión en el hogar era insoportable. Le pregunté si estaba dispuesta a formular un plan de acción para vencer el temor a su padre. Ella necesitaba romper el hielo, y le pregunté qué pensaba que sucedería si solo dijera: «Hola, papá», cuando él llegara a la casa esa noche. No estaba segura, así que consideramos las posibilidades. Podría enfurecerse; podría decir «hola»; o solo no haría nada. La última posibilidad era a la que más le temía.

Formulamos un plan para cada posible respuesta de su padre. Entonces, le pedí que se comprometiera a decir «hola» esa noche. Acordó hacerlo y llamarme después. Alrededor de las siete y media de la noche recibí la llamada de una joven alegre que informó: «¡Me contestó el saludo!». Afrontó su temor y deshizo el control que tenía sobre ella.

Hay una historia que cuenta de un guardacostas al que se le ordenó salir a altamar en medio de una terrible tormenta. Un joven marinero protestó: «No podemos salir; ¡no regresaremos nunca!».

A lo que el capitán le respondió: «Debemos salir; ¡no tenemos que regresar!». El temor no es un obstáculo para los que confían en Dios y cumplen con sus responsabilidades.

En Cristo, se nos ha dado a todos una medida de fe. Para ejercerla debemos tener buen juicio. A fin de lograr la meta de disfrutar de una libertad total debemos dar ese primer paso en la dirección adecuada. Si tu plan para vencer el temor incluye confrontar a otros, te ayudará decidir con antelación cómo responderás a sus reacciones positivas o negativas. En otras palabras, el plan no solo debe incluir el primer paso; debe incluir posibles segundos y terceros.

Para algunos temores, es aconsejable mostrarse obediente en pequeños pasos de fe en lugar de saltos de fe. Si temes entrar a un elevador, es probable que tu primer paso no debiera ser el de ir al edificio Empire State en Nueva York y apretar el botón del último piso. Quizá debas entrar en el elevador de un edificio de dos pisos. Según la severidad de tu temor, estos pasos pueden lograrse en un día o durante un período de días, semanas y hasta meses. Tal vez sea sabio llevar a alguien contigo que te ayude a hacerle frente a tus temores. Jesús envió a sus discípulos en pareja (lee Marcos 6:7; Lucas 10:1). Lo principal es continuar moviéndote hacia adelante. Si te ves que comienzas a retroceder ante el temor, ejerce tu autoridad en Cristo sobre cualquier ataque del enemigo, y toma la decisión de atravesar ese miedo y caminar por fe en Dios.

Mi esposa, Joanne (de Neil), le tenía miedo a volar, y tomó una clase para ayudarla a sobreponerse al temor de volar. Durante la fase de instrucción, se les preguntó a los participantes: «¿Cuántos piensan que su preocupación contribuya a la seguridad del vuelo?». Todos levantaron la mano. A veces, otros pensamientos irracionales acompañan las mentiras originales que causan nuestras fobias.

La clase incluyó un vuelo corto del aeropuerto de Denver. Nadie recibiría su certificado a menos que hicieran el vuelo. «La fe sin obras es estéril» (Santiago 2:20). Joanne aprobó el examen, pero por mucho tiempo se negó a volar sin mí, porque creía que como yo era el hombre de Dios, ¡el avión no se caería si yo estaba en él! También venció esa mentira.

La mayoría de los temores son luchas contra nuestros propios patrones carnales que adquirimos en el pasado. Sin embargo, cada vez que sientas que tu temor o ataque de pánico viene del enemigo, haz esta declaración de tu autoridad por medio de Jesús sobre el diablo:

*En el nombre de Jesucristo y por su autoridad, renuncio a Satanás, y a todas sus obras y caminos. En el nombre de Jesús y por su autoridad, le ordeno a todo espíritu de mentira que abandone mi presencia. Declaro que Jesús desarmó a Satanás en la cruz. Dios no me ha dado espíritu de temor, sino de poder, amor y dominio propio. Por lo tanto, rechazo todos los temores irracionales. Decido andar en el amor de Dios, y pensar con el sano juicio de Cristo.*

Hacerle frente a nuestros temores es un reto a nuestra fe, pero no tenemos que hacerlo solos. David escribió: «Aunque pase por el valle de sombra de muerte, no temeré mal alguno, porque tú estás conmigo» (Salmo 23:4). El siguiente testimonio de victoria sobre un temor profundo y duradero brilla con la gloria de Dios:

Mi padre abandonó el hogar cuando yo solo tenía cinco años, y los años que siguieron estuvieron llenos de dolor y soledad para mí. Nuestra familia asistía a la iglesia, pero no conocía a Cristo como Salvador.

A los ocho años, mi madre compró tres cabañas para alquilar en un complejo en la playa. Mi hermana de dieciséis años me llevaba a nadar cada vez que tenía la oportunidad, y a mí me encantaba. Era maravilloso dejar atrás la ciudad durante los meses de verano.

A menudo, mi futuro cuñado nos visitaba cn la playa. A él le gustaba venir por detrás de mí, cargarme y correr conmigo hacia el mar y tirarme. Debido a la peligrosa resaca allí, estaba aterrorizada. Realizó ese «jueguito» durante muchos veranos, y así comenzó mi temor al agua.

Pasé los siguientes treinta años de mi vida tomando malas decisiones, lo que resultó en consecuencias dolorosas. Sin embargo, después de asistir a un servicio especial en la iglesia, el Señor derramó sobre mí su maravillosa gracia y misericordia, recibí al Señor Jesús como mi Salvador y fui salva.

A medida que conocía cada vez más a Dios, comencé a reconocer que un espíritu de temor había estado conmigo casi toda la vida. Oraba una y otra vez, pero todavía sentía miedo.

En el verano de 1998, el enemigo me atacó como nunca antes. Tenía miedo estar sola, temblaba sin cesar y sentía constantes ataques de pánico. Hasta me parecía ver que alguien derribaba mi puerta para atacarme. Creía que estaba perdiendo la razón.

Así pasaron tres meses, durante los cuales busqué ayuda médica, y me recetaron Prozac. A las dos semanas boté el medicamento y clamé a Dios que me ayudara. ¡No podía continuar de esa manera! Le dije al Señor que estaba dispuesta a vivir para Él, y que no quería nada más que servirle y ser utilizada por Él. Poco después de orar, me dio la respuesta.

El Señor nos estaba dirigiendo a mi esposo y a mí hacia una nueva iglesia. Poco después de nuestra llegada, la esposa del pastor me invitó a servir con ella en la junta del ministerio a mujeres. Agradecida, acepté de inmediato. Dios me ha dotado con el don de la misericordia, y después de orar mucho, supe que mi ministerio estaba en ayudar a mujeres quebrantadas de corazón.

Uno de los requisitos de la junta era ser miembro de la iglesia y ser bautizada en agua... ¡por inmersión! Estaba dispuesta a hacerme miembro de la iglesia, pero sabía que Dios conocía mi temor al agua y que nunca esperaría que me bautizara.

¡Ay, cuán equivocada estaba! Hizo que recordara las palabras de un pastor que me dijo una vez que Dios no hará todo el trabajo de transformarnos. Requiere nuestra cooperación y participación. Tenemos una función que desempeñar, y esa es la de encontrarnos con Dios en el lugar donde Él está tratando de obrar en nuestra vida.

Le conté acerca de mi temor a una amiga querida y leal que me dio un consejo piadoso. Me dijo quién soy en Cristo, y que en Él tenía la autoridad sobre Satanás por el poder de la sangre derramada de Jesús. Por lo tanto, era libre para rechazar el temor y escoger la fe. En obediencia a mi Padre celestial decidí encontrarme con Él en el lugar donde quería obrar en mi vida. Daría el paso de fe.

El 24 de octubre, bajé a las aguas bautismales para ser bautizada por mi pastor. Mientras estaba allí, cantamos «Sublime gracia». Sabía que había ángeles a nuestro alrededor, y cuando le pedí a Jesús el valor, pude sumergirme. Casi. Mi pastor, que conocía mis temores, optó por ofrecerme gracia y no poner mi cabeza bajo el agua.

Entonces, cuando salí, mi esposo, que estuvo tomando fotografías, gritó: «¡Tienes el cabello seco!». De seguro que Dios tiene un maravilloso sentido del humor.

Sin embargo, yo sabía que tenía que bajar de nuevo, por completo. ¡Y lo hice! Mi amiga, que lo observó todo, me dijo que la segunda vez fui hasta el fondo del bautisterio. ¡Una victoria total!

Había aprendido que a medida que nos acercamos a Dios en obediencia total, el enemigo trata de intimidarnos más que nunca. Y ataca justo en nuestro punto más débil. El mío era el temor, y el temor controlaba mi vida.

Días después de bautizarme, me sobrecogió una paz total, y entonces supe que había vencido el temor y lo había sustituido con fe. A mi mente viene 2 Timoteo 1:7 que dice: «Porque no nos ha dado Dios espíritu de cobardía, sino de poder, de amor y de dominio propio».

Así que ahora, cuando el enemigo trata de salirse con la suya, reclamo los versículos en el Salmo 91 que dicen que aunque caigan mil a mi lado y diez mil a mi diestra, no se acercará a mí. ¡Porque ahora habito al abrigo del Altísimo [versículos 1, 7]!

## Preguntas para la discusión

1. ¿Por qué hubo menos fanfarria al introducir el Nuevo Pacto que en la introducción del Antiguo Pacto en la Biblia?
2. ¿Qué aprendiste de la historia de Rich acerca de su hijo?
3. ¿Por qué no es suficiente el argumento racional para convencer a alguien de que no tema?
4. ¿Cuál es el primer paso que debemos dar para sobreponernos a nuestros temores?
5. ¿Cómo te ha impedido el temor (a ti o a alguien que conoces) vivir una vida responsable?
6. ¿Cómo Satanás puede ser el origen de nuestros temores?
7. ¿Por qué necesitas un plan de acción?
8. ¿Por qué la fe es estéril si no le sigue lo que profesas creer?
9. ¿Cómo puedes defenderte contra las tácticas de miedo de Satanás?
10. ¿Qué te impide vivir una vida de valor en Cristo?

## Capítulo nueve
# El trastorno de pánico

La ansiedad no vacía el mañana de sus penas,
solo vacía el presente de sus fortalezas.

*Charles H. Spurgeon*

Me gradué del instituto y encontré un trabajo para comenzar mi carrera en el mundo de los negocios. Mi vida había sido normal hasta el día en que sufrí mi primer ataque de ansiedad. Lo recuerdo bien.

Estaba trabajando en mi máquina de contabilidad, ingresando facturas como de costumbre. De pronto, las manos me comenzaron a temblar. Las miré y me pregunté: *¿Qué me está sucediendo? El corazón me late como un martillo. Casi que puedo oírlo. ¡Me siento débil! Me voy a desmayar, lo sé. ¡No puedo respirar! ¡Necesito aire con urgencia! ¿Qué me pasa? ¿Es un infarto? ¿Me estoy muriendo? Solo tengo veinticinco años. ¡Soy demasiado joven para sufrir un infarto!*

¡El terror se apoderó de mí! Salté de la máquina. ¡Cualquier cosa con tal de escapar! Salí tambaleándome del despacho y corrí al otro lado del pasillo donde trabajaba una amiga. Me tiré en la silla junto a su escritorio[1].

Después de unos veinte minutos, Bonnie Crandall, la autora de *Panic Buster*, comenzó a calmarse. Todavía temblando y temerosa, volvió a su oficina con valentía. Sin embargo, demasiado cansada y confusa para volver a su trabajo, tomó el resto del día libre. Este episodio inicial solo fue el principio y, a la larga, Bonnie perdió su trabajo, y su mundo comenzó a desmoronarse. Aun después de encontrar otro empleo, tuvo que dejarlo al cabo de un mes debido a los continuos episodios. Los médicos le recetaron varias medicinas, pero solo se sentía peor. Los momentos de ansiedad comenzaron a ocurrirle en otros lugares además de su trabajo, incluso en la tienda de víveres. Su encierro en casa iba en aumento, atrapada en un mundo que se le hacía cada vez más pequeño que ahogaba su trabajo, sus relaciones y su sentido de valor.

> Mi mundo se empequeñecía más y más. Al final, tuve que abandonar por completo mi trabajo y quedé confinada a mi hogar. Fui de los ataques de ansiedad a la agorafobia, al temor de salir sola de la casa. Pasaron otros tres años. Solo existía. Me sentía que no valía nada[2].

La *Baker Encyclopedia of Psychology* describe los ataques de ansiedad (a menudo llamados ataques de pánico) como «experiencias aterradoras y aversivas en los que la persona se ve sobrecogida por síntomas físicos de ansiedad»[3]. Por lo general, esos síntomas incluyen algunos de los siguientes: «latidos acelerados del corazón; dificultad para respirar, sensación de que no "puede tomar suficiente aire"; terror casi paralizante; mareos, vértigos o náuseas; temblores, sudoraciones, sacudidas; asfixia, dolores en el pecho; sofocos o escalofríos repentinos; hormigueo en los dedos de las manos o de los pies ("cosquilleo"); temor de que se vaya a volver loco o que esté a punto de morir»[4].

Estos síntomas se parecen a la respuesta del cuerpo de «luchar o huir» frente al estrés y el peligro. Las glándulas suprarrenales trabajan mucho más, pero no hay nada ni nadie con quien luchar, y la huida será desde socialmente incómoda hasta humillante. Los ataques de pánico pueden ocurrir de pronto, sin aviso, en situaciones que parecen ser inofensivas. Hasta pueden ocurrir mientras el individuo duerme, como revela la siguiente historia[5]:

> No me di cuenta de que tenía problemas de temor hasta que tuve dos operaciones durante un período

bastante corto. Ese fue un tiempo aterrador para mí. Solo sabía que quería que otros oraran por mí. Mi oración consistía en: «¡Ayúdame, Dios!».

Me agitaba y temblaba por dentro. El pecho se me comprimía, y con el tiempo, me despertaba cada mañana a las tres en punto con un miedo paralizante. Era como si mis pensamientos estuvieran fuera de control. Comencé a experimentar arremetidas por todo el cuerpo, y luego me desplomaba llorando.

Esto parece un ataque espiritual, y la decisión de someterse a Dios y resistir al diablo, como explicamos con anterioridad. Dos operaciones «aterradoras» pueden debilitar a los más fuertes y dejarnos más vulnerables que cuando estábamos saludables. Las glándulas suprarrenales responden a las presiones externas de la vida secretando hormonas de cortisol a la sangre. No obstante, si las presiones de la vida persisten por demasiado tiempo, las glándulas suprarrenales no dan abasto y el *estrés* se convierte en *angustia*, dejándonos vulnerables a la enfermedad física con muy poca reserva emocional. El estrés puede conducir al cáncer y a infartos cardíacos.

La historia de Bonnie Crandall (que hicimos al principio del capítulo) es diferente, y nos ayudaría conocer más acerca de las circunstancias de ese primer episodio. ¿Estaba bajo presión en el hogar o en el trabajo? ¿Tenía relaciones de apoyo o disfuncionales con familiares, amigos y compañeros de trabajo? ¿Disfrutaba de buena salud física, mental y espiritual?

Desde una perspectiva pastoral, en casos así acumulamos esa información y le preguntamos a la persona si quiere resolver algún conflicto personal o espiritual. Si acceden, le decimos: «Con tu permiso, me gustaría guiarte a través de *Los pasos hacia la libertad*. Lo que suceda aquí hoy no será lo que hagamos nosotros, sino lo que hagas tú. Le pedirás a Dios que te traiga a la mente lo que sea que no te permita experimentar tu libertad en Cristo». Aun si los episodios continúan, la persona tendrá una relación más íntima con Dios, y eso solo puede ayudarle a sobreponerse a otras luchas o anormalidades.

Si los episodios ocurren con frecuencia (una o más veces durante el período de cuatro semanas) e incluyen al menos cuatro de los síntomas mencionados antes, los terapeutas seculares le llaman *trastorno de pánico*[6]. Un setenta y cinco por ciento de estos pacientes son mujeres. Por lo general, comienza a suceder entre los veinte y treinta años de edad, aunque se puede manifestar durante los años de la adolescencia y hasta en adultos de más de cuarenta años. Sin embargo, es raro que estos episodios ocurran en la vejez. Aunque el primer episodio suceda durante un período singular de estrés, las víctimas casi siempre son personas promedio y saludables en lo emocional. Lo típico es que un episodio alcance su intensidad máxima al cabo de uno o dos minutos de comenzar y puede durar (a medida que los síntomas se reducen poco a poco) de treinta minutos a varias horas[7].

Es común escuchar a personas decir que entraron en pánico al confrontar ciertos objetos de temor como serpientes, o cuando se les presentan determinadas oportunidades o retos. *Sabía más que eso, pero el pánico se apoderó de mí*, o *Debí haber persistido, pero me aterré*, etc. Esas personas experimentan una reacción consciente al medio ambiente, lo cual es diferente a quienes de pronto se ven sobrecogidos por la ansiedad. En este caso, no hay un objeto de temor que se pueda identificar, y no parece existir una decisión consciente que precipite el episodio. El pánico puede ser el resultado, pero no la causa. No podemos ayudar a personas que sufren de esos momentos de ansiedad obsesionándonos con términos como «pánico» o «ataque». Por lo tanto, en este capítulo nos referiremos a tales experiencias como «episodios de ansiedad» o «momentos de ansiedad».

La oportunidad de detener un momento de ansiedad es cuando somos conscientes del primer síntoma. Recuerda que a los cristianos se nos exhorta a que, por las misericordias de Dios, presentemos nuestros cuerpos como sacrificio vivo a Dios (lee Romanos 12:1). En un sentido más amplio, hemos aprendido a hacer esto cuando nos percatamos de los primeros síntomas de influenza, náuseas o un simple resfriado. Oramos: «Señor, te entrego mi cuerpo como sacrificio vivo, y te pido que me llenes de tu Espíritu Santo. En el nombre y por la autoridad de Jesucristo, le ordeno a Satanás que salga de mi presencia». Eso es hacer lo que nos ordena la Escritura: «Someteos a Dios. Resistid, pues, al diablo y huirá de vosotros» (Santiago 4:7). Por supuesto, no todas las enfermedades son el resultado directo de las actividades diabólicas, ¿pero qué puedes perder?

Es la misma lógica que practicar los «límites en el pensamiento» al ser tentados. Debemos poner en cautiverio el pensamiento inicial a la obediencia de Cristo (2 Corintios 10:5). Dios nos promete una vía de escape (1 Corintios 10:13), pero debemos tomarla mientras podamos, y casi siempre es al principio. «Por eso, que todo santo ore a ti en el tiempo en que puedas ser hallado; ciertamente, en la inundación de muchas aguas, no llegarán estas a él» (Salmo 32:6). Dios siempre es accesible, el problema está en que cuando dejamos que las emociones nos debiliten, no volvemos nuestra vista a Él. Sé valiente. Sé osado. Dilo en voz alta. Toma tu lugar en Cristo.

Es común que algunos, después de sufrir varios episodios de ansiedad, el miedo vaya en aumento hasta hacerlos estériles. Comienzan a evitar los lugares públicos y se quedan en casa cada vez que pueden. Se vuelven aprensivos y tensos, y a cada momento se protegen de la posibilidad de otro momento de ansiedad[8]. Esta posición defensiva les hace aún más susceptibles a otros episodios. Muchos siguen errando por la vida, y la encaran lo mejor posible, pero no deja de ser una existencia desdichada.

La posibilidad de otro episodio hace que muchos se conviertan en agorafóbicos. La agorafobia (literalmente «temor a los espacios abiertos») puede ser tan severa que quienes la sufren pueden abandonar sus empleos, dejar de asistir a la iglesia, evitar las tiendas de víveres y los bancos, y hasta temen contestar el teléfono. En casos extremos, un individuo puede permanecer confinado en la casa por años[9].

## Consideraciones psicológicas

Al tratar de superar los momentos ansiosos y a menudo aterradores, es muy útil comprender cómo funciona el cuerpo y por qué ocurren ciertos síntomas físicos. Muchas veces esos síntomas son tan angustiantes que quienes los sufren creen que necesitan tratamiento médico de urgencia y se van al hospital.

Hay trastornos físicos que pueden causar síntomas que imiten momentos de ansiedad; por lo tanto, es sabio someterse a un examen médico exhaustivo. Si tu médico de cabecera te recomienda ver a un especialista, hazlo. Si te diagnostican con una condición física, sigue el tratamiento que te ordene tu médico. El abuso de las drogas o el alcohol, o su abstinencia, también pueden tener síntomas similares a episodios de ansiedad. El uso de estimulantes, como la cafeína, podría ser el culpable, o podrías estar experimentando los efectos secundarios de ciertos medicamentos recetados. Incluso el embarazo, el síndrome premenstrual o la menopausia podrían ser la raíz de estos síntomas[10].

Si tus síntomas tienen un motivo físico legítimo, necesitas ayuda médica. En cambio, si no existe un motivo físico, sería sabio explorar otras posibles causas para encontrar la ayuda psicológica y espiritual que necesitas.

Aun cuando no hubiera una causa fisiológica para esos episodios de ansiedad, todavía el cuerpo experimenta los efectos físicos debido a la respuesta de la persona. Por ejemplo, más del ochenta por ciento de los pacientes experimentan un latir del corazón rápido o irregular. Cualquier sensación desagradable del corazón que podemos sentir, casi siempre se categoriza como «palpitaciones»[11].

Suponiendo que no existiera una condición fisiológica que justifique la intervención médica, quedan estas preguntas críticas: «¿Por qué tengo esta sensación» y «¿Cómo voy a responder?». Veamos la manera en que funciona el cuerpo. Nuestro sistema nervioso le envía señales al cerebro desde todas las partes del cuerpo, y la mente interpreta la información según se programó. La respuesta emocional es inmediata. Si la mente interpreta la información como un peligro, de inmediato le envía una señal de vuelta al cuerpo. Esta señal estimula las hormonas que ponen en funcionamiento la división del sistema simpático del sistema nervioso autónomo[12]. La descarga de adrenalina que resulta es la clásica respuesta de «luchar o huir» que nos protege del supuesto peligro. Desde el punto de vista fisiológico, nuestro nivel de azúcar en la sangre aumenta, nuestros ojos se dilatan, nuestras glándulas sudoríparas transpiran, nuestro ritmo cardíaco aumenta, nuestra boca se seca, nuestros músculos se tensan, nuestro flujo sanguíneo disminuye en los brazos y piernas, y se estanca en la cabeza y el tronco, y cambia nuestro ritmo y patrón de respiración[13].

Durante un momento de ansiedad, no hay un enemigo físico con quien luchar, y la tensión y ansiedad que sentimos sigue en aumento[14]. Al final, experimentamos tanta energía emocional acumulada que el impulso imperioso es huir. En una emergencia real, la respiración sufre un cambio significativo en patrón y ritmo. Lo mismo sucede durante un episodio de ansiedad. En vez de respirar de manera profunda y lenta desde la parte inferior de los pulmones, pasamos a una respiración rápida y superficial desde la parte superior de los pulmones. Durante un peligro real, este proceso natural y necesario inyecta oxígeno adicional a la sangre, mientras que desecha con rapidez el dióxido de carbono del cuerpo[15].

Si no hay actividad física en este punto del episodio (y casi nunca la hay), el cuerpo descarga demasiado dióxido de carbono, y experimentamos hiperventilación, lo que provoca una frecuencia cardíaca irregular; mareos; vértigo; falta de aliento; dolor de pecho; visión borrosa; entumecimiento u hormigueo en la boca, las manos o los pies; debilidad; confusión; o incapacidad para concentrarse.

La respuesta física inicial a un objeto de temor real o imaginario es jadear o aspirar aire. Entonces, en vez de exhalar, tratamos de inhalar más aire, pero para esto los pulmones no tienen más espacio. Soplar en una bolsa de papel nos hace exhalar y volver a un proceso normal de inhalación y exhalación. También es útil inhalar con lentitud y luego exhalar por completo.

Saber que la mayoría de los síntomas físicos desagradables son el medio creado por Dios para hacerle frente a una emergencia percibida, le quita a estos episodios mucho de su aterrador misterio. Lo que al principio parecía una situación abrumadora, sobre la cual no teníamos control, se convierte en un problema mucho más manejable si comprendemos cómo nuestro cuerpo está preparado de forma natural para responder a una crisis.

Imagínate que tienes una condición menor de prolapso de la válvula mitral, que casi siempre es una palpitación cardíaca que no pone en peligro la vida. Tu primera experiencia con esto podría ser aterradora, porque no sabes de qué se trata. Podrías pensar que estás teniendo un infarto. Después de un examen físico completo, aprendes que solo es una condición menor. La próxima vez que tu corazón se agite, tu mente «renovada» interpreta las señales de manera diferente y experimentas menos angustia. Incluso, la primera respuesta sería menos aterradora si tu mente se hubiera programado con anterioridad para no temerle a la muerte.

## El cuerpo responde

Los terapeutas seculares hablan de la aparición de la ansiedad anticipada como un factor clave para determinar si se producirán o no momentos de ansiedad. Por ejemplo, si las personas tienen un episodio en una tienda de comestibles, es probable que luchen con pensamientos negativos cuando vuelva a surgir la necesidad de ir de compras. El proceso de pensamiento podría ser algo así:

> Ya tuve un momento de ansiedad en la tienda de víveres; ¿qué me garantiza que no tendré otro? No me gusta esperar en línea, sobre todo si hay otros delante o detrás de mí. ¿Qué tal si me vencen las emociones? No podré escapar. Puedo perder el control y hacer el ridículo; tendré que salir corriendo de la tienda y dejar mi carro lleno de alimentos. ¡La gente pensará que estoy loco de remate!

Esta batalla mental puede suceder en la casa, al conducir, al estacionarse o al caminar por los pasillos de la tienda. Mientras que la mente de la persona corre plagada de pensamientos e imágenes aterradoras, ¿qué piensas que sucede de manera emocional y física? Dado que nuestras emociones son ante todo un producto de nuestros pensamientos, comienzan a suceder de nuevo los mismos síntomas fisiológicos (latidos fuertes del corazón, respiración rápida y superficial) que acompañaron al primer momento de ansiedad. ¿Por qué? Porque el cuerpo responde según piensa la mente. El cuerpo no distingue entre la amenaza real y la imaginaria. Para citar al Dr. R. Reid Wilson:

En el ciclo del pánico, el cuerpo no es el que responde de manera indebida. El cuerpo responde a la perfección ante los mensajes exagerados de la mente. El
cuerpo no es el que necesita arreglarse; son nuestros
pensamientos, nuestras imágenes, nuestra interpreta-
ción negativa de nuestras experiencias las que debemos
corregir para obtener el control del pánico. Si nunca
nos dijéramos, en esencia: «Perderé el control en esta
situación», no estaríamos activando ese interruptor de
emergencia inconsciente tan a menudo[16].

Las respuestas fisiológicas a cómo pensamos no son ajenas a la
Biblia. Los siguientes versículos nos enseñan que nuestras creencias
y nuestros pensamientos afectan nuestro cuerpo físico:

- «El corazón alegre es buena medicina, pero el espíritu quebrantado seca los huesos» (Proverbios 17:22).

- «Pues como piensa dentro de sí, así es» (Proverbios 23:7).

- «Confía en el Señor con todo tu corazón, y no te apoyes
  en tu propio entendimiento. Reconócele en todos tus caminos, y Él enderezará tus sendas. No seas sabio a tus propios
  ojos, teme al Señor y apártate del mal. Será medicina para
  tu cuerpo y refrigerio para tus huesos» (Proverbios 3:5-8).

- «Amado, ruego que seas prosperado en todo así como prospera tu alma, y que tengas buena salud» (3 Juan 2).

## Nuestra suficiencia en Cristo

Nos sentimos ansiosos cuando la necesidad que percibimos es
mayor que los recursos percibidos. Tenemos miedo cuando nos
sentimos impotentes y fuera de control. Lucinda Basset, directora
del *Midwest Center for Stress and Anxiety*, expresa cómo sus sentimientos de ineptitud la llevaron a tener un miedo paralizante:

Tengo miedo de perder el control. Tengo miedo de mi
padre, oh Dios, de lo que la gente piense de mí. Tengo

miedo de que «eso» me alcance. Tengo miedo de que
mis padres me avergüencen. Tengo miedo de que me
avergüence a mí misma. Mi corazón se detendrá. Tengo
miedo de vomitar delante de todos, y que la gente hable
de mí. Tengo miedo de saltar del balcón. Tengo miedo
de morir. Tengo miedo de no hacerlo. No soy lo bastante
buena para mis amigos. No soy lo bastante buena para
Dios. Me descubrirán. Tengo miedo de las sombras en la
pared. Alguien está justo fuera de mi ventana esperando.
Tengo miedo de mí misma. No tengo suficiente talento.
No soy lo bastante bonita. Entraré en pánico. Tengo miedo de que mis padres no me quieran más. Tengo miedo
de no poder hacerlo todo. Me ahogaré. Soy inadecuada.
Tengo miedo de volverme loca. Tengo miedo de que me
encierren y que a nadie le importe ya. No les agradaré si
me conocieran de veras. Se me rompería el corazón. No
soy lo bastante rica. No soy lo bastante fuerte. No soy lo
bastante inteligente. Nadie sería capaz de amarme si me
conociera en realidad. Tengo miedo de ser yo misma.
Tengo miedo de no ser yo misma. Tengo miedo de fracasar. ¿Y si tengo éxito? ¿Y si no sucediera? ¿Y si sucede?
¿Por qué tengo tanto miedo?[17]

Uno de los objetivos de la terapia secular es convencer al paciente de que son suficientes por sí mismos a fin de lidiar con los momentos ansiosos. Sin una relación con Dios, no tienen más remedio
que descansar en sí mismos, pero el apóstol Pablo le da al cristiano
una respuesta diferente: «No que seamos suficientes en nosotros
mismos para pensar que cosa alguna procede de nosotros, sino que
nuestra suficiencia es de Dios, el cual también nos hizo suficientes
como ministros de un nuevo pacto» (2 Corintios 3:5-6).

Como hijos de Dios, somos parte del Nuevo Pacto, y tenemos
una relación con nuestro Padre celestial. En la carne somos débiles e
inútiles, pero «en Cristo» podemos hacerlo todo por medio de Él que
nos fortalece (Filipenses 4:13). En la carne podemos perder el control,

pero si andamos por el Espíritu tendremos dominio propio (Gálatas 5:22-23). «El hombre natural no acepta las cosas del Espíritu de Dios [...] Mas nosotros tenemos la mente de Cristo» (1 Corintios 2:14, 16). Por esa razón, Jesús nos instruye a que busquemos «primero su reino y su justicia, y todas estas cosas os serán añadidas. Por tanto, no os preocupéis por el día de mañana; porque el día de mañana se cuidará de sí mismo. Bástele a cada día sus propios problemas» (Mateo 6:33-34).

Hay otro factor espiritual importante que debemos considerar. Pablo dice: «¿No sabéis que vuestros cuerpos son miembros de Cristo? [...] ¿O no sabéis que vuestro cuerpo es templo del Espíritu Santo, que está en vosotros, el cual tenéis de Dios, y que no sois vuestros? Pues por precio habéis sido comprados; por tanto, glorificad a Dios en vuestro cuerpo» (1 Corintios 6:15, 19-20). Nuestro cuerpo no nos pertenece. Somos de Dios. De modo que necesitamos ser buenos administradores de nuestro cuerpo y someterlo a Él como sacrificio vivo (Romanos 12:1).

## Hora de tomar la medicina

Revisemos lo que hemos abarcado hasta ahora. El origen de un momento de ansiedad puede ser una señal para nuestro cerebro de nuestro cuerpo físico diciendo que algo anda mal. La manera en que interpretamos esa señal depende de cómo la mente se programó con anterioridad, y lo que pensamos y creemos en el presente. El origen también puede ser una batalla espiritual por el control de la mente. En el caso de que no sea un ataque espiritual de parte del maligno, ¿cómo nos podemos sobreponer a esos momentos de ansiedad?

Para ser buenos administradores de nuestro cuerpo, debemos vivir una vida equilibrada de descanso, ejercicio y de una dieta adecuada. Sin embargo, vivir en cuerpos que se deterioran y en un mundo enfermo puede requerir la ayuda adicional de medicamentos. Necesitamos ayuda médica cuando hay algo que físicamente no anda bien en el cuerpo y que no puede corregir un estilo de vida saludable. Los medicamentos también pueden ayudar a tratar los síntomas que llevan a un momento de ansiedad, así como el episodio mismo. Por lo general, este tipo de medicamento se reserva para los casos severos, y se usa para permitir que el paciente tenga alguna estabilidad mental y emocional, permitiéndole procesar mejor la raíz del problema. En casos severos, la persona está demasiado estresada para lidiar con la verdad sin antes tomar el medicamento.

Mucha gente que sufre de episodios de ansiedad encuentra ayuda en la consejería cristiana y logra una solución total sin el uso de medicamentos. Te exhortamos a que busques la dirección del Señor y consejería antes de considerar los medicamentos. Luego, busca el consejo de un médico capaz. Hay numerosas medicinas (muchas de las cuales se usan para tratar la depresión también) disponibles para diversos trastornos de ansiedad. Antes de aceptar cualquier medicamento, debes preguntarle a tu médico acerca de sus posibles efectos secundarios.

Después de reconocer que «los ansiolíticos pueden ser beneficiosos»[18], Lucinda Basset nos advierte lo siguiente:

> El problema con ciertos tipos de medicamentos contra la ansiedad es que te dan una falsa sensación de recuperación. Alivian los síntomas, pero no hacen nada por tratar la causa, debido a que la causa de la ansiedad es a menudo nuestra manera de reaccionar y responder a lo que sucede en nuestra vida[19].

La medicación puede ser un alivio temporal de los momentos de ansiedad, pero no erradica las fobias que pueden estar detrás de ellos, ni renueva la mente de una persona. Si no se hace un intento de ponerse a bien con Dios, no se lleva a cabo una reestructuración cognitiva y no se tratan las causas físicas (si las hubiera), es probable que los episodios vuelvan cuando la persona deje de tomar el medicamento.

Otro problema potencial es la automedicación. Algunos pacientes crónicos se convierten en adictos a los medicamentos recetados, o se vuelven al alcohol o a las drogas ilícitas a fin de aliviar el dolor emocional. Narcotizar el miedo solo multiplica el problema, agregando otra capa a la esclavitud que el individuo ya experimenta: la dependencia química. Según un artículo publicado en 1996, el alcoholismo y el abuso de las drogas les costaron a las empresas unos doscientos mil millones de dólares al año, por empleados que procuraron automedicarse para salir de sus problemas[20]. Más importante que el costo financiero continuo es la destrucción de cuerpos, matrimonios y familias. En la actualidad, Estados Unidos está experimentando una epidemia de opioides sin precedentes.

Las drogas callejeras y el alcohol nunca han curado un problema. Solo sirven para dar la ilusión de bienestar. Cuando las drogas desaparecen, las duras realidades de la vida resurgen y envían a la víctima a una depresión, degradación y desesperación más profundas. La Biblia dice: «No os embriaguéis con vino, en lo cual hay disolución, sino sed llenos del Espíritu» (Efesios 5:18). Si tú, o una amistad luchan con la automedicación, te exhortamos a que lean el libro de Neil *Venzamos esa conducta adictiva*, que escribió en colaboración con Mike Quarles, o *Libre de la adicción*, escrito con Mike y Julia Quarles.

## La renovación de la mente

El sistema nervioso central regula las funciones del cuerpo de acuerdo a cómo se programó la mente. Además de recibir la debida ayuda médica, necesitamos ser transformados por medio de la renovación de la mente. Quienes sufren de ansiedad necesitan entender cómo su respuesta emocional es el resultado de su manera de pensar y lo que creen. A la respuesta emocional del temor siempre la precede un pensamiento, aunque este puede ser tan rápido que casi no somos conscientes de la conexión.

Además, según afirma el Dr. Edmund Bourne, ciertas personalidades son más susceptibles a momentos de ansiedad que otras. Bourne describe cuatro subpersonalidades que son más vulnerables a los ataques de ansiedad: el «Preocupado», la «Víctima», el «Crítico» y el «Perfeccionista»[21]. Nosotros preferimos referirnos a estas cuatro como patrones de la carne en lugar de subpersonalidades, puesto que dichos patrones de la carne no definen quiénes somos en Cristo. Por eso también es que tratamos de evitar las etiquetas, pero en favor de la comunicación usaremos la terminología del Dr. Bourne. El Preocupado, dice el doctor, es la personalidad inferior más común y energética (patrón de la carne) de individuos con tendencia a la ansiedad. Describe al Preocupado de la siguiente manera:

> El Preocupado crea ansiedad imaginando el peor de los casos. Te atemoriza con fantasías de desastres o catástrofes cuando tú solo imaginas afrontar algo a que le temes. También agrava al pánico reaccionando al primer síntoma de un ataque. El Preocupado fomenta tus temores de que lo que sucede es peligroso o vergonzoso. «¿Y si es un infarto cardíaco?». «¿Qué pensarán de mí si me ven?»[22].

El patrón de los pensamientos se desarrolla con el tiempo, por eso la renovación de la mente lleva tiempo. A los preocupados les cuesta trabajo descansar en los brazos protectores y amantes de su Padre celestial. Sienten que los problemas de la vida presentan un peligro claro que requiere una vigilancia continua de su parte, a fin de que no los tomen por sorpresa. Jesús preguntó: «¿Quién de vosotros, por ansioso que esté, puede añadir una hora al curso de su vida?» (Mateo 6:27). La respuesta es «nadie», pero preocupándonos sí podemos *reducir* la calidad de las horas.

Otro patrón de la carne es la «Víctima». A la Víctima la abruma un sentido de impotencia e inutilidad. Con un récord establecido de fracaso y mala fortuna, este patrón sugiere que no hay motivo para que termine la racha de mala suerte. Según el Dr. Bourne:

> La Víctima cree que hay algo inherentemente malo en ti: de cierto modo estás limitado, eres defectuoso o indigno. La Víctima siempre percibe obstáculos insuperables entre tú y tus metas. Por característica, se queja, se lamenta y siente remordimientos de cosas según se manifiestan en el presente. Cree que nada cambiará jamás[23].

Sin embargo, aunque el mundo nos haya dado una mala carta, podemos ser vencedores. «Porque todo lo que es nacido de Dios vence al mundo; y esta es la victoria que ha vencido al mundo: nuestra fe. ¿Y quién es el que vence al mundo, sino el que cree que Jesús es el Hijo de Dios?» (1 Juan 5:4-5).

Nosotros vencemos al mundo porque Jesús venció al mundo. Somos parte de esa victoria cuando creemos la verdad. El que vive convencido de que es inútil o incompetente ha creído una mentira y, por consiguiente, no puede caminar por fe. ¿Cómo ser inútiles cuando la Biblia afirma que todo lo podemos en Cristo que nos fortalece? (Filipenses 4:13). ¿Cómo no tener esperanza cuando el Dios de toda esperanza vive en nosotros, y nos llena de gozo y paz? (Romanos 15:13).

Representar el papel de víctima puede ser una excusa para no mejorar. Jesús se encontró con un hombre así un día en Jerusalén:

> Hay en Jerusalén, junto a la puerta de las ovejas, un estanque que en hebreo se llama Betesda y que tiene cinco pórticos. En estos yacía una multitud de enfermos, ciegos, cojos y paralíticos que esperaban el movimiento del agua; porque un ángel del Señor descendía de vez en cuando al estanque y agitaba el agua; y el primero que descendía al estanque después del movimiento del agua, quedaba curado de cualquier enfermedad que tuviera. Y estaba allí un hombre que hacía treinta y ocho años que estaba enfermo. Cuando Jesús lo vio acostado allí y supo que ya llevaba mucho tiempo en aquella condición, le dijo: ¿Quieres ser sano? El enfermo le respondió: Señor, no tengo a nadie que me meta en el estanque cuando el agua es agitada; y mientras yo llego, otro baja antes que yo. Jesús le dijo: Levántate, toma tu camilla y anda. Y al instante el hombre quedó sano, y tomó su camilla y echó a andar (Juan 5:2-9).

«¿Quieres ser sano?». Esa no es una pregunta cruel; es una pregunta muy importante. No puedes ser sano a menos que lo desees y estés dispuesto a comprometerte a hacer lo que sea necesario. Todos hemos sido víctimas de algo, y nada nos garantiza que no lo seamos otra vez. Aun así, no tienes que seguir siendo víctima el resto de tu vida. Nadie puede arreglar tu pasado, pero puedes ser libre de él por la gracia de Dios. Esa maravillosa verdad es inherente en el evangelio.

El tercer patrón de la carne es el «Crítico». La gente con este patrón tienen conciencias hipersensibles que los hacen reprocharse a sí mismo y a los demás. Criticar a otros es un mecanismo de defensa que no da resultado. A menudo, haciendo eco de las palabras de un padre, maestro, entrenador o patrón exigente, el Crítico le pone etiquetas negativas al alma que impiden experimentar el gozo y la libertad de ser hijos de Dios. La fe se agota, y nos sentimos constantemente abatidos por no ser capaces de superar nuestros miedos y vivir una vida normal.

Muy cerca del «Crítico» está el «Perfeccionista». El *modus operandi* del perfeccionista no es humillarnos, sino impulsarnos para mejorar cada vez más[24]. La frase predilecta del Perfeccionista es «Debería», «Tengo que» y «Es preciso que»[25]. Individuos con este patrón de la carne nunca tienen paz, pues jamás pueden lograr la perfección. Su abrumadora necesidad de lograr más y más los hace sentir determinados, estresados e irritables. Se preparan para un trastorno de ansiedad porque no pueden soportar el fracaso, especialmente en público.

## La batalla espiritual por la mente

Hay misterios que el mundo secular de la medicina y la psicología aún no han resuelto. ¿Qué es lo que provoca estos momentos de ansiedad en primer lugar? ¿Qué hace que una persona que en general puede lidiar con el estrés, de pronto sufra un episodio de ansiedad? ¿Por qué a veces la gente despierta aterrorizada en medio de la noche? ¿Y por qué hay cristianos que encuentran una libertad instantánea cuando invocan el nombre del Señor? Estas preguntas parecían estar en la mente de alguien que contactó a nuestro ministerio:

> Me pregunto si me pueden ayudar con una experiencia que por seis o siete años me viene plagando a mí y a mi sueño. Aunque soy cristiana, es probable que haya experimentado unos quince de estos ataques de pánico durante los últimos años.

Por lo general, están asociados a un tiempo cuando le entregué algo a Dios o comprometí mis caminos a los suyos.

He aquí un poco de historia sobre mis hábitos de sueño. Cuando era joven, soñaba intensamente con espíritus o cosas relacionadas con el mundo espiritual. No estoy segura por qué, excepto que soy artista y siempre he tenido una imaginación muy vívida. En otras ocasiones he soñado con los últimos tiempos y cosas que han sucedido; ¡también unos sueños muy intensos!

Con el pasar de los años, los sueños ya no eran tan frecuentes, pero cuando volvían, lo hacían con la misma intensidad.

Cuando cumplí diecisiete años, recibí un llamado de Dios muy específico. Lo lamentable es que debido a mi orgullo y temor, no seguí ese llamado. Desde entonces, a través del tiempo, he recibido muchas oportunidades de responder a ese llamado original, y cada vez que trataba de hacerlo, resultaba en un ataque de pánico. Por consiguiente, me retraía del llamado por temor a otro ataque.

Casi siempre el ataque comienza con un sonido de ráfaga en los oídos, o mucha gente hablando de manera incoherente o gritando, y me despertaba. Al terminar esto (a menudo en cinco o diez segundos), un miedo intenso, indescriptible y gigantesco envuelve todo mi cuerpo.

En realidad, no puedo describir cuán intenso es el miedo. Mi cuerpo se paraliza físicamente, no puedo moverme ni hablar, aunque puedo mover los ojos y oír. Por último, un gran peso parece descansar sobre mi pecho que me empuja contra la cama. Al menos, eso es lo que siento.

La experiencia completa dura como un minuto, y luego estoy despierta y atemorizada por completo. No estoy segura de qué lo causa, pero creo que quizá sea demoníaco.

Nosotros también creemos que lo es. El hecho de que estos ataques ocurrieran alrededor del tiempo cuando esta mujer ha dado un paso en serio hacia Dios indica un ataque espiritual. Lo lamentable es que la táctica para infundir miedo ha dado resultado. Dejó de obedecer a Dios por el miedo. Esta es una estrategia muy común del enemigo, y una que nosotros mismos hemos experimentado personalmente en numerosas ocasiones. Como en las iglesias no se habla mucho acerca de estas experiencias, los creyentes mal informados comienzan a dudar de sí mismos. Los que son más sabios en lo espiritual y pueden discernirlo, se mantienen firmes en la fe y no se dejan intimidar. Ponen «todo pensamiento en cautiverio a la obediencia de Cristo» (2 Corintios 10:5), y apagan los dardos de fuego del maligno con el escudo de la fe (Efesios 6:16). Esto es lo que reciben de Jesús: «La paz os dejo, mi paz os doy; no os la doy como el mundo la da. No se turbe vuestro corazón, ni tenga miedo» (Juan 14:27).

## Preguntas para la discusión

1. ¿Cuál es la diferencia entre la perspectiva pastoral y un consejero secular en cuanto al tratamiento del trastorno de ansiedad?

2. ¿Por qué piensas que los trastornos de ansiedad comienzan con más frecuencia en personas saludables entre veinte y treinta años, y no tanto en personas mayores que no son tan saludables?

3. ¿Por qué es tan importante tomar medidas correctivas cuando los síntomas aparecen por primera vez o cuando eres tentado?

4. ¿Qué sucede si no actúas de inmediato?

5. Si el cuerpo funciona como Dios lo diseñó, ¿dónde surgen, o cuál es la fuente, las situaciones de ansiedad?

6. ¿Cómo puede un momento de ansiedad sin resolver prepararte para otros subsiguientes cuando se presenta una situación similar?

7. ¿Qué papel representan los medicamentos?

8. ¿Qué tipo de subpersonalidades o patrones de la carne es más susceptible a los ataques?

9. ¿Por qué algunas personas asumen el papel de víctimas?

10. ¿Por qué debemos buscar primero el reino de Dios?

## Capítulo diez

# Echa todas tus ansiedades sobre Cristo

Cuando cae cada apoyo terrenal, y la vida parece un mar inquieto, ¿eres entonces una maravilla de Dios, satisfecha y tranquila y libre?[1]

Jesús viajaba con sus discípulos cuando entraron en una aldea donde Marta los recibió en su casa. Marta tenía una hermana, María, que se sentó a los pies del Señor para escuchar cada palabra que decía Jesús. Marta, en cambio, estaba distraída con los preparativos. Era el prototipo del ama de casa moderna que quiere ser buena anfitriona. Es difícil no simpatizar con ella. Quería mantener las apariencias e impresionar a sus invitados. Por eso le molestó que María no la ayudara a lograr su objetivo. Frustrada, le dijo a Jesús: «Señor, ¿no te importa que mi hermana me deje servir sola? Dile, pues, que me ayude» (Lucas 10:40). ¡Así *no* es cómo echas tu ansiedad sobre Cristo!

Marta estaba ansiosa debido a que sus prioridades eran erradas. Jesús le contestó su petición diciendo: «Marta, Marta, tú estás preocupada y molesta por tantas cosas; pero una sola cosa es necesaria, y María ha escogido la parte buena, la cual no le será quitada» (versículos 41-42). La gente en todos lados está molesta y preocupada por muchas cosas, y gran parte de esto se debe a vivir a nuestra manera en lugar de hacerlo a la manera de Dios.

## El doble ánimo

La palabra que se traduce como *ansiedad* en el Nuevo Testamento tiene connotaciones positivas y negativas a la vez. De sus veinticinco usos en el Nuevo Testamento, en cinco se indica un sentido de importancia. Si tienes un examen mañana, debes sentirte un poco ansioso. La respuesta debida es estudiar. Si tu hijo lleva dos horas de retraso, es normal que te sientas un poco ansioso. La respuesta adecuada es orar y actuar de manera apropiada. Los otros veinte usos hacen referencia a un sentido negativo de preocupación y distracción. La palabra griega para ansiedad es una conjunción de dos palabras que por sí mismas significan «dividir» y «mente». Estar ansioso en un sentido negativo es ser de doble ánimo, y Santiago dice que la gente de doble ánimo es inestable en todos sus caminos (lee Santiago 1:8).

Antes de unirnos a Cristo, aprendimos los caminos del mundo. Llamémosle a esto el «Plan B», el cual asimilamos de nuestro medio ambiente a través de la razón, la intuición y la experiencia. Marta confió en su Plan B a fin de lograr la ayuda de Dios y poder vivir sus propias prioridades. El «Plan A» es el camino de Dios, el cual decidimos creer por fe. El camino de Dios no solo es un mejor estilo de vida; es una relación viva con el Dios Todopoderoso, el creador del universo. María escogió el Plan A al sentarse a los pies de Jesús para escuchar cada una de sus palabras.

Sin el conocimiento de los caminos de Dios, la ansiedad es inevitable. Sin vida eterna, ¿cómo podemos afrontar la muerte? A menos que estemos seguros en Cristo, ¿cómo no estar ansiosos por el día de mañana? Tendríamos que vivir en negación o no importarnos en realidad. Sin Dios no tenemos otra opción que confiar en nuestros propios recursos limitados y en los caminos de este mundo caído.

## Una seguridad falsa

El Plan B siempre está al acecho en el fondo de nuestra mente. Podemos elegir vivir según el Espíritu o según la carne (lee Gálatas 5:16-25). Estos patrones de la carne, o mecanismos de defensa, siempre nos ofrecerán la forma de resolver los problemas de la vida a un nivel humano. El cristiano ansioso se pregunta: «¿Puedo confiar en Dios por completo, o solo debería susurrar una oración y después lidiar con la vida como si yo fuera el único responsable de trazar mi camino en este mundo? ¿Puedo echar mis ansiedades sobre Cristo, o debo seguir preocupándome para asegurarme de que todo salga bien?». Cuando hay presión, es fácil recurrir a las viejas formas de lidiar con la vida. Jesús les dijo a los fariseos que violaban los mandamientos de Dios (Plan A) a fin de guardar sus propias tradiciones (Plan B; lee Marcos 7:9).

Esta guerra entre el Plan A y el Plan B crea sus propias ansiedades para los cristianos carnales. Son de doble ánimo. Una persona natural podría tener menos ansiedad que un cristiano que quiere atravesar la cerca y tener «lo mejor de ambos mundos». La persona natural solo tiene el Plan B, y algunos viven más o menos libres de ansiedad durante un tiempo.

Por ejemplo, consideremos un matemático bien educado que decidió no creer en Dios. Ha creado su propia opinión racional acerca del mundo y una explicación natural de la realidad. No le gusta que le presenten el Plan A, pues esto crearía cierto nivel de ansiedad. Ha trabajado duro para garantizar que se satisfagan las necesidades físicas y la seguridad de su familia. No le gusta pensar acerca de su propósito en la tierra ni considerar preguntas respecto a la vida después de la muerte. Se ha convertido en su propio dios. Aunque parezca funcionar durante una temporada, el resultado final no es atractivo: «Hay camino que al hombre le parece derecho, pero al final, es camino de muerte» (Proverbios 14:12). Sin embargo, ¿qué sucede cuando cae la bolsa, la salud se debilita, su esposa lo abandona, tiene un accidente o una enfermedad resulta mortal? La inseguridad es depender de cosas temporales sobre las que no tenemos derecho ni control. La seguridad es depender de la vida eterna y los valores que nadie ni nada nos pueden arrebatar.

El ambiente no es lo que afecta a la gente. Lo que afecta es su forma de percibir el mundo y la situación en que se encuentran. Su manera de interpretar la información que perciben sus sentidos depende de lo que creen. Dos personas pueden encontrarse en medio de la misma situación y responder de forma diferente porque no tienen la misma experiencia, la misma opinión ni las mismas convicciones. Uno puede decirle al otro: «No sé por qué te preocupas» o «¿A qué le temes?».

Imagínate que tienes un jefe muy intimidante y te comunican que quiere verte a primera hora en la mañana, lo cual te pone muy ansioso. No sabes por qué quiere verte, y tu mente comienza a pensar en las diferentes posibilidades. *Quizá me quiera regañar por el simple error que cometí la semana pasada. Quizá me quiere despedir. Eso me enfurece. Creo que renunciaré sin darle la satisfacción. No, no me puede despedir, llevo muchos años aquí. No obstante, ¿y si me quiere despedir? ¿Dónde conseguiré otro empleo a mi edad?* Mientras más lugar les des a esos pensamientos, más te enfurecerás y más ansioso te sentirás.

Por fin, llega la mañana después de una noche sin dormir. Has vacilado entre la ira y la ansiedad. Con temor entras en su oficina, solo para que te reciban todos los ejecutivos, que están allí para felicitarte por el ascenso que estás a punto de recibir. La ira, el temor y la ansiedad solo fueron el producto de tu imaginación y especulación. No tenías toda la información y te equivocaste en la conclusión. ¿Cómo te hubieras sentido de saber la verdad de que ibas a recibir un ascenso? Si lo que pensamos o creemos no refleja la verdad, lo que sentimos no refleja la realidad.

La presencia de Dios influye en todo nuestro ser. «El mismo que resucitó a Cristo Jesús de entre los muertos, también dará vida a vuestros cuerpos mortales por medio de su Espíritu que habita en vosotros» (Romanos 8:11). Si vivimos por fe de acuerdo con lo que Dios dice que es verdad, en el poder del Espíritu Santo, nuestras vidas se caracterizarán por «amor [el carácter de Dios], gozo [la antítesis de la depresión], paz [la antítesis de la ansiedad], paciencia [la antítesis de la ira], benignidad, bondad, fidelidad, mansedumbre y dominio propio» (Gálatas 5:22-23). La conexión entre la causa iniciadora (el Espíritu de verdad obrando en nuestras vidas) y el resultado final (el dominio propio) es la mente, la cual dirige el cerebro que regula nuestras glándulas y movimientos musculares.

## La fe bíblica lleva a la plenitud

Jesús les preguntó a los ciegos: «¿Creéis que puedo hacer esto? Ellos le respondieron: Sí, Señor. Entonces les tocó los ojos, diciendo: Hágase en vosotros según vuestra fe» (Mateo 9:28-29). El poder externo de Jesús influyó en sus vidas por su decisión de creer. En otras palabras, el Señor decidió darles la sanidad a través del canal de la fe. ¿No sucede lo mismo en todos los aspectos de nuestra vida?

Somos salvos por la fe (Efesios 2:8), santificados por la fe (Gálatas 3:3-5), y andamos (vivimos) por fe (2 Corintios 5:7).

Dios nunca pasa por alto nuestra mente; somos transformados por la renovación de nuestra mente (Romanos 12:2). Él hace posible la renovación de nuestra mente por su propia presencia en nuestra vida. Respondemos en fe cuando decidimos creer la verdad y vivir por el poder del Espíritu Santo, no por obedecer a los deseos de la carne (Gálatas 5:16). Jesús es «el camino [cómo debemos vivir], y la verdad [lo que debemos creer], y la vida [nuestra unión espiritual con Dios]» (Juan 14:6). Hasta la operación de los dones espirituales actúan en conjunto con nuestra mente. Pablo concluye: «Oraré con el espíritu, pero también oraré con el entendimiento; cantaré con el espíritu, pero también cantaré con el entendimiento» (1 Corintios 14:15).

## La paz de Dios

La paz es la antítesis de la ansiedad. Todos deseamos vivir en paz y bastante libres de ansiedad, pero lo que podemos esperar del mundo tiene sus límites. Según Pablo, los creyentes tienen paz eterna con Dios en el momento en que nacen de nuevo: «Por tanto, habiendo sido justificados por la fe, tenemos paz para con Dios por medio de nuestro Señor Jesucristo» (Romanos 5:1). Lo que necesitamos es paz interior, y la podemos tener si aprendemos esto: «Por nada estéis afanosos; antes bien, en todo, mediante oración y súplica con acción de gracias, sean dadas a conocer vuestras peticiones delante de Dios. Y la paz de Dios, que sobrepasa todo entendimiento, guardará vuestros corazones y vuestras mentes en Cristo Jesús» (Filipenses 4:6-7).

La paz de Dios está presente aun cuando no entendemos por completo los resultados. La conciencia de un espíritu de ansiedad debe llevarnos a encontrar la paz en Dios si nos volvemos a Él y asumimos nuestra responsabilidad de pensar como nos aconsejó Pablo: «Por lo demás, hermanos, todo lo que es verdadero, todo lo digno, todo lo justo, todo lo puro, todo lo amable, todo lo honorable, si hay alguna virtud o algo que merece elogio, en esto meditad» (Filipenses 4:8). Y como la Biblia enseña también, no solo meditar en estas cosas, sino vivir la verdad, hacer lo que es honorable, verdadero, puro y amable. «Lo que también habéis aprendido y recibido y oído y visto en mí, esto practicad, y el Dios de paz estará con vosotros» (versículo 9).

Queremos que haya paz en la tierra, pero no siempre la tendremos. Hay cosas que van más allá de nuestro derecho o capacidad para controlar. «Si es posible, en cuanto de vosotros dependa, estad en paz con todos los hombres» (Romanos 12:18). Seamos sinceros, la paz externa no siempre depende de nosotros. Si alguien no se quiere reconciliar con nosotros, no lo hará. Sin embargo, nosotros debemos procurar ser pacificadores porque «bienaventurados [son] los que procuran la paz, pues ellos serán llamados hijos de Dios» (Mateo 5:9). Es posible tener paz interna y un sentido de valor sin importar las circunstancias externas.

El papel del gobierno civil es mantener la paz y crear leyes que nos protejan los unos de los otros. Incluso si los agentes de policía pudieran mantener la ley y el orden a la perfección, las personas estarían todavía ansiosas. El problema está en el corazón. Jeremías registró las palabras de Dios cuando dijo: «Curan a la ligera el quebranto de mi pueblo, diciendo: "Paz, paz", pero no hay paz» (Jeremías 6:14). Incluso la ley mosaica era incapaz de impartir vida (Gálatas 3:21). La ley era un tutor que tenía la intención de llevarnos a Jesús, quien es «nuestra vida» (Colosenses 3:4). Jesús declaró: «La paz os dejo, mi paz os doy; no os la doy como el mundo la da. No se turbe vuestro corazón, ni tenga miedo» (Juan 14:27). Aun así, recuerda que la paz de Dios ordena nuestro mundo interno, no nuestro mundo externo. En resumen:

Eterna . . . . . . . Paz con Dios . . . . . . . . Esta la tenemos.

Interna. . . . . . . Paz de Dios . . . . . . . . . Esta la necesitamos.

Externa . . . . . . Paz en la tierra. . . . . . . Esta la queremos.

## El objetivo adecuado

No siempre podemos controlar a otros ni las circunstancias de la vida; y, en muchos casos, ni siquiera deberíamos intentar hacerlo. El objetivo adecuado es ser el pueblo al que nos llama Dios. Nada puede crecer si no hay vida presente. Cristo es nuestra vida, y el Espíritu Santo es el agente santificador que nos capacita para ser semejantes a Jesús. Nada puede detener ese crecimiento espiritual, excepto nosotros mismos.

Imagínate que una madre se propone la meta de tener una familia cristiana amorosa, armoniosa y feliz. ¿Quién, en esa familia, puede bloquear esa meta? Todos los miembros de la familia, y todos lo harán en algún momento. Entonces, ¿quién puede bloquear su objetivo de ser la madre y esposa que Dios quiere que sea? ¡Nadie! Solo ella. Un deseo legítimo es tener una familia feliz y armoniosa, pero si su identidad y sentido de valía dependen de lograr ese objetivo de manera perfecta y continua, luchará con mucha ansiedad y es probable que se convierta en una controladora.

Un vendedor de trajes asistió a una de nuestras conferencias y narró lo siguiente:

> Esta fue la semana más liberadora de mi vida. He sido cristiano por varios años, pero me comportaba como un testigo terrible para mi jefe. A menudo luchaba con la ira y la ansiedad a causa de mi trabajo. Mi meta era vender trajes, y cada vez que no lograba una venta, me enfurecía. Comenzaba todos mis días con ansiedad. *¿Alcanzaré la cuota, o este será otro día frustrante?* Mi jefe tenía que hablarme acerca de mi ira y mi actitud.
>
> Esta semana me di cuenta de que tenía el objetivo equivocado. Aprendí que solo debía ser el vendedor que Dios quería que fuera. Antes, mi objetivo era vender trajes y ganar dinero. A fin de lograrlo, aprendí a manipular a los clientes. Y para hacerlo, con frecuencia les vendía un traje que no era el adecuado para ellos.
>
> Anoche mi jefe me preguntó si todo estaba bien. Me sentía tan libre de la ansiedad que pensó que me pasaba algo o que estaba enfermo. Esta fue la primera semana en la que disfruté de veras de mi trabajo. ¿Pueden creerlo? Esta semana he vendido más trajes que nunca antes.

## ¿Dónde está tu tesoro?

En el Sermón del Monte, Jesús enseña que las personas ansiosas tienen dos tesoros y dos visiones porque tratan de servir a dos señores. Continúa enseñando que las personas «de doble ánimo» también se preocupan por el mañana. La mayoría, si no todas, de nuestras ansiedades pueden atribuirse a lo que atesoramos en nuestros corazones y a nuestra falta de fe en la provisión de Dios para el mañana. Jesús dijo:

> No acumulen para sí tesoros en la tierra, donde la polilla y el óxido destruyen, y donde los ladrones se meten a robar. Más bien, acumulen para sí tesoros en el cielo, donde ni la polilla ni el óxido carcomen, ni los ladrones se meten a robar. Porque donde esté tu tesoro, allí estará también tu corazón (Mateo 6:19-21, NVI®).

Los tesoros terrenales tienen dos características. En primer lugar, existe la descomposición de todas las cosas físicas, que es la ley de la entropía. Esta segunda ley de la termodinámica expresa que todo sistema está en un constante desorden que tiende a incrementar con el tiempo. Si el óxido no lo destruye, lo hará la polilla o el comején. Para muchos, el sueño americano es tener una cabaña en las montañas y un barco en la marina. Hace falta bastante energía para mantenerlos a ambos en buenas condiciones. En segundo lugar, debido al valor de los tesoros terrenales, siempre está la preocupación por su seguridad. Es difícil no sufrir ansiedad si vivimos preocupados por nuestras posesiones. Mientras más poseemos, más pueden codiciar otros lo que tenemos. Esto abre la puerta del miedo a los ladrones que se metan a robar.

La seguridad personal viene de las relaciones, no de las posesiones. Es interesante con cuán poco podemos vivir si tenemos relaciones significativas. La pregunta crucial es: «¿Qué atesoras en tu corazón?». ¿Pasas mucho tiempo pensando en tus tesoros terrenales? ¿Te preocupas por tus posesiones y las comparas con lo que tienen los demás? ¿Te sientes orgulloso cuando tienes más que otros? ¿Sientes celos cuando posees menos? «Mirad, y guardaos de toda avaricia; porque la vida del hombre no consiste en la abundancia de los bienes que posee» (Lucas 12:15, rv-60).

No hay nada inherentemente malo en ser dueño de una propiedad. El amor al dinero, no el dinero mismo, es la raíz de todos los tipos de males (1 Timoteo 6:10). Las palabras de Pablo en 1 Timoteo 6:17-19 presentan la orientación y el equilibrio apropiados:

> A los ricos en este mundo, enséñales que no sean altaneros ni pongan su esperanza en la incertidumbre de las riquezas, sino en Dios, el cual nos da abundantemente todas las cosas para que las disfrutemos. Enséñales que hagan bien, que sean ricos en buenas obras, generosos y prontos a compartir, acumulando para sí el tesoro de un buen fundamento para el futuro, para que puedan echar mano de lo que en verdad es vida.

## Una sola visión

Jesús dijo: «El ojo es la lámpara del cuerpo. Por tanto, si tu visión es clara, todo tu ser disfrutará de la luz. Pero, si tu visión está nublada, todo tu ser estará en oscuridad. Si la luz que hay en ti es oscuridad, ¡qué densa será esa oscuridad!» (Mateo 6:22-23, nvi®). La tradición antigua veía los ojos como la ventana a través de la cual entraba la luz al cuerpo. Si los ojos estaban en buenas condiciones, el cuerpo entero recibía los beneficios que ofrece la luz. En cambio, si hubiera algo mal en los ojos, todo el cuerpo se hundiría en la oscuridad, lo cual generaba enfermedades. Hay un matiz en este pasaje que está cargado de significado. La «visión clara» es una visión simple, lo cual Jesús aclara en el siguiente pasaje: «Nadie puede servir a dos señores; porque o aborrecerá a uno y amará al otro, o se apegará a uno y despreciará al otro. No podéis servir a Dios y a las riquezas. Por eso os digo, no os preocupéis por vuestra vida» (Mateo 6:24-25). No hay paz en servir a dos señores. Nuestra única decisión está en a cuál serviremos, cuál nos controlará.

Jesús dijo: «Si alguno quiere venir en pos de mí, niéguese a sí mismo, tome su cruz cada día y sígame» (Lucas 9:23). Negarnos a nosotros mismos no es igual a la negación propia. Los grandes atletas, políticos y líderes de sectas han aprendido a privarse de ciertos placeres para ganar o promoverse a sí mismos o a sus causas. Sin embargo, la fuerza dominante sigue siendo el «yo», el que está a cargo. Negarse a uno mismo es negar el *autogobierno*. Dios no diseñó nuestra alma para que funcionara como amo. En cualquier momento dado servimos a Dios o servimos al becerro de oro (lee Mateo 6:24). En realidad, nos engañamos si pensamos que nos servimos a nosotros mismos. La vida egoísta, interesada, buscadora de justificación, ansiosa de reconocimiento, egocéntrica y segura de sí misma sirve de veras al mundo, a la carne y al diablo.

Tenemos que morir a nosotros mismos para vivir en Cristo. Nos perdonaron debido a que Él murió en nuestro lugar. Somos libres, pues morimos con Él. Pablo dice: «Con Cristo he sido crucificado, y ya no soy yo el que vive, sino que Cristo vive en mí; y la vida que ahora vivo en la carne, la vivo por fe en el Hijo de Dios, el cual me amó y se entregó a sí mismo por mí» (Gálatas 2:20). Si nos aferramos a nuestra identidad natural y herencia terrenal, nos robamos una identidad espiritual infinitamente mejor y una herencia eterna.

Solo hay una cruz que proporciona perdón por lo que hemos hecho y liberación de lo que una vez fuimos, tanto por la justificación como por la santificación. Somos nuevas criaturas en Cristo y estamos identificados con Él:

en su muerte (Romanos 6:3,6; Colosenses 3:1-3)
en su sepultura (Romanos 6:4)
en su resurrección (Romanos 6:5, 8, 11)
en su ascensión (Efesios 2:6)
en su vida (Romanos 5:10-11)
en su poder (Efesios 1:19-20)
en su herencia (Romanos 8:16-17; Efesios 1:11-12)

F.B. Meyer dijo: «Por lo general, los tronos terrenales se construyen con escalones hacia arriba; lo notable de los tronos del reino eterno es que los escalones están todos hacia abajo. Debemos descender si queremos reinar, inclinarnos si queremos levantarnos, ceñirnos para lavarles los pies a los discípulos como esclavos comunes para disfrutar la realeza de nuestro Divino Maestro»[2]. En los Evangelios, Jesús dijo en varias ocasiones: «Sígueme». El yo nunca echará fuera al yo; debemos ser guiados por el Espíritu Santo. «Porque nosotros que vivimos, constantemente estamos siendo entregados a muerte por causa de Jesús, para que también la vida de Jesús se manifieste en nuestro cuerpo mortal» (2 Corintios 4:11). No nos atrevemos a endurecer nuestros corazones.

Las voces del mundo, la carne y el diablo nos gritarán en nuestra mente: «Sin embargo, parece muy austero. Dios quiere controlarte, ¡y tienes que rendirle todo!». No creas la mentira, pues no puede estar más lejos de la verdad. «Porque el que quiera salvar su vida, la perderá, pero el que pierda su vida por causa de mí, ese la salvará» (Lucas 9:24). Los que procuran encontrar su identidad y propósito para vivir en el orden natural de las cosas, lo perderán algún día. No importa cuánto acumulemos en esta vida, todo se echará al fuego en el día del juicio final. No es más que madera, heno y hojarasca (lee 1 Corintios 3:12-13). No podemos llevárnoslo.

## Un sacrificio que trae recompensa

Parece que la gran ambición de la humanidad es ser felices como animales en vez de ser bendecidos como hijos de Dios. La cruz nos llama a sacrificar el placer de las cosas a fin de ganar el verdadero placer de la vida. Si vas detrás de este mundo, te perderás el próximo. En cambio, si vas detrás del próximo, Dios te proveerá de las cosas buenas de este mundo también, de modo que prepares la provisión para el próximo. Pablo lo dice de esta manera: «Disciplínate a ti mismo para la piedad; porque el ejercicio físico aprovecha poco, pero la piedad es provechosa para todo, pues tiene promesa para la vida presente y también para la futura. Palabra fiel es esta, y digna de ser aceptada por todos» (1 Timoteo 4:7-9).

Sacrificamos la vida más baja para ganar la más alta. Jesús les dijo a los discípulos que «el Hijo del Hombre debe padecer mucho, y ser rechazado por los ancianos, los principales sacerdotes y los escribas, y ser muerto, y resucitar al tercer día» (Lucas 9:22). «Y tomándole aparte, Pedro comenzó a reprenderle, diciendo: ¡No lo permita Dios, Señor! Eso nunca te acontecerá. Pero volviéndose Él, dijo a Pedro: ¡Quítate de delante de mí, Satanás! Me eres piedra de tropiezo; porque no estás pensando en las cosas de Dios, sino en las de los hombres» (Mateo 16:22-23).

Esta memorable reprimenda parece severa e inmisericorde, pero hasta atribuirle a Satanás como la fuente describe de manera exacta y apropiada el carácter del consejo dado por Pedro. Satanás nos tienta diciendo: «Sálvate a ti mismo de cualquier forma; sacrifica el deber por el interés propio, la causa de Cristo por la conveniencia personal». Este consejo es verdaderamente satánico en principio, ya que todo el objetivo de Satanás es lograr que el interés personal sea reconocido como el fin principal del hombre, en lugar del temor de Dios (lee Eclesiastés 12:13). A Satanás se le llama «el príncipe de este mundo», pues el interés personal gobierna este mundo caído.

El hombre, sin darse cuenta, sirve a Satanás, pues se engaña pensando que se sirve a sí mismo. Jesús contradice esto yendo a la cruz, el principio fundamental de la vida en Cristo, que es el repudio de nuestra vida natural.

La cruz también nos llama a sacrificar lo temporal a fin de ganar lo eterno. El mártir misionero Jim Elliot lo dijo bien: «No es tonto el que da lo que no puede retener, para ganar lo que no puede perder». En nuestro mundo occidental no nos falta el dinero, lo que nos falta es el contentamiento. Pablo dice: «La piedad, en efecto, es un medio de gran ganancia cuando va acompañada de contentamiento. Porque nada hemos traído al mundo, así que nada podemos sacar de él. Y si tenemos qué comer y con qué cubrirnos, con eso estaremos contentos» (1 Timoteo 6:6-8).

## No te afanes por el mañana

Para ayudarnos a vivir sin ansiedad, lo primero que habló Jesús en el Sermón del Monte fue de nuestras posesiones. Luego, habla de nuestra provisión. El materialista lucha con lo primero, el que duda lucha con lo segundo. ¿Podemos confiar en Dios? Jesús contesta:

Os digo, no os preocupéis por vuestra vida, qué co-
meréis o qué beberéis; ni por vuestro cuerpo, qué ves-
tiréis. ¿No es la vida más que el alimento y el cuerpo
más que la ropa? Mirad las aves del cielo, que no siem-
bran, ni siegan, ni recogen en graneros, y sin embargo,
vuestro Padre celestial las alimenta. ¿No sois vosotros
de mucho más valor que ellas? (Mateo 6:25-26).

Confiar en Dios para el mañana es de veras una cuestión de valor.
Las aves no se crearon a la imagen de Dios, pero nosotros sí. Las aves
no heredarán el reino de Dios, pero nosotros (los creyentes) lo here-
daremos. Si Dios cuida de las aves, mucho más cuidará de nosotros.
Observa los lirios del campo: «Si Dios viste así la hierba del campo, que
hoy es y mañana es echada al horno, ¿no hará mucho más por vosotros,
hombres de poca fe? Por tanto, no os preocupéis» (Mateo 6:30-31).

Dios pone en riesgo su propia reputación. Si confiamos en Él y
le obedecemos, Él proveerá. Esta es una cuestión de la integridad de
Dios. ¿Cuida Dios de nosotros, y proveerá para nuestras necesidades? «Vuestro Padre celestial sabe que necesitáis de todas estas cosas
[...] Por tanto, no os preocupéis por el día de mañana; porque el día
de mañana se cuidará de sí mismo. Bástele a cada día sus propios
problemas» (Mateo 6:32, 34). Dios nos pide que confiemos en Él y
que vivamos de día en día.

En esencia, la voluntad de Dios es que vivamos de manera responsable hoy por fe y que confiemos en Él para el mañana. ¿Somos
personas de poca fe, o creemos que el fruto del Espíritu nos traerá
más satisfacción que las posesiones terrenales? ¿Creemos de veras
que si tenemos hambre y sed de justicia, seremos saciados (Mateo
5:6)? Si buscamos el reino de Dios, ¿suplirá Él nuestras necesidades
según sus riquezas en gloria (Filipenses 4:19)? Si creemos estas cosas, «[buscaremos] primero su reino y su justicia, y todas estas cosas
[nos] serán añadidas» (Mateo 6:33). Alguien acertó en lo siguiente:

Hay dos días en cada semana de los que no debemos
preocuparnos, dos días que deben mantenerse libres
de miedo y aprensión.

Uno de estos días es ayer con sus errores y preocupaciones, sus fallas y errores, sus dolores y molestias. El ayer pasó para siempre y está fuera de nuestro control. Todo el dinero del mundo no podrá devolvernos el ayer. No podemos deshacer una sola cosa que hicimos; no podemos borrar una palabra que dijimos. El ayer ya pasó.

El otro día del que no debemos preocuparnos es el de mañana con sus posibles adversarios, sus cargas, su gran promesa y su bajo rendimiento. El mañana también está fuera de nuestro control inmediato. El sol de mañana saldrá, ya sea en esplendor o detrás de una máscara de nubes, pero saldrá. Hasta que lo haga, no tenemos interés en el mañana, porque aún no ha nacido.

Esto deja solo un día, hoy. Cualquier hombre puede librar las batallas de un solo día. Solo cuando tú y yo le agregamos las cargas de esas otras dos horribles eternidades, ayer y mañana, es que nos derrumbamos. No es la experiencia de hoy la que enloquece a los hombres. Es el remordimiento o la amargura por algo que sucedió ayer y el temor de lo que quizá traiga el mañana[3].

## Echa tus cargas sobre Cristo

Las personas consumen alcohol, toman drogas ilegales, recurren a la comida, tienen relaciones sexuales ilícitas, recitan mantras sin pensar y escapan a cabañas, barcos o casas rodantes para reducir su ansiedad. Una mujer nos dijo: «Cada vez que me siento ansiosa, ¡me voy de compras!». Se venden más drogas para la «cura» temporal de la ansiedad que para cualquier otra enfermedad. Sin embargo, cuando desaparece esa «cura» temporal, debemos regresar al mismo mundo, con el problema añadido de las consecuencias negativas de nuestro mecanismo de escape.

El verdadero Sanador nos invita a echar sobre Él todas nuestras ansiedades:

Humillaos, pues, bajo la poderosa mano de Dios, para que Él os exalte a su debido tiempo, echando toda vuestra ansiedad sobre Él, porque Él tiene cuidado de vosotros. Sed de espíritu sobrio, estad alerta. Vuestro adversario, el diablo, anda al acecho como león rugiente, buscando a quien devorar. Pero resistidle firmes en la fe, sabiendo que las mismas experiencias de sufrimiento se van cumpliendo en vuestros hermanos en todo el mundo (1 Pedro 5:6-9).

El primer paso para echar tus ansiedades sobre Cristo es orar. Recuerda las palabras de Pablo: «Por nada estéis afanosos; antes bien, en todo, mediante oración y súplica con acción de gracias, sean dadas a conocer vuestras peticiones delante de Dios» (Filipenses 4:6). Volverte a Dios en oración demuestra tu confianza en Él. Venir ante Él con acción de gracias te ayuda a tener en cuenta lo que ya hizo por ti. Dios te creó, perdonó tus pecados, te dio nueva vida en Cristo, te equipó con el Espíritu Santo y preparó un hogar eterno para ti. Sugerimos una oración similar a la siguiente:

*Querido Padre celestial:*
*Vengo a ti como tu hijo, comprado por la sangre del Señor Jesucristo. Declaro mi dependencia de ti, y reconozco mi necesidad de ti. Sé que fuera de Cristo no puedo hacer nada. Tú conoces mis pensamientos y las intenciones de mi corazón, así como mi situación actual de principio a fin. A veces soy de doble ánimo y necesito que tu paz guarde mi corazón y mi mente.*

*Me humillo ante ti y decido confiar en que me exaltarás en el momento adecuado de la manera que elijas. Pongo mi confianza en ti, sabiendo que tú proveerás según tus riquezas en gloria, y me guiarás a toda verdad. Te pido tu dirección para cumplir con tu llamado de vivir una vida responsable por fe en el poder de tu Espíritu Santo. Escudríñame, Señor, y conoce mi corazón y mis pensamientos de ansiedad. Quiero agradarte y servirte. En el nombre precioso de Jesús. Amén.*

El segundo paso es resolver cualquier conflicto personal y espiritual que quizá tengas. Pedro nos exhorta a humillarnos ante Dios y resistir al diablo. En otras palabras, necesitamos asegurarnos de que nuestro corazón está a bien con Dios. Es la misma instrucción que nos da Santiago: «Por tanto, someteos a Dios. Resistid, pues, al diablo y huirá de vosotros» (Santiago 4:7). El propósito es estar a bien con Dios y eliminar cualquier posible influencia del diablo sobre tu mente. Recuerda, «el Espíritu dice claramente que, en los últimos tiempos, algunos abandonarán la fe para seguir a inspiraciones engañosas y doctrinas diabólicas» (1 Timoteo 4:1, NVI®). Serás una persona de doble ánimo si le prestas atención a un espíritu engañador. Espero que ya hayamos resuelto esos problemas en tu viaje a través de *Los pasos hacia la libertad en Cristo*. Si lo hiciste, «la paz de Dios, que sobrepasa todo entendimiento, guardará vuestros corazones y vuestras mentes en Cristo Jesús» (Filipenses 4:7).

En nuestra experiencia, la mayoría de las ansiedades principales se resuelven con estos dos primeros pasos, pero puede que todavía tengas algunos pensamientos de ansiedad acerca de ciertos eventos de la vida. Esto es común, pues un poco de ansiedad es normal y debe motivarnos a vivir con responsabilidad. Si terminaste con éxito estos dos pasos, continúa los próximos pasos, resumidos en la «Hoja de trabajo para superar la ansiedad» al final del capítulo.

El tercer paso es declarar el problema; la mitad de un problema se resuelve cuando se expone bien. Cuando alguien está plagado por la ansiedad «no puede ver el bosque a través de los árboles», así que ponlo en perspectiva. Por lo general, el proceso de la preocupación afecta más a una persona que la consecuencia negativa por la que se preocupan. ¿Regresará a salvo mi hijo? ¿Perderé el empleo? *¿Mi cónyuge seguirá siendo fiel? ¿Aprobaré el examen?* Si contáramos todos los momentos de ansiedad que una vez nos acosaron y le agradeciéramos a Dios por cada temido resultado que nunca se concretó, estaríamos eternamente agradecidos.

Muchas personas ansiosas logran el alivio con solo aclarar el problema y ponerlo en perspectiva. Esta es la pregunta apropiada: «¿Es algo importante para la eternidad?».

El peligro en este momento es buscar consejo impío. El mundo está lleno de magos y hechiceros que prometen resultados increíbles. Sus apariencias son atractivas y sus credenciales impresionantes. Su enfoque puede parecer religioso y espiritual. Sus personalidades quizá sean encantadoras, pero su carácter está en bancarrota. «No juzguéis por la apariencia, sino juzgad con juicio justo», dijo Jesús (Juan 7:24). «¡Cuán bienaventurado es el hombre que no anda en el consejo de los impíos, ni se detiene en el camino de los pecadores, ni se sienta en la silla de los escarnecedores!» (Salmo 1:1).

Cuarto, separa los hechos de tus suposiciones. A veces sentimos ansiedad porque no sabemos lo que va a suceder mañana. Como no lo sabemos, suponemos. Un rasgo peculiar de la mente es la tendencia a dar por sentado lo peor. Si la suposición se acepta como verdad, llevará la mente a sus límites de ansiedad. Por lo tanto, en cuanto sea posible, verifica todas tus suposiciones o especulaciones caprichosas.

Quinto, determina lo que tienes el derecho o la capacidad de controlar. Tu sentido del valor está ligado solo a eso de lo que tienes la responsabilidad. Si no vives una vida responsable, es normal que te sientas ansioso. No trates de echar tu responsabilidad sobre Cristo; Él te la lanzará de vuelta a ti. En su lugar, echa sobre Él tus ansiedades, porque su integridad está en juego en lo que respecta a suplir tus necesidades, *si* vives de manera responsable y justa.

Sexto, haz una lista de todo lo que puedes hacer con relación a la situación bajo tu responsabilidad. Cuando alguien no asume su responsabilidad, buscan curas temporales para su ansiedad. Recuerda, «la obra de la justicia será paz» (Isaías 32:17). Buscar una solución injusta solo aumentará tu ansiedad en el futuro. No hacer nada tampoco resolverá el problema. La pasividad solo permite que los problemas empeoren mientras permanecemos indecisos.

Séptimo, sigue y logra todo en tu lista. Luego, comprométete a ser una persona responsable y a cumplir tu llamado y obligaciones en la vida.

Para el octavo paso, confía en que el resto es responsabilidad de Dios. Cualquier ansiedad residual quizá se deba a asumir responsabilidades que Dios nunca quiso que tuvieras.

## Un corazón lleno de paz y gratitud

Durante los últimos seis años, he cuidado (Neil) a mi esposa, casados durante cincuenta y dos años, que poco a poco se ha ido deteriorando a causa de una demencia agitada. Por tres años vivió en un centro de enfermería especializada a largo plazo. He conducido más de ciento doce mil kilómetros para visitarla tres veces a la semana, ayudarla a usar el baño, bañarla y ayudarla con sus comidas. Nunca he sentido la presencia y la paz de Dios más que durante esos tres años. Escribí un pequeño libro acerca de esta experiencia llamado *The Power of Presence* (Monarch Books, Grand Rapids, MI, 2016). Trata acerca de experimentar la presencia de Dios durante este tiempo, y de lo que mi presencia significa para Joanne. Mi esposa ahora está en casa conmigo cuando termino la edición final de este libro.

Amo a Joanne ahora más de lo que la amé jamás, pero no de la misma manera que al principio. Me sentí atraído a ella porque era una dama con clase, y disfrutaba su presencia. La amé entonces por quien era. Ahora, ella no puede hacer nada por mí, pero gracias a Jesús, la amo por quien soy yo. Satanás no puede tocarnos; no hay temor a la muerte; y juntos aprendimos a confiar en Dios, y a no preocuparnos por el mañana. Mi meta es amar a Joanne como Cristo amó a su Iglesia, y que sus últimos días sean tan tranquilos como sea posible en presencia de su familia.

Creo que el secreto del contentamiento se encuentra en estar infinitamente agradecidos por la vida que nos ha dado Dios. Siempre he tratado de venir ante su presencia con acción de gracias. Pablo escribió: «Den gracias a Dios en toda situación, porque esta es su voluntad para ustedes en Cristo Jesús» (1 Tesalonicenses 5:18, NVI®). Le doy gracias a Dios por el don de la vida, por su perdón, por suplir nuestras necesidades y por preparar un lugar para nosotros en la eternidad. Le doy gracias por los cincuenta y dos años que Joanne y yo hemos disfrutado juntos.

## Hoja de trabajo para superar la ansiedad

### Vuélvete a Dios en oración

1. Resuelve todos los conflictos personales y espirituales que conozcas.
2. Declara el problema.
3. Separa los hechos de tus suposiciones.
   a. Enumera los hechos relacionados con la situación.
   b. Enumera tus suposiciones relacionadas con la situación.
   c. Verifica las suposiciones anteriores.
4. Determina tu respuesta activa.
   a. Identifica lo que puedes controlar como una cuestión de responsabilidad personal.
   b. Identifica lo que no tienes derecho o capacidad de controlar.
5. Enumera todo lo relacionado con la situación que es de tu responsabilidad.
6. Sigue adelante con tu lista de responsabilidades. Ríndele cuentas a alguien a fin de lograr tus objetivos.
7. Confía que el resto es responsabilidad de Dios.

### Preguntas para la discusión

1. ¿Por qué Jesús no le ordenó a María que ayudara a Marta? ¿Fue porque no le importaba? ¿Cómo responderá Dios nuestras oraciones ansiosas si hemos vivido a nuestra manera en lugar de hacerlo a su manera? ¿Nos sacará Dios del apuro? Sí o no, ¿por qué?
2. ¿Cómo puede un cristiano ser de doble ánimo?
3. ¿De qué manera la ansiedad es el producto de lo que pensamos?
4. Contrasta las diferencias entre la paz con Dios, la paz de Dios y la paz en la tierra.
5. ¿Cómo defines el objetivo adecuado de la vida?
6. ¿Cuáles son los posibles problemas de guardar tesoros en la tierra?
7. ¿Qué sacrificamos cuando negamos el autogobierno? ¿Qué ganamos?
8. ¿Cómo podemos evitar la preocupación por el mañana?
9. ¿Cómo podemos echar nuestras ansiedades sobre Cristo?
10. ¿Cuál fue la mayor lección que sacaste del estudio de este libro?

Apéndice A

# Instrucciones para dirigir este estudio acerca de la liberación del temor

Las instrucciones normales acerca de cómo dirigir un grupo de estudio se ajustan a este libro también:

1. Exhorta a los participantes a que vengan preparados y lean el capítulo antes de reunirse.
2. Crea una atmósfera de confianza usando la primera reunión para conocerse. Pasen algún tiempo conociéndose unos a otros. Comenten sus peticiones de oración, y anímense a orar unos por otros.
3. En cuanto sea posible, aseguren la confidencialidad.
4. Anima a que se sinceren de manera segura y sin juicio, pero no permitas chismes sobre los demás.
5. Establece desde el principio que se desea la participación de todos, pero tu responsabilidad como líder es que nadie domine la discusión, incluso tú.
6. No existen preguntas tontas.
7. Debe respetarse la opinión de todos.

Después de completar las preguntas para la discusión, termina llevando al grupo a través de uno de *Los pasos hacia la libertad en Cristo* (Pasos). Cada uno de los primeros siete capítulos termina con uno de los Pasos, y a la introducción le sigue la introducción de los Pasos. Asegúrate de dedicar el tiempo para leerle al grupo esta introducción. El evangelio también se explica y le sigue una oración por la salvación. Si lo consideras apropiado, haz que todos en el grupo la digan juntos y en voz alta. Si todos son creyentes, no tendrán problema en hacerlo. También hay una oración de declaración al final de la introducción. Permite que oren y que, juntos, hagan la declaración en voz alta.

Cada Paso comienza con una oración pidiendo la dirección de Dios. Estas oraciones deben leerlas juntos y en voz alta. Después, dales a los participantes unos minutos para que terminen solos el Paso. Este es un encuentro entre ellos y Dios. Pueden elegir hacerlo o no, es su decisión. Asegúrate de decirles a todos que no se abochornará a nadie, y que no se les pedirá que digan detalles íntimos y personales de sus vidas. Si alguno tiene dificultad con los Pasos, habla con esa persona en privado. Los Pasos no se completan hasta que no se haga el último en el capítulo 7.

# Cómo establecer un ministerio de discipulado en consejería

Se requiere muy poca preparación para que pastores maduros y con conocimientos bíblicos guíen a alguien a través de *Los pasos hacia la libertad en Cristo* (Pasos). En realidad, es una ruta autoguiada que las personas pueden procesar por sí solas. Hemos recibido correos electrónicos y cartas de personas en todo el mundo que hicieron los Pasos por su cuenta. El Dr. Wayne Grudem es el teólogo sistemático más leído del mundo hoy en día y, en nuestra opinión, un hombre muy piadoso. En el prólogo del libro de Neil, *Liberating Prayer*, el cual incluye los Pasos, el Dr. Grudem escribió[1]:

> Después de vivir más de cincuenta años como cristiano, y después de enseñar veinticinco años como profesor de Biblia y Teología, me pasé unas dos horas explorando con sumo cuidado el libro de Neil: «Pasos hacia la libertad en Cristo» y aplicando cada uno a mi propia vida, leyendo en voz alta todas las oraciones sugeridas. Dios usó el proceso para traer a mi mente la cantidad de actitudes y pensamientos que Él quería corregir, y luego impartirme un maravilloso y renovador sentido de libertad, paz, gozo y comunión con Él.

En la mayoría de los casos los líderes solo se presentan, y Dios libera a la gente. Sin embargo, hay casos difíciles que requieren alguna preparación. El propósito del Ministerio de Libertad en Cristo es equipar a la iglesia en todo el mundo, y capacitarles para establecer vida y libertad en Cristo en sus congregaciones, matrimonios y ministerios a través del arrepentimiento genuino y de la fe en Dios. No somos un ministerio de consejería, y no llevaremos a cabo el discipulado por ti, pero te ayudaremos a equipar a los santos en tu iglesia a fin de que puedan ayudar a otros. Tenemos oficinas y representantes alrededor del mundo que les ofrecerán este curso a unas cuantas personas seleccionadas en tu iglesia. Nuestra oficina en Estados Unidos tiene una universidad virtual donde las personas interesadas en tu iglesia pueden matricularse para ser parte de nuestra Community Freedom Ministries (consulta www.ficm.org). Hay cientos de asociados que son parte de CFM en Estados Unidos y Canadá. Requerimos que los inscritos lean tres de los libros de Neil: *Victoria sobre la oscuridad*, *Rompiendo las cadenas* y *Discipulado en consejería*. Tener estas personas preparadas en una iglesia le quita una gran carga de los hombros al pastor.

Para la congregación ofrecemos un curso básico de discipulado que explica la creación, la caída, la visión del mundo del cristiano, cómo vivir por fe, las fortalezas de la mente, la batalla por nuestra mente, las emociones, el perdón y las perspectivas de las relaciones. El curso se titula *Libertad en Cristo*, e incluye un DVD, una guía para el líder y otra para el participante, y concluye con los Pasos. Este curso se ha traducido a varios idiomas (consulta www.ficminternational. org). *Youth for Christ* en el Reino Unido se ha asociado con nuestro ministerio para producir una versión para jóvenes que incluye un DVD, una guía para el maestro y dos versiones a elegir de la guía del participante (una para secundaria y otra para preuniversitarios).

El mejor escenario posible es plantar una iglesia y ofrecerles la clase a todos los nuevos miembros. Imagínate una iglesia donde todos están seguros de quiénes son en Cristo y han resuelto todos los conflictos personales y espirituales que conozcan. Sin embargo, no es muy tarde para ofrecer la clase en la Escuela Dominical, grupos de comunión o grupos de estudio en los hogares. Sin embargo, no es algo que se pueda ofrecer solo una vez, porque todas las iglesias tienen una rotación constante de personas. La clase debe ofrecerse de forma continua para nuevos miembros y convertidos.

Ayudar a los miembros de tu iglesia a establecerse como personas libres y vivas en Cristo es el principio, no el final. Después de la clase inicial de discipulado, recomendamos la *Victory Series*, un curso de cuarenta y ocho semanas basado en nuestra identidad y posición en Cristo, y progresa de estar arraigados en Cristo a crecer en Cristo, vivir en Cristo y, por último, vencer en Cristo.

Después del curso básico, tenemos recursos para ayudar a otros que tienen dificultades prolongadas con la depresión, la ira, la ansiedad, el legalismo, las relaciones rotas, y las adicciones sexuales o químicas.

# Libros y recursos del Ministerio de Libertad en Cristo

## Materiales básicos

*Victoria sobre la oscuridad* ofrece una guía de estudio, audiolibro y DVD (Unilit, 2002). Con más de un millón cuatrocientos mil ejemplares impresos, este libro explica quién eres en Cristo, cómo caminar por fe en el poder del Espíritu Santo, cómo ser transformado por medio de la renovación de tu mente, cómo experimentar la libertad emocional y cómo relacionarte con otros en Cristo.

*Rompiendo las cadenas* ofrece una guía de estudio y un audiolibro (Unilit, 2019). Con más de un millón cuatrocientos mil ejemplares vendidos, este libro explica la guerra espiritual, dónde está nuestra protección, cómo somos vulnerables y de qué manera podemos vivir una vida libre en Cristo.

*Discipulado en consejería* (Unilit, 2013) combina los conceptos de discipulado y consejería, y enseña la integración práctica de la teología y la psicología, a fin de ayudar a los cristianos a resolver sus conflictos personales y espirituales a través de un arrepentimiento genuino y fe en Dios.

*Los pasos hacia la libertad en Cristo* con un DVD interactivo (Unilit, 2005) es un recurso para el discipulado y consejería que ayuda a los cristianos a resolver sus conflictos personales y espirituales a través de un arrepentimiento genuino y fe en Dios.

*Restaurado* (*e3 Resources*) es una expansión de «Los pasos hacia la libertad en Cristo» con instrucciones y explicaciones adicionales.

*Caminando con libertad* (Unilit, 1999) es un devocionario de veintiún días usado para conservar los resultados después de guiar a alguien a través de los Pasos.

*Libertad en Cristo* (CREED, España, 2012) es un curso de discipulado para clases de Escuela Dominical y grupos pequeños. Este curso viene con una guía para el maestro, una guía para el alumno y un DVD que abarca las doce lecciones y «Los pasos hacia la libertad en Cristo».

Este curso se diseñó para permitirles a los creyentes resolver conflictos personales y espirituales, y a declararse vivos y libres en Cristo.

*The Bondage Breaker DVD Experience* (Harvest House, 2011) es también un curso de discipulado para Escuela Dominical y grupos pequeños. Es similar al anterior, pero las lecciones son de quince minutos en lugar de treinta. Ofrece la guía del alumno, pero no la del maestro.

«Victory Series» (Bethany House, 2014, 2015) es un currículo completo que incluye ocho libros que siguen la secuencia de crecimiento de estar arraigados en Cristo, crecer en Cristo, vivir en Cristo y vencer en Cristo: *God's Story for You, Your New Identity, Your Foundation in Christ, Renewing Your Mind, Growing in Christ, Your Authority in Christ, Your Life in Christ, Your Authority in Christ, Your Ultimate Victory.*

## Libros especializados

*The Bondage Breaker, The Next Step* (Bethany House, 2011) contiene varios testimonios de personas que encontraron su libertad de todo tipo de problemas, con comentarios por el Dr. Anderson. Es un recurso de aprendizaje importante para alentadores y da esperanza a quienes están atrapados en el pecado.

*Venzamos esa conducta adictiva*, con Mike Quarles (Editorial Unilit, 2005), explora el camino a la adicción y cómo el cristiano puede vencer el comportamiento adictivo.

*Venzamos la depresión*, con Joanne Anderson (Carisma, 2005), explora la naturaleza de la depresión, un problema de cuerpo, alma y espíritu, y presenta una respuesta holística a fin de vencer esta «gripe común» de enfermedades mentales.

*Daily in Christ*, con Joanne Anderson (Harvest House Publishers, 2018), es un popular devocionario diario que leen cada día miles de subscriptores por internet.

*Who I Am in Christ* (Bethany House, 2001) tiene treinta y seis capítulos cortos que describen quiénes son los creyentes en Cristo y cómo se satisfacen sus más profundas necesidades en Él.

*Libre de la adicción*, con Mike y Julia Quarles (Unilit, 1998), comienza con la jornada de Mike y Julia hacia la adicción y la codependencia, y explica la naturaleza de las adicciones químicas y cómo vencerlas en Cristo.

*Vivamos de día en día*, con Mike Quarles (Vida, 2007), es un devocionario de trescientos sesenta y cinco días para ayudar a quienes luchan con los comportamientos adictivos y explica cómo descubrir la gracia de Dios a diario.

*Setting Your Church Free*, con el Dr. Charles Mylander (Bethany House, 2014) explica el liderazgo de servicio y cómo el liderazgo de una iglesia puede resolver conflictos corporativos mediante el arrepentimiento corporativo.

*Setting Your Marriage Free*, con el Dr. Charles Mylander (Bethany House, 2006, 2014), explica el plan divino de Dios para el matrimonio y los pasos que pueden dar las parejas para resolver sus dificultades.

*Christ-Centered Therapy*, con Terry y Julie Zuehlke (Zondervan Publishing House, 2000), explica la integración práctica de la teología y la psicología para consejeros profesionales, y les provee recursos bíblicos para la terapia.

*Controla tu ira*, con Rich Miller (Unilit, 2019) explica la naturaleza de la ira y cómo eliminar todo enojo, ira y malicia

*Grace That Breaks the Chains* con Rich Miller y Paul Travis (Harvest House Publishers, 2014) explica las cadenas del legalismo y cómo romperlas por la gracia de Dios

*Gana la batalla interior* (Unilit, 2013) muestra las normas de Dios para la conducta sexual, examina el camino a la adicción sexual y presenta cómo vencer las fortalezas sexuales.

*Restaura tus relaciones rotas* (Editorial Peniel, 2018) explica el principal ministerio de la iglesia y cómo podemos reconciliarnos unos con otros y con Dios.

*Rough Road to Freedom* (Monarch Books) son las memorias del Dr. Anderson.

*The Power of Presence* (Monarch Books) trata sobre experimentar la presencia de Dios durante los tiempos difíciles y lo que nuestra presencia significa para otros. Este libro se escribió en el contexto del Dr. Anderson al cuidar a su esposa, quien falleció recientemente de demencia.

Para más información, o para comprar los materiales mencionados, comunícate con el Ministerio de Libertad en Cristo

| Canadá: | freedominchrist@sasktel.net | www.ficm.ca |
| Reino Unido: | info@ficm.org.uk | www.ficm.org.uk |
| Estados Unidos: | info@ficm.org | www.ficm.org |
| Internacional: | www.ficminternational.org | |

# Notas

## Introducción

1. Para más información y orientación acerca de este tema, te exhortamos a que leas el libro del Dr. Anderson *Venzamos la depresión* (Carisma, 2005).
2. Según el Instituto Nacional de Salud Mental (NIHM, por sus siglas en inglés).
3. Edmund J. Bourne, *Ansiedad y fobias: Libro de trabajo*, Editorial Sirio, Málaga, España, 2016.
4. Edmund J. Bourne, *Healing Fear*, New Harbinger, Oakland, CA, 1998, p. 2.
5. *Ibidem*, p. 3.
6. *Ibidem*, p. 5.
7. Neil T. Anderson, *Discipulado en consejería*, Editorial Unililt, Miami, FL, 2009.
8. El *Board of the Ministry and Healing* lo preside el Dr. George Hurst, quien antes dirigiera el *Health Center* de la Universidad de Texas en Tyler, Texas, george.hurst@uthct.edu. La información de Oklahoma y Texas se combinaron en un manuscrito que aceptó para su publicación el *Southern Medical Journal*, Volumen: 101, número 4, abril de 2008.
9. Sherwood Wirt y Kersten Beckstrom, *Living Quotations for Christians*, Harper & Row, Nueva York, 1974, p. 76.

## Capítulo 1: Restaura los cimientos

1. Erik Erikson, *Infancia y sociedad*, segunda edición, Hormé-Paidós, Buenos Aires, Argentina, 1987.
2. John Dacey y John Travers, *Human Development Across the Lifespan*, William C. Brown, Dubuque, IA, 1995, p. 289.
3. *Ibidem*.
4. *Ibidem*, p. 317.
5. *Ibidem*, p. 50.
6. *Ibidem*, p. 51.
7. *Ibidem*, p. 47.
8. «Anxiety Disorders», *American Psychiatric Association*, 1997, pp. 4-5.

## Capítulo 2: La fortaleza del temor

1. Consulta www.chapman.edu/fearsurvey.
2. Carlos G. Vallés, *No temas*, Sal Terrae, Santander, España, 2013, p. 90.

## Capítulo 3: El temor a la muerte

1. Según se citó en *USA Weekend*, 22-24 de agosto de 1997, p. 6.
2. *Ibidem*.
3. *Ibidem*, p. 5.

4. Alison Bell, «The Fear Factor», *Teen*, abril de 1997, p. 66ss.

5. *Ibidem.*

6. *Ibidem.*

7. *Ibidem.*

8. Según se cita en Everett Ferguson, *Demonology of the Early Christian World*, Edwin Mellen, Nueva York, 1984, p. 117.

9. Neil escribió *The Power of Presence* (Monarch Books, 2016) mientras cuidaba a su esposa de cincuenta años de casados, quien poco a poco se deteriora debido a la agitación de la demencia. El libro se trata de la experiencia de la presencia de Dios durante ese tiempo, y lo que significó la presencia de Neil para Joanne. Durante los últimos tres años, Neil ha visitado a su esposa tres veces cada día, y continuará haciéndolo hasta que el Señor la llame a su presencia.

10. Como se cita en el libro de Karen S. Peterson, *Keeping Kids Safe or Scaring Them to Death?*, según se señala en *USA Today*, 21 de agosto de 1995, p. 4D.

11. *Ibidem.*

## Capítulo 4: El temor al hombre

1. Hannah Hurnard, *Pies de cierva en los lugares altos*, Editorial Unilit, Miami, FL, 2003, pp. 30-32.

2. *Ibidem*, p. 32.

3. Bill Bright, *Testificando sin temor*, Editorial Unilit, Miami, FL, 1998, p. 13 (del original en inglés).

4. *Ibidem*, pp. 54-65.

5. Adaptado de este mismo libro, pp. 59-61.

## Capítulo 5: El temor al fracaso

1. Adaptado de John Pepper, *Detroit Daily News*, 17 de agosto de 1997.

2. Theodore Roosevelt, extracto de su discurso «La ciudadanía en una república», pronunciado en la Sorbonne, Paris, el 23 de abril de 1910.

3. Se desconoce la fuente original de este poema de William Arthur Ward; el poema me lo enviaron (a Neil) por correo electrónico hace muchos años.

4. Susan Jeffers, *Aunque tenga miedo, hágalo igual*, Fawcett Columbine, 1987, pp. 14-15.

5. *Ibidem*, p. 29.

6. Consulta https://izarki.wordpress.com/2007/11/16/de-todas-formas-hazlo/.

## Capítulo 6: El temor a Satanás

1. F.F. Bruce, *Hechos de los Apóstoles: Introducción, comentarios y notas*, Libros Desafío, Grand Rapids, MI, 2007, pp. 112-113.

2. Ernst Haenchen, *The Acts of the Apostles*, Westminster, Filadelfia, 1971, p. 237.

3. Martín Lutero, https://www.rlhymersjr.com/Online_Sermons_Spanish/2012/102812PM_MartinLutherAndDevil.html.

## Capítulo 7: El temor a Dios

1. Timothy Beougher y Lyle Dorsett, *Accounts of a Campus Revival*, Harold Shaw, Wheaton, IL, 1995, pp. 67-68.

## Capítulo 9: El trastorno de pánico

1. Bonnie Crandall, *Panic Buster*, Hatch Creek, Jamestown, NY, 1995, p. 9.
2. *Ibidem*, p. 11.
3. David G. Benner, *Baker Encyclopedia of Psychology*, Baker Book House, Grand Rapids, MI, 1990, p. 786.
4. «Answers to Your Questions about Panic Disorder», *American Psychological Association*, https//www.apa.org/topics/anxiety/panic-disorder.aspx.
5. *Ibidem*.
6. «Panic Disorder», *American Psychiatric Association*, 1997, p. 2.
7. «Panic Disorder», *National Anxiety Foundation*, http://nationalanxietyfoundation.org/panic-disorder.html.
8. R. Reid Wilson, *Don't Panic*, Harper Collins, Nueva York, 1996, p. 32.
9. *Ibidem*, p. 34.
10. *Ibidem*, pp. 13-14.
11. *Ibidem*, p. 15.
12. R. Reid Wilson, *Breaking the Panic Cycle*, Phobic Society of America, 1990, p. 20.
13. *Ibidem*, p. 21.
14. *Ibidem*.
15. *Ibidem*.
16. *Ibidem*, pp. 18-19.
17. Lucinda Bassett, «Overcoming Your Anxiety and Fear» (vídeo), Midwest Center for Stress and Anxiety.
18. Bassett, «Overcoming your Anxiety and Fear».
19. *Ibidem*.
20. Bill Hendrick, «Anxiety: New Understanding and Therapy May Help Those Who Cope Every Day», *The Atlantic Journal-Constitution*, 7 de diciembre de 1996.
21. Edmund J. Bourne, *Ansiedad y fobias: Libro de trabajo*, Editorial Sirio, Málaga, España, 2016, p. 175 (del original en inglés).
22. *Ibidem*.
23. *Ibidem*, p. 176 (del original en inglés).
24. *Ibidem*.
25. *Ibidem*, p. 177 (del original en inglés).

## Capítulo 10: Echa todas tus ansiedades sobre Cristo

1. Según se cita en L.B. Cowman, *Manantiales en el desierto*, ed. rev., Zondervan, Grand Rapids, MI, 1977, p. 141 (del original en inglés).
2. Fuente desconocida.
3. Quizá el autor de esta cita sea Robert Burdette, pero hay diferentes opiniones.

## Apéndice B: Cómo establecer un ministerio de discipulado en consejería

1. Neil Anderson, *Liberating Prayer*, Harvest House, Eugene, OR, 2012, p. 5.